Johannes Hennekeuser Gerhard Peter

Rechner-Kommunikation für Anwender

Grundlagen, Übersicht und Praxis

Mit 100 Abbildungen und 21 Tabellen

Springer-Verlag
Berlin Heidelberg New York
London Paris Tokyo
Hong Kong Barcelona
Budapest

Johannes Hennekeuser
Alter Weg 7
54441 Kanzem
hennekeuser@fh-heilbronn.de

Gerhard Peter
Rechenzentrum der Fachhochschule Heilbronn
Max-Planck-Straße 39
74081 Heilbronn
peter@fh-heilbronn.de

Editor:
Ulrich Botzenhardt

ISBN-13: 978-3-540-57298-5 e-ISBN-13: 978-3-642-78555-9
DOI: 10.1007/978-3-642-78555-9

CIP-Aufnahme beantragt

Umschlaggestaltung: Konzept & Design, Ilvesheim
Satz: Postscript-Dateien von den Autoren
Belichtung: CD Computer & Dokumentations GmbH, Neuler
SPIN 10085044 33/3140 – 5 4 3 2 1 0 – Gedruckt auf säurefreiem Papier

Aber niemand erfährt die Gegenwart einer Seele als etwas so Beiläufiges, daß er das damit verbundene Sendungsbewußtsein unerwähnt verstreichen lassen könnte; und ein Sendungsbewußtsein verlangt meist nach einer demonstrativeren Geste, als eine bloß flüchtige Erwähnung es wäre.

John Irving in
„Gottes Werk und Teufels Beitrag“
1985

Vorwort

Wenig war in den letzten Jahren so konstant wie der Wandel und die Fortentwicklung im Bereich der Informationsverarbeitung. Ihre rasante Entwicklung läßt jemanden, der mit ihr mithalten will, kaum die Luft zum Atmen und scheint auch in Zukunft nicht haltmachen zu wollen.

Hierbei lassen sich viele Entwicklungsrichtungen feststellen. Auf der einen Seite findet ein Aufbrechen alter Strukturen statt: Klassische Zentralrechnerkonzepte werden augenblicklich durch Client/Server-Lösungen ersetzt.

Auf der anderen Seite kann man jedoch auch wieder Vereinheitlichungen wie z. B. im Zusammenwachsen des PC- und Workstation-Bereichs beobachten.

Überlagert wird all dies durch die Veränderungen in der *Kommunikationstechnik,* die eine zentrale und zunehmend wichtigere Rolle in der elektronischen Informationsverarbeitung eingenommen hat. Die Weiterentwicklung der Möglichkeiten lokaler und weiträumiger Netze bis hin zur Integration *multimedialer Anwendungen* zeichnet sich ebenso ab wie der Aufbau leistungsfähiger, weltweiter Datennetze.

Das Schlagwort *„Information Highway"*, das heute seinen Weg aus der Entwicklung hin in die Öffentlichkeit und Politik gefunden hat, ist nur eines von vielen Indizien dafür, welch große Verbreitung und Popularität die Kommunikationstechnik bereits erlangt hat.

Die Perspektiven zukünftiger Anwendungsmöglichkeiten von verschiedenartigen Netzwerken erscheinen technologisch faszinierend und wirtschaftlich von höchster Bedeutung. Der Anwenderkreis dieser Systeme erstreckt sich über einen breiten Bereich, der den gelegentlichen DV-Benutzer ebenso einschließt wie den DV-Experten, der sich täglich mit dieser Thematik beschäftigt.

Während der einzelne Arbeitsplatz vergleichsweise einfach zu bedienen ist und der Einarbeitungsaufwand begrenzt sein kann, ist das Gesamtsystem, in dem alle Einzelplätze zusammenwachsen, hoch komplex und nur von Experten zu beherrschen.

Der Anwender, der über sein Einzelgerät Zugang zu einem vernetzten System aufnimmt, stellt eine enorme Ausweitung seiner Einsatzmöglichkeiten fest. Um viele der neuen Angebote effektiv nutzen und ihre Möglichkeiten ausschöpfen zu können, bedarf es jedoch eines Hintergrundwissens über die Grundlagen und Anwendung verteilter und vernetzter Systeme.

Das vorliegende Buch hat es sich daher zur Aufgabe gemacht, den Anwender umfassend über den Stand der Technik zu informieren und in die Rechner-Kommunikation einzuführen. Ich wünsche ihm hierzu viele begeisterte Leser, damit es einen wirkungsvollen Beitrag zur rasanten Entwicklung und Anwendung vernetzter Systeme leisten kann.

Wolfgang Glatthaar

Direktor Wissenschaft
IBM Informationssysteme GmbH

Inhalt

Kapitel 2 Strukturen

Sämtliche Technologien und wichtige Standards

Kapitel 3 Konzepte

Funktionskonzepte für Verwaltung und Anwendung

Anwendungen

Kapitel 4

Dienste, Möglichkeiten und Probleme vernetzten Arbeitens

Realisierung

Kapitel 5

Einige populäre Realisierungen und Netzwerke

Einführung

„Die Wahrscheinlichkeit, daß ein durchschnittlicher Anwender hier keinen Fehler macht, divergiert gegen Null.“
Andrew S. Tanenbaum

An einer Stelle seines Buches „Computer-Netzwerke“ beschreibt Tanenbaum [Tane92]▼ sehr akademisch aber dennoch treffend, wie die Welt der Computer auf diejenigen stößt, für die sie eigentlich geschaffen wurde. Immer öfter werden Rufe danach laut, daß sich das Hilfsmittel „Computer“ dem Menschen anpassen soll – und nicht umgekehrt. Leider jedoch müssen wir immer wieder ernüchtert feststellen, daß dieser Wunsch auch heute wieder eine Illusion geblieben ist. Während der Spezialist sich von dem Gedanken „Vielleicht morgen ...“ beruhigen läßt, sehnt sich der Anwender nach der Zeit zurück, in der er solche Probleme noch nicht hatte.

▼ Kürzel in eckigen Klammern verweisen auf das Literaturverzeichnis in Anhang III.

Der Ansatz des Buches: *Aus Anwendersicht*

Das vorliegende Buch versucht, zumindest im Bereich der Rechner-Netzwerke, etwas Licht in das Dunkel zu bringen. Wir haben festgestellt, daß es für den Anwender kaum eine Möglichkeit gibt, sich umfassend und adäquat über dieses Thema zu informieren. Daher wollen wir nicht die technische Realisierung von Netzwerken und deren Komponenten in den Vordergrund stellen, sondern vielmehr ein universelles Verständnis für die Praxis wecken. Natürlich werden wichtige theoretische Grundlagen erläutert; stets jedoch wird darauf geachtet, was für den Anwender wissenswert ist, und seine Sichtweise beibehalten.

Einen umfassenden Überblick über die Möglichkeiten und Anwendungen moderner Netzwerktechnologien zu geben, ist eine schwierige Aufgabe. Die Auswahl der relevanten Themen und die Entscheidung darüber, wie detailliert sie beschrieben werden sollen, sind uns nicht immer leicht gefallen. Obgleich viele Perspektiven aus der aktuellen Lehre und Forschung aufgenommen wurden, ist das Buch nicht als wissenschaftlich-technische Abhandlung zu verstehen. Vielmehr stand der Aspekt des Praxisbezugs im Vordergrund. Der interessierte Leser findet in unserem ausführlichen Literaturverzeichnis zu allen behandelten Themengebieten weiterführende Bücher, die einen tieferen Einblick erlauben.

Wer sollte das Buch lesen?

Das Buch eignet sich für all diejenigen, die mit Netzwerken arbeiten, die vernetzte Computer – in *Büro, Verwaltung* oder *Management* – benutzen und einen tieferen Einblick in die Funktionsweise und Hintergründe der Rechner-Kommunikation gewinnen möchten, ohne mit technischen Einzelheiten belastet zu werden. Auch *Studenten,* die sich mit Informationsverarbeitung beschäftigen, können sich mit Hilfe dieses Buches einen umfassenden Einblick in Computer-Netzwerke verschaffen. Außerdem schließen wir in den Kreis der Leser auch diejenigen ein, die einfach nur Interesse an Netzwerken haben und sich über deren Strukturen und Anwendungen informieren möchten.

Wir haben versucht, die behandelten Themen je nach Tiefe und Komplexität des vermittelten Wissens in Klassen einzuteilen. Mit Hilfe der nebenstehenden Disketten-Symbole weisen wir auf den „Schwierigkeitsgrad" des jeweiligen Kapitels oder Abschnitts hin, wobei – analog zu Software-Programmen – die Komplexität mit steigender Diskettenzahl zunimmt. Auf diese Weise können beim (ersten) Lesen komplizierter Kapitel übersprungen werden, ohne daß das Gesamtverständnis beeinträchtigt wird.

An einigen Stellen, an denen tiefergehendes Spezialwissen vermittelt wird, wurde zudem eingerückter Kleindruck verwendet. Auch diese Absätze können, wenn sie zu detailliert erscheinen, übersprungen werden.

Kommunikation war für den Menschen schon immer ein wichtiges Thema. So wurde denn auch schon kurz nach der Entwicklung der ersten elektronischen Rechensysteme darüber nachgedacht, wie man diese dazu bringen könnte, sich interaktiv zu verständigen. Heute ist jeder zweite kommerziell genutzte PC vernetzt. Man rechnet damit, daß die endgültige Sättigungsrate bei 85% liegen wird.

Leider hat sich jedoch die Entwicklung der Kommunikationssysteme für Computer anders abgespielt als dies für den eigentlichen praktischen Nutzen sinnvoll gewesen wäre. Abbildung 0.1 zeigt, wie aus zwei verschiedenen Wurzeln die heutige Netzwerk-Landschaft entstanden ist. Man steht nun vor dem Problem, *lokale Subnetze* verschiedener Standards und Hersteller mit „alten" *Host-* und jüngeren *Workstationsystemen* verbinden zu müssen. Es entstehen **heterogene** – also aus unterschiedlichen Komponenten bestehende – **Netzwerke**, die sich jedoch nur dann aufbauen lassen, wenn entsprechende Verbindungsgeräte zwischen die verschiedenartigen Subnetze geschaltet werden. Die anschließende Nutzung dieser Netzwerke setzt zudem ein weitergehendes Wissen über die zur Verfügung stehenden Möglichkeiten und Konventionen voraus.

Herstellerorientierte Netze sind *homogen*; anwenderorientierte Netze dagegen *heterogen*

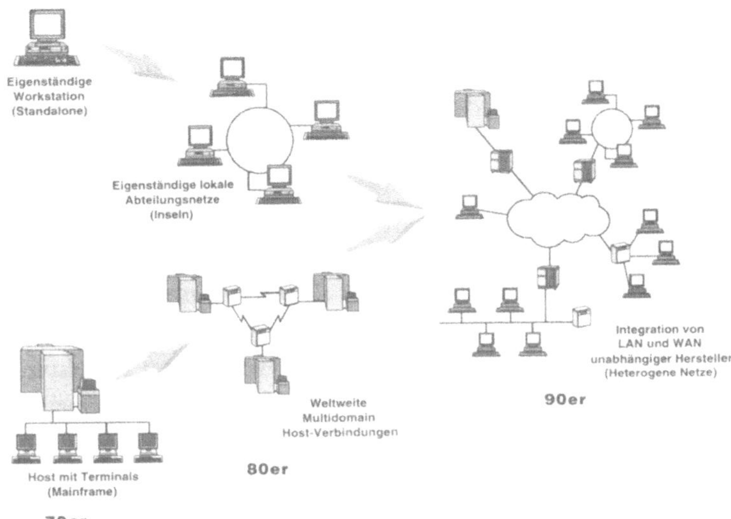

Abbildung 0.1: Die Entwicklung von Netzwerken

Die generelle Forderung an die elektronische Datenverarbeitung lautet, die richtige Information zur richtigen Zeit am richtigen Ort der richtigen Person zur Verfügung zu stellen. Der Satz läßt sich sicherlich noch erweitern, wenn man zum Beispiel an das *Format* der Information oder die möglichst *einheitliche Oberfläche* denkt, unter der die Information abrufbar sein sollte.

Corporate Networks

Die Organisation von Unternehmen ist seit einigen Jahren einem Wandel unterworfen. Alte hierarchische Strukturen werden durch horizontale und flache Gliederungen abgelöst, bei denen die eigenverantwortliche Arbeitsgruppe und die Projektarbeit in den Mittelpunkt rücken. Man spricht von *Workgroup Computing*. Gleichzeitig haben wir es mit immer größeren und komplexeren Unternehmen zu tun, die zudem den internationalen Markt entdecken und weltweite Kontakte aufbauen.

Workgroup Computing

Die Computerindustrie hat sich – nicht nur, weil modernere Technik es erlaubte – dieser Entwicklung angepaßt. Es ist auch einfacher geworden, der Forderung nach flexibel strukturierten und leistungsfähigen Verbindungen nachzukommen. Viele Inseln sollen zu übergreifenden unternehmensweiten Netzwerken gekoppelt werden.

Client/Server-Systeme lösen den zentralen *Host* ab

Zusätzlich gewannen auch neue Prinzipien, wie zum Beispiel die *Client/Server-Architektur*, an Bedeutung. Die Idee auf der Seite der Informationsverarbeitung, die Arbeitslast auf mehrere vernetzte Subsysteme zu verteilen, kam dem Trend der Anwenderseite zu mehr gruppenorientiertem Arbeiten erstaunlich nahe. Tatsächlich konnten in vielen Unternehmen durch die Umstellung von zentralen Großrechnersystemen auf verteilte Client/Server-Architekturen innerhalb von fünf Jahren Ersparnisse von durchschnittlich 36% gemacht werden[1]. Moderne, modular aufgebaute Rechnernetzsysteme gelten heute als zukunftsichere Investition und lassen sich aus den Welten von Bürokommunikation, Automatisierung und Informationsverarbeitung nicht mehr wegdenken.

Übersicht über die Kapitel

Dieses Buch soll helfen, die heutigen Netzstrukturen verstehen und anwenden zu lernen. Nicht so sehr die technische Implementierung, sondern das Arbeiten und sinnvolle Ausnutzen vernetzter Ressourcen soll dem Leser nahe gebracht werden.

[1] Zahlenquelle: IDC-Umfrage in Computerwoche vom 26.2.93.

Kapitel 1: Grundlagen

Kapitel 1 liefert hierzu die wichtigsten Grundlagen. Es finden sich nahezu alle Begriffe wieder, die eine feste Rolle im Rahmen von Rechnernetzen eingenommen haben.

Kapitel 2: Strukturen

Hierauf direkt aufbauend werden in *Kapitel 2* alle Technologien sowie wichtige Standards für lokale und weiträumige Netze erläutert. Auch neuste Entwicklungen, wie zum Beispiel die *ATM*-Technik kommen zur Sprache.

Kapitel 3: Konzepte

In *Kapitel 3* werden die Konzepte vorgestellt, die für ein ordnungsgemäßes und anwendungsgerechtes Funktionieren von Netzwerken wichtig sind. Die Lektüre der ersten drei Kapitel soll das systemübergreifende und vernetzte Denken ermöglichen.

Kapitel 4: Anwendungen

Kapitel 4 befaßt sich mit Anwendungen: Hier werden Dienste und Möglichkeiten besprochen, die durch moderne Rechnernetze bereitgestellt werden. Auch Probleme, die vernetztes Arbeiten mit sich bringt, sollen beschrieben werden. Es kommt uns darauf an, ein grundlegendes und weitgehend überschauendes Verständnis zu schaffen.

Kapitel 5: Realisierung

Kapitel 5 stellt die eigentliche Realisierung vor. Anhand konkreter Beispiele und populärer Techniken wird die technische Umsetzung der in den ersten Kapiteln beschriebenen Strukturen und Verfahren gezeigt. Nach der Lektüre sollte der Anwender in der Lage sein zu beurteilen, welche Dienste er wo und auf welche Weise nutzen kann. Außerdem soll Verständnis dafür geweckt werden, was im Hintergrund eines Netzwerks transparent für ihn abläuft.

Anhänge: Abkürzungen, Glossar und Verzeichnisse

In den Anhängen finden Sie zunächst ein *Abkürzungsverzeichnis*, in dem viele der im Bereich der Rechnerkommunikation verbreiteten Kürzel aufgeführt sind, und ein *Glossar* mit den wichtigsten Begriffen der Welt der Netzwerke. Außerdem empfehlen wir zur vertiefenden Lektüre einige Bücher, die Sie in unserem ausführlichen *Literaturverzeichnis* in Anhang III finden. Das Abbildungsverzeichnis und ein Index schließen das Buch ab.

Eine organisatorische Kulturrevolution?

Viele reden davon, daß eine *organisatorische Kulturrevolution* stattfinden müsse: Werte und Maßstäbe sollten sich dahingehend ändern, daß Erfolg nicht mehr nach dem Platz auf der Hierarchieleiter beurteilt werden sollte, sondern vielmehr nach der Fähigkeit, in einem Team zu arbeiten und Dienste zur Verfügung zu stellen. War es bisher üblich, sich Macht durch das Zurückhalten von Information zu sichern, so gilt fortan die Devise, daß Informationsweitergabe und Öffnung persönliche Stärke ausmachen. Computer-Netzwerke sind hier sicherlich von entscheidender Bedeutung. Unser Buch soll zu diesem Prozeß des Umdenkens einen kleinen Beitrag leisten.

Dankeschön

Ein so umfangreiches Projekt wie das Schreiben eines Buches wäre für den einzelnen Autor niemals möglich, wenn er nicht Unterstützung von außen erhielte. Für ihre Hilfe möchten wir uns bedanken bei

- Herrn *Ulrich Botzenhardt*, der uns durch sein sorgfältiges Korrekturlesen wertvolle Ratschläge gab und wichtige kritische Anmerkungen lieferte,
- Herrn *Prof. Dr. Wolfgang Glatthaar* für sein Vorwort,
- Frau *Dr. Andrea B. Bantel* und Herrn *Marko Sommer* für ihre hilfreiche Unterstützung und
- Herrn *Dr. Michael Barabas* für seine eingehende Betreuung während des gesamten Zeitraums unserer Arbeit.

Diese Hilfen haben wir sehr zu schätzen gelernt.

Im Juli 1994,

Johannes Hennekeuser
Gerhard Peter

Grundlagen

„Make it as simple as possible
– but don't make it simpler!"
Albert Einstein

In kaum einer anderen Branche legt der Fortschritt ein solch rasantes Tempo vor wie in der der technischen Kommunikation und Informationsverarbeitung. Immer vielfältiger werden die Möglichkeiten der Informationstechnik, immer komplexer die Formen der Vernetzung. Vom Anwender wird erwartet, daß er mit dieser Entwicklung Schritt hält, wenn er mit der gestern erworbenen Anlage sich nicht schon morgen neben einer hoffnungslos veralteten Technologie wiederfinden will.

Was vermittelt dieses Kapitel?

Ausgehend von theoretischen Vorüberlegungen sollen in diesem Kapitel als Grundlage die wesentlichen Hintergründe, Strukturen und Geräte besprochen werden, die für ein Verständnis der Funktion heterogener Netzwerke notwendig sind. Ebenso werden maßgebende Standards, die – entweder firmenspezifisch oder international genormt – vordefinierte Leitlinien zur Kommunikation und alle wesentlichen Protokolle, die die eigentliche Kommunikationslogik zwischen zwei Partnern beschreiben, besprochen.

Hierbei haben wir versucht, uns an Einsteins mahnende Worte zu halten. Während technische Einzelheiten bewußt vernachlässigt werden, vermitteln wir in diesem Kapitel generelle Funktionen und Aufgaben. Zunächst wollen wir jedoch die Idee, die hinter dem Vernetzungsgedanken steckt, erläutern und eine Definition für vernetzte Systeme vorstellen. Man spricht allgemein von *Verteilten Systemen.*

1.1 Verteilte Systeme

In der Vergangenheit wurde überwiegend in der klassischen Form per Fax, Telex, Papier oder Diskette kommuniziert. Die typische Arbeit eines Unternehmens bestand aus meist kleinen Projekten, die zudem noch in räumlich zusammenhängenden Abteilungen bearbeitet wurden. Die existierenden Kommunikationsmittel waren für diese Zwecke ausreichend.

Warum werden Verteilte Systeme gerade *heute* gebraucht?

Heute sieht diese Situation etwas anders aus: Eine zunehmende Zahl von Großprojekten, die in räumlich *getrennten* Arbeitsgruppen abgewickelt werden, fordert eine anders geartete Zusammenarbeit. Auch verstärkter *Kostendruck* und *Zeitmangel* sind Aspekte, die zwar nicht neu entstanden, aber – nachdem sich langsam eine deutliche Konkurrenz etabliert und sich Entwicklungszeiten rapide verkürzt hatten – unumgänglich nach Konsequenzen verlangen. Eine der wichtigsten daraus resultierenden Forderungen ist jene nach einer effizienten Informationsverarbeitung und -übertragung. Fallende Hardware-Preise taten ein Übriges dazu, auf die elektronische Datenverarbeitung zu setzen.

Verbundene und gleichzeitig **verteilte Systeme**, die in *Interaktion, Kooperation* und *gemeinsamer Nutzung* von Ressourcen zusammenarbeiten und zusätzlich noch die laufenden *Kosten reduzieren* sollten, sind seither ein zentrales und populäres Thema. Dieses Kapitel will diese Systeme ein wenig näher beleuchten: Was überhaupt sind *Verteilte Systeme*? Wo liegen ihre Vorteile, wo ihre Probleme und welche Möglichkeiten bieten sie?

1.1.1 Was sind Verteilte Systeme?

Verteilte Systeme – man spricht auch vielfach von verteilter Verarbeitung (*Distributed Processing*) – werden auf vielfache Weise interpretiert. Da es uns hier nicht auf eine wissenschaftlich präzise Definition ankommt, wollen wir diese Systeme nur anhand einiger ihrer wesentlichen Charakteristika beschreiben.

Der Begriff der Verteilten Systeme

Versuch einer Definition

Verschiedene *Programmodule* eines Gesamtsystems werden auf mehreren unterschiedlichen *Rechnern*, verbunden durch ein *Kommunikationsnetz*, das den Informationsaustausch erlaubt, ausgeführt. Die Module sind hierbei weitgehend *autonom* und unterliegen keiner (oder nur einer eingeschränkten) zentralen Kontrolle. Sie sind also – genauso wie die Rechnersysteme, auf denen sie laufen – voneinander unabhängig. Bei dieser (räumlichen) Verteilung von Hard- wie auch von Software wird insbesondere eine physische Trennung der *Datenhaltungs-* und der *Verarbeitungskomponente* vorgenommen.

Ein Verteiltes System ist also die Sammlung von verschiedenen kooperierenden Einzelkomponenten, die alle zusammen zur Erreichung eines *gemeinsamen Zieles* eingesetzt werden.

Zur Vervollständigung des Definitionsversuchs muß ferner ergänzt werden, daß die Verteilung der Komponenten auf mehrere *Rechner mit Eigenintelligenz* (also mit Prozessor und Speicher) erfolgt. Sie machen meist eine zentrale Verwaltung erforderlich; es ist aber auch eine vollständige Autonomie der eingesetzten Subsysteme denkbar.

Motivationen für den Einsatz Verteilter Systeme

Die Aufgaben *Verteilter Systeme* und damit auch die Gründe für ihren Einsatz lassen sich mit Hilfe der folgenden allgemeinen Aspekte charakterisieren. Man unterscheidet den

- **Datenverbund:**
  Räumlich getrennte, aber logisch zusammenhängende Daten werden gemeinsam genutzt. Die Gesamtdatenmenge wird verteilt, um Daten dort zu halten, wo sie erzeugt bzw. verarbeitet werden. Als Grundvoraussetzung für das verteilte Halten von Daten müssen Instrumente zur Sicherung der *Konsistenz*▼ und *Aktualität* vorhanden sein.

▼ Bei verteilt gehaltenen, aber logisch zusammengehörigen Daten muß bei Änderungen die *gegenseitige Abhängigkeit* berücksichtigt werden.

- **Lastverbund:**
  Alle in einem Netz zur Verfügung stehenden Kapazitäten sollen gleichmäßig ausgenutzt werden. Bei starker Belastung einzelner Ressourcen muß eine Umverteilung anstehender Aufträge auf andere, weniger frequentierte Geräte möglich sein.
- **Funktionsverbund:**
  Spezielle Rechner und Peripheriegeräte werden allen Netzteilnehmern zur Verfügung gestellt. Jede Ressource kann auf diese Weise genau für *die* Aufgabe eingesetzt werden, die sie am besten beherrscht. Besondere Funktionen (z. B. Laserdrucker oder Modems) müssen innerhalb des Netzes – je nach Anforderung – nur einmal zur Verfügung stehen und können von allen benutzt werden.
- **Verfügbarkeitsverbund:**
  Das Verteilte System garantiert eine bestimmte *Mindestleistung*, die auch aufrecht erhalten werden kann, falls einzelne Systemkomponenten ausfallen sollten. Dies erfordert ein gewisses Maß an Redundanz, auf die man im Fehlerfall ausweichen kann.

Wie überall: Die richtige Mischung macht's!

Diese Aufzählung läßt sich noch weiter unterteilen und fortsetzen. Erfahrungsgemäß bildet eine Mischung, in der alle Ziele mehr oder weniger stark vertreten sind, den Hintergrund eines jeden Verteilten Systems. Aus dieser Mischung ergeben sich dann auch direkt die Anforderungen an die explizite Leistungsfähigkeit der eingesetzten Hard- und Software.

Eines jedoch ist in jedem wie auch immer gearteten Verteilten System zwingend notwendig: die **Transparenz** für den Benutzer. Das sich aus mehreren Untereinheiten zusammensetzende Gesamtsystem muß ihm wie ein einzelnes erscheinen. Die tatsächlich vorhandene physikalische Verteilung und Heterogenität der Komponenten bleiben ihm verborgen (in der Informatik nennt man dies *Information Hiding*). Auf diese Weise kann er das System einfacher handhaben und verstehen. Die für ihn irrelevanten Detailaspekte setzt er unbeachtet als funktionsfähig voraus.

Information Hiding

Wir werden in den folgenden Kapiteln ein wenig hinter diese Kulissen blicken. Zunächst jedoch sollen die Ziele, die hinter dem Einsatz Verteilter Systeme stehen, beleuchtet werden.

1.1.2 Ziele und Vorteile Verteilter Systeme

Der dezentrale Aufbau eines Systems führt auf jeden Fall zu einer erhöhten Komplexität. Wo liegen nun die Vorteile, die den damit verbundenen Aufwand rechtfertigen?

Analog zu der im vorhergehenden Kapitel aufgeführten Motivation lassen sich die jeweils resultierenden Vorteile zusammenfassen:

Verbesserte Laufzeit

Eine Dezentralisierung von Daten ermöglicht deren räumliche Positionierung direkt bei den sie bearbeitenden Operationen. Daraus ergibt sich eine *bessere Laufzeit* und eine *einfachere Verwaltung*. Zusätzlich wird durch eventuell redundant vorhandene Daten die *Fehlertoleranz* des Systems verbessert. Gleiches gilt natürlich auch für Systemausfälle auf der Hardware-Seite: Durch das Umschalten auf entweder zusätzlich vorhandene oder zwar in den laufenden Betrieb integrierte, aber nicht voll ausgelastete Ressourcen bleibt das Gesamtsystem stabil.

Parallele Verarbeitung

Module – seien es nun Rechner oder Programmteile, die weitgehend autonom arbeiten – ermöglichen eine *parallele* Verarbeitung: Entkoppelte Abläufe können gleichzeitig ausgeführt werden, wodurch die Gesamtbearbeitungszeit verkürzt werden kann. Außerdem nimmt durch die Aufteilung des Gesamtprogramms die Komplexität der einzelnen Software-Module ab. Dies macht sie zuverlässiger.

Geringere Kosten

Die gemeinsame Betriebsmittel- und Ressourcennutzung, die über das Kommunikationsnetz ermöglicht wird, führt zu *Kosteneinsparungen*. Teure Geräte wie Drucker oder spezielle Speicher und komplexe Komponenten (z. B. Datenbanken) brauchen nur einmal beschafft und betrieben zu werden. Zudem führt diese Mehrfachverwendung zur besseren *Integration* aller Komponenten in das Gesamtsystem und erhöht dessen *Funktionalität*.

Verbessertes Planen und Betreiben

Auch aus der Sicht des Betreuers und Betreibers lassen sich direkte Vorteile erkennen: Verteilte Systeme können besser *geplant, installiert* und *gewartet* werden. Ihre autonomen Subsysteme passen sich in ihrem Umfeld besser an lokale Anforderungen an und erhöhen damit die *Benutzerakzeptanz.* Darüberhinaus sind Verteilte Systeme durch ihre modulare Struktur einfacher erweiter- und änderbar. Es besteht die Möglichkeit, Hard- und Softwarekomponenten bei laufendem Betrieb auszutauschen bzw. neue Module hinzuzufügen. Bei einer Neuanschaffung kann somit zunächst mit einem kleinen System begonnen werden, das sich später schrittweise ausbauen läßt.

Leistung nur dort, wo nötig

Zusammenfassend kann gesagt werden, daß Verteilte Systeme mit ihren Möglichkeiten einer wesentlichen betriebswirtschaftlichen Forderung gerecht werden: Rechenleistung wird nur dort zur Verfügung gestellt, wo sie wirklich benötigt wird. Die Systeme sind zuverlässiger, flexibler und leistungsfähiger als ihre an einem Zentrum orientierten Vorgänger.

Leider jedoch führt die Umstellung auf ein Verteiltes System auch zu einigen Problemen. Sie trübern das bislang positiv gezeichnete Bild. Wir wollen uns im nächsten Kapitel mit ihnen befassen.

1.1.3 Probleme Verteilter Systeme

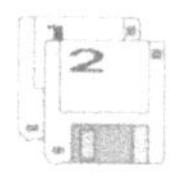

Bedingt durch ihre Ausdehnung und Komplexität bringen Verteilte Systeme auch einige Schwierigkeiten mit sich. Was auf der einen Seite (z. B. auf der des Anwenders) ein Vorteil ist, kann auf einer anderen (z. B. auf der des Betreibers) zum Problem werden.

Siehe hierzu *Netzwerkmanagement* in Kapitel 3.1.1.

Bei größeren Systemen ist die Kopplung und Integration der einzelnen Teilmodule nur mit großem Aufwand beherrschbar. Die Verschiedenartigkeit von Befehlssätzen, Betriebssystemen, Programmiersprachen und Kommunikationsmechanismen der verwendeten Module von meist unterschiedlichen Herstellern (*Heterogenität*) machen spezielle

Adaptionstechniken und aufwendige Koordinierungen notwendig.

Hierfür sind dem Systemadministrator, der für das Gesamtsystem verantwortlich ist, komfortable und vor allem *systemweite* und *einheitliche Werkzeuge* zur Verfügung zu stellen. Gerade in heterogenen Netzen ist dies, wie wir später noch sehen werden, ein großes Problem.

Wegen der Dezentralisierung von Programmen und Maschinen ist in der Regel auch mehr Operations- und Wartungspersonal notwendig – vor allem natürlich dann, wenn das System auf weit auseinanderliegende Orte verteilt wurde.

Die autonome und parallele Ausführung von Teilprozessen verringert zwar im allgemeinen deren Gesamtlaufzeit, erfordert aber wegen unterschiedlicher Laufzeiten in den Modulen eine *Synchronisation*. Voneinander abhängige Prozesse müssen aufeinander abgestimmt werden▾. Autonom ablaufende Prozesse erfordern nicht selten auch eine redundante Datenhaltung, weil in mehreren Modulen eventuell mit den gleichen Daten gearbeitet werden muß. Auch dies zieht die Forderung nach einer stetigen Prüfung auf Konsistenz sowie nach automatischer Aktualisierung nach sich.

Siehe hierzu *Verteilte Datenhaltung* in Kapitel 3.2.

▾ Vgl. *Konsistenz* im vorigen Kapitel.

Anders als Systeme, die zentral gesteuert und überwacht werden können, sind Verteilte Systeme auch anfälliger gegen Datenmanipulation und unberechtigten Zugriff. Vor allem das Kommunikationsnetz eignet sich für Angreifer als gute Einbruchsmöglichkeit. Deshalb sind gerade in Verteilten Systemen wohldurchdachte *Schutz-* und *Sicherheitsmaßnahmen* notwendig.

Siehe hierzu *Datenschutz* und *Datensicherheit* in den Kapiteln 3.1.2. und 3.1.3.

Die wichtigste Forderung an ein Verteiltes System (wie natürlich auch an alle anderen) bleibt die *Benutzerfreundlichkeit*. Das bestdurchdachte und -realisierte System nützt nichts, wenn es von der Anwenderseite nicht akzeptiert wird.

In einem Verteilten System gehört hierzu vor allem die bereits erwähnte *Transparenz* bezüglich der Verteilung der Daten und Funktionen auf die verschiedenen Maschinen. Die Verwendung einfacher logischer Namen anstatt kom-

Siehe hierzu *Adressierung* in Kapitel 1.6.

plizierter physischer Adressen leistet hier einen wervollen Beitrag. Es garantiert auch die Möglichkeit zur dynamischen Erweiterbarkeit und Umstrukturierung des Systems, ohne daß der Anwender umdenken oder umlernen muß.

In späteren Kapiteln werden wir auf viele dieser Probleme zurückkommen und Lösungsmöglichkeiten vorstellen.

1.2. Vernetzungsmöglichkeiten

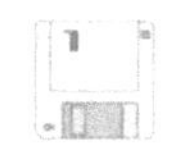

Ein bißchen Historie

Seit dem 17. Jahrhundert, wo bei *Schickard, Pascal* und *Leibniz*[2] wohl die ersten Grundsteine zur Entwicklung der Datenverarbeitung gelegt wurden, hat sich im Verlauf der Geschichte in dieser Wissenschaft vieles verändert. Im Jahre 1950 wurde mit der industriellen Produktion von elektronischen Rechenanlagen begonnen. Den endgültigen kommerziellen Durchbruch schaffte der Computer dann mit der Entwicklung des *Personal Computers* im Jahre 1980.

Parallel hierzu hatten bereits in den 70er Jahren große Rechenanlagen Einzug in Industrie und Wirtschaft gehalten. Da man lange Zeit der Meinung gewesen war, daß Rechenleistung um so preiswerter wird, je größer eine Rechenanlage ist, sind Großrechner entstanden, die eigene Räume und ein eigenes Bedienungspersonal (*Operator*) erforderten und meist von gesonderten Rechenzentren betrieben wurden. Die Verarbeitung auf diesen Anlagen erfolgte zunächst im *Batch-Betrieb*: Der Benutzer gab seine Aufträge in Form einer Liste von Befehlen in die Maschine ein und erhielt nach der Verarbeitung die Ausgabedaten. Ein interaktives Arbeiten mit dem Computer und damit das Verändern von Daten während der Bearbeitung war zunächst nicht möglich.

[2] Wilhelm Schickard entwickelte 1623 für Kepler eine Maschine, die die Grundrechenarten beherrschte.

Blaise Pascal konstruierte 1641 eine Rechenmaschine, die sechsstellige Zahlen addieren konnte.

Gottfried W. Leibniz baute 1674 eine Rechenmaschine für Zahlen in binärer Darstellung.

1.2.1. Das Zentralrechnerkonzept

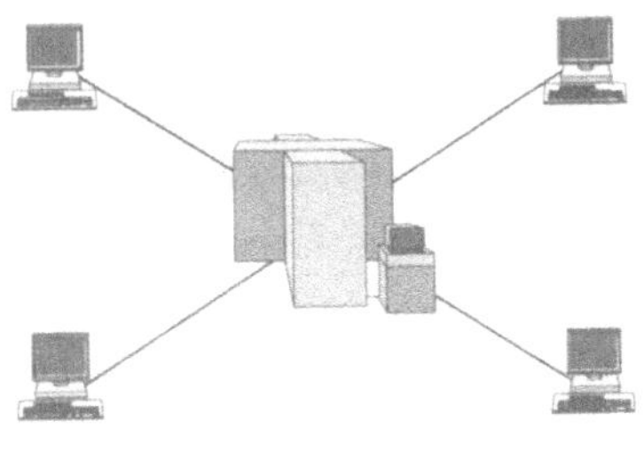

Abbildung 1.1: „Dumme" Terminals arbeiten auf einem zentralen Host

Spricht man heute vom **Zentralrechnerkonzept**, so ist damit die Weiterentwicklung des reinen Batch-Verarbeitens zum interaktiven *Dialogbetrieb* mit Großrechnern gemeint. Durch die Idee der Zeitverteilung (*Time-Sharing*) wurde es möglich, mehrere Benutzer zur selben Zeit mit demselben Rechner arbeiten zu lassen.

Time-Slice und *Time-Sharing*

Die scheinbare Parallelverarbeitung wird dadurch erreicht, daß jeder Benutzer nur für die Dauer eines Zeitabschnitts (*Time-Slice*) tatsächlich Zugriff auf den Rechner hat. Wenige Millisekunden später wird bereits der nächste Teilnehmer bedient. Dieses Rotationsprinzip versorgt nacheinander alle angeschlossenen Teilnehmer. Wegen der Geschwindigkeit solcher Rechenanlagen merkt der Benutzer von der Rotation nichts und hat den Eindruck, durchgehend alleine mit dem Rechner zu arbeiten. Erst bei nahezu maximaler Auslastung des Computers kommt es zu verlängerten Antwortzeiten und Verzögerungen.

Realisiert wurde dieser *Multiuser-Dialogbetrieb* durch den Anschluß mehrerer Terminals an den Großrechner (siehe Abbildung 1.1). Terminals bestehen nur aus einem Bildschirm und einer Tastatur und verfügen somit über keinerlei Eigenintelligenz▾, weshalb man sie auch als „dumme" Terminals bezeichnet. Sie dienen nur der Kommunikation mit dem Zentralrechner, der die gesamte Arbeit leistet. Der Eindruck, man arbeite auf der lokalen Station, ist rein subjektiv.

▾ Terminals besitzen weder einen Prozessor noch einen eigenen Arbeitsspeicher.

Auch beim Anschluß eines PCs anstelle eines Terminals ändert sich an dieser grundlegenden Arbeitsweise nichts: Die Arbeit wird nach wie vor ausschließlich vom Zentralrechner erledigt. Er wird hierbei über eine **Terminalemulation** angesprochen. Dieses Programm gaukelt ihm statt eines PCs ein normales Terminal vor, das wieder nur als reines Ein- und Ausgabegerät genutzt werden kann (vergleiche

Vom PC auf den Host: *Terminalemulation*

Abbildung 1.6 auf Seite 22). Da PCs heute weit verbreitet sind, wird in der Regel mit einem Großrechner nur noch über Terminalemulationen gearbeitet.

Die *zentrale Datenverarbeitung* hat einiges an Attraktivität verloren. Dies ist bedingt durch das Aufkommen moderner und leistungsfähigerer Technologien und deren Realisierung in kleinen, einfach zu handhabenden Geräten auf der einen Seite sowie den gewachsenen Anforderungen (graphische Benutzeroberflächen, größere Datenmengen, u.a.) auf der anderen. Obgleich Großrechnersysteme nach wie vor für bestimmte Aufgaben eingesetzt werden, führt der Trend eindeutig zu dezentralen und verteilten Netzwerkumgebungen mit „intelligenten" Arbeitsplatzrechnern.

Direkte Nachfolger von Großrechnern sind Mini-Computer (z. B. die *AS/400*-Reihe von IBM) und leistungsfähige Workstations mit Multiuser-Betrieb (z. B. *Unix*-Maschinen) geworden.

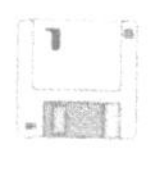

1.2.2 Peer-to-Peer Networking

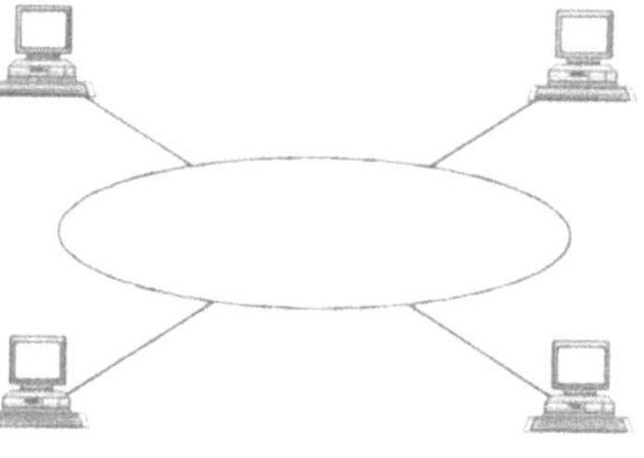

Abbildung 1.2: „Intelligente" Rechner sind gleichberechtigt verbunden

Die Tendenz zur Vernetzung von Einzelplatzrechnern muß nicht zwangsläufig zu großen vermaschten Netzwerken mit professionellen Netzwerkbetriebssystemen und anderen Komponenten wie *Servern*, *Brücken* oder *Routern* führen.

Vielmehr bieten sich für die Vernetzung im kleinen Rahmen (etwa einer Büro-Arbeitsgruppe oder einer kleineren Abteilung) sogenannte **Peer-to-Peer Netzwerke** an. Dies sind relativ einfach strukturierte Netze ohne dedizierten Server (vergleiche *Client/Server-Struktur* weiter unten).

Alle angeschlossenen Stationen sind in einem solchen Netzwerk gleichberechtigt, das heißt., daß kein Rechner ausschließlich für besondere Aufgaben (z. B. zur Dateiablage oder zum Drucken) eingesetzt wird (siehe Abbildung 1.2). Vielmehr liegt der Sinn von *Peer-to-Peer-Netzen* in der preiswerten gemeinsamen Nutzung von Ressourcen wie CD-ROM-Laufwerken, Modems oder Druckern sowie dem problemlosen Austausch von Dateien innerhalb einer Arbeitsgruppe. Genau diesen Vorteil haben *Peer-to-Peer-Netzwerke* Server-basierten Netzen voraus. Die direkte Zusammenarbeit der Benutzer wird nämlich von letzteren nicht unterstützt.

Ressourcen-Sharing und *Datenaustausch*

Aufgrund ihrer einfachen Struktur sind *Peer-to-Peer-Netzwerke* räumlich begrenzt und nur für den Anschluß von bis zu 50 Arbeitsstationen ausgelegt. Diese Einschränkung erlaubt eine relativ einfache Konfiguration und Verwaltung des Netzwerks. Während hier die wenigen Einstellungen von einem DV-kundigen Mitglied der Abteilung vorgenommen werden können, erfordert ein Server-basiertes Netzwerk den Einsatz eines erfahrenen Systemadministrators.

Die eigentliche Arbeit wird bei dieser Netzstruktur von dem eigenen Rechner geleistet. Zwar können Ressourcen, die innerhalb des Netzes dafür vorgesehen sind, gemeinsam genutzt und Datenbestände ausgetauscht werden; gearbeitet wird jedoch – ganz im Gegensatz zum Zentralrechnerkonzept – auf dem vor dem Benutzer stehenden Computer. Solche Netze sind dann sinnvoll, wenn nur gelegentlich kleine Datenmengen auszutauschen sind und auch der Einsatz der gemeinsamen Ressourcen den Ausnahmefall darstellt.

Netzwerkanbieter haben den Bedarf an begrenzten Abteilungslösungen erkannt und bieten mehrere Produkte an, die den unteren Teil der Netzwerk-Skala abdecken sollen. Beispiele sind *Windows for Workgroups, Personal Netware* oder *DOS 6* und *7*.

1.2.3 Client/Server-Strukturen

Mit der **Client/Server-Struktur** geht man einen Schritt weiter als bei der *Peer-to-Peer-Verbindung*. Sämtliche Arbeitsstationen sind nicht nur miteinander vernetzt, sondern es stehen der Allgemeinheit zusätzlich für besondere Aufga-

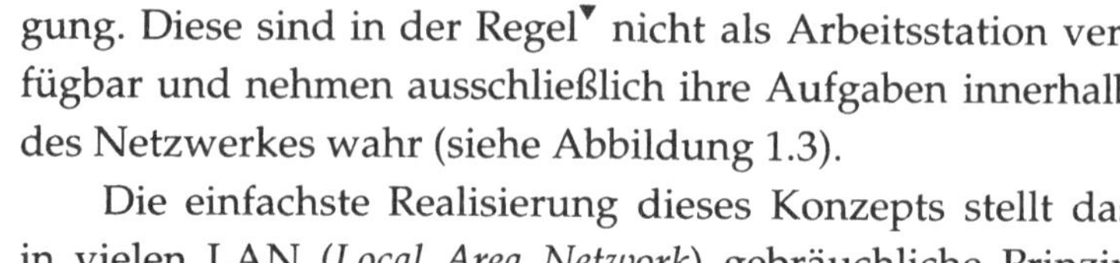

ben reservierte, sogenannte *dedizierte* Rechner zur Verfügung. Diese sind in der Regel▼ nicht als Arbeitsstation verfügbar und nehmen ausschließlich ihre Aufgaben innerhalb des Netzwerkes wahr (siehe Abbildung 1.3).

▼ Leistungsfähige *Multitasking-Systeme* (mehrere Programme werden parallel bearbeitet) bilden hier manchmal eine Ausnahme

Die einfachste Realisierung dieses Konzepts stellt das in vielen LAN (*Local Area Network*) gebräuchliche Prinzip eines zentralen **Fileservers** dar. Dieser enthält gemeinsam nutzbare Datenbestände (Programme, Datenbanken oder auch Dokumentdateien), die er den angeschlossenen Arbeitsstationen zur Verfügung stellt. Während auch in dieser Konfiguration das Bearbeiten der Daten ausschließlich auf dem eigenen Arbeitsplatzrechner geschieht (vergleiche Abbildung 1.6 auf Seite 22), übernimmt der zentrale Server lediglich die Aufgaben der gemeinsamen Datenhaltung und der Netzwerksteuerung. Zusätzlich können weitere Server, etwa zum Drucken oder für die elektronische Post, eingesetzt werden.

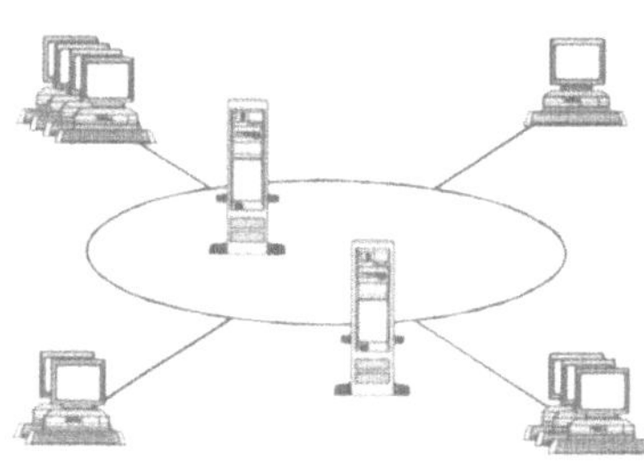

Abbildung 1.3: An zentrale Server sind „intelligente" Arbeitsstationen angeschlossen

Die bekanntesten Vertreter dieses Konzeptes sind *Netware* von *Novell* sowie der *LAN-Server* von *IBM* bzw. der *LAN-Manager* von *Microsoft* (siehe die Kapitel 5.1.1. und 5.1.2.).

Client/Multiserver-Architektur

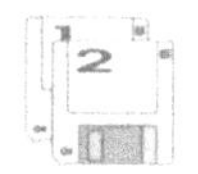

Das Konzept, das hinter dem Begriff *Client/Server* steckt, läßt sich mit den beiden Begriffen *„Downsizing"* und *„Upsizing"* genauer beschreiben. Die Idee des Client/Server-Computing ist jedoch viel weiter gefaßt, als dies in vielen heute existierenden Server-basierten LAN der Fall ist.

Beim Umstieg auf ein Client/Server-Informationssystem geht man von zwei gegenläufigen Bewegungen aus (siehe Abbildung 1.4): **Downsizing** wird betrieben, indem zum Beispiel der Zentralrechner (*Host*) durch mehrere dezentrale Server ersetzt wird oder verschiedene Anwendungen vom Host auf moderne, leistungsfähige Arbeitsplatzrechner verlagert werden.

Das **Upsizing** dagegen beruht auf dem Grundgedanke des Zentralisierens. Lokale Arbeitsstationen verzichten beispielsweise auf eine eigene lokale Datenhaltung und verlagern ihre Bestände auf einen übergeordneten Datenbank-Server, auf den dann alle angeschlossenen Stationen zugreifen.

In einer Client/Server-Umgebung werden also mehrere Server eingesetzt, die jeweils für bestimmte Aufgaben vorgesehen sind. Korrekterweise müßte man eigentlich von **Client/*Multi*server-Strukturen** sprechen. Auf einen zentralen Großrechner, wie er in traditionellen Systemen anzutreffen ist, verzichtet man hier vollkommen.

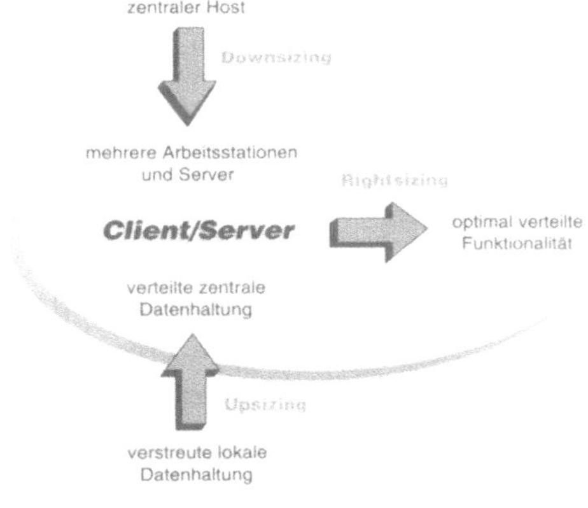

Abbildung 1.4: Beispiele für Wege zu Client/Server-Strukturen

Bei dem Einsatz mehrerer Server findet eine Trennung zwischen *Applikations-* und *Datenbank-Server* statt. Jeder Rechner, sei es nun ein bestimmter Server oder ein Arbeitsplatzrechner, wird genau für *die* Aufgabe eingesetzt, für die er am besten geeignet ist. Alle anderen Anforderungen werden von anderen Computern im Client/Server-Verbund bearbeitet. Genaugenommen kommt also auch noch der Aspekt des **Rightsizing** (optimierter und funktionsgerechter Rechnereinsatz) zum Tragen (siehe Abbildung 1.4).

Abbildung 1.5 zeigt ein Beispiel: Der Arbeitsplatzrechner beschäftigt sich in erster Linie mit der Organisation seiner graphischen Benutzeroberfläche und bildet das *Front-End* für den Anwender, während im Hintergrund die aufwendige Datenbankabfrage vom entsprechenden Server (*Back-End*) bearbeitet wird. Das Ergebnis dieser Abfrage wird dann im Anschluß wieder von der Arbeitsstation für den Anwender ansprechend graphisch dargestellt.

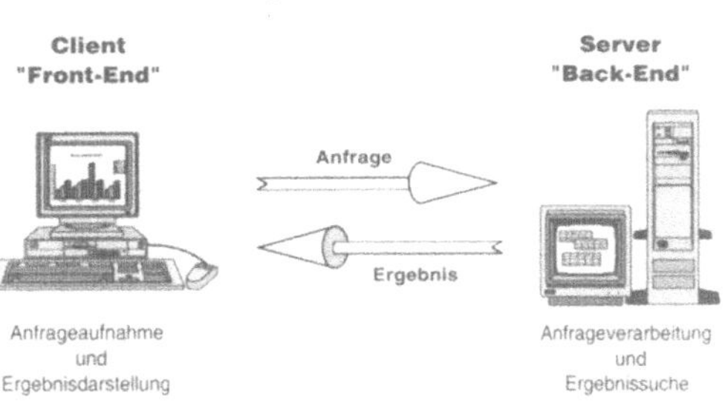

Abbildung 1.5: Der *Client* als Front-, der *Server* als Back-End-Processor

Schließlich bedeutet Client/Server-Betrieb in gewisser Weise auch *funktionales Upsizing*: Durch die Zusammenfassung von Datenbeständen aus „unkontrollierten" Inseln zu zentralen Datenbanken vermindert sich das Problem der Datenredundanz und -inkonsistenz. Das Datenmanagement wird auf zentrale Server verlagert, auf die die Stationen nur über das Datenbanksystem kontrolliert zugreifen können. Datenbestände können auf diese Weise einfacher und sicherer verwaltet werden.

Client/Server-Ausprägungen

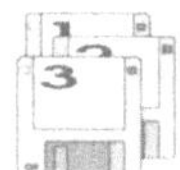

Die Aufteilung der Aufgaben in einem Client/Server-System läßt sich auf verschiedene Arten realisieren. In Abbildung 1.6 (auf Seite 22) sind die fünf möglichen Ausprägungen einander gegenübergestellt, wobei der Vollständigkeit halber auch noch die reine *Terminalemulation* und der *Fileserver-Betrieb* als Randextreme mit aufgenommen wurden.

Den jeweiligen Rechnern (im oberen Teil die Server, im unteren die Clients) sind die drei wesentlichen Aufgabenbereiche *Data-Management*, *Application-Logic* und *Presentation* zugeordnet. Die Verwaltung der bearbeiteten Daten (*Data-Management*), die bearbeitende Software selbst (*Application-Logic*) und die Präsentation von Anfragen und Ergebnissen (*Presentation*) sind eigenständige, miteinander kooperierende Einheiten. Sie können auf dem gleichen Rechner implementiert sein oder auf mehrere Rechner innerhalb des Netzwerks verteilt werden.

Während auf der linken Seite von Abbildung 1.6 die eher server-orientierten Systeme zu finden sind, sind rechts diejenigen mit der Verlagerung der Aufgaben auf die Clients dargestellt. Die Pfeile kennzeichnen die Trennung von Server und Client durch das Netzwerk. Natürlich ist die Abbildung stark vereinfacht, da in einer echten Client/Server-Umgebung – wie bereits beschrieben – mehrere Server und natürlich auch mehrere Arbeitsstationen eingesetzt sind.

Im folgenden wollen wir uns die einzelnen Strukturen etwas genauer ansehen. Alle Ausprägungen sind in Abbildung 1.6 auf Seite 22 graphisch dargestellt.

Client/Server-Ausprägungen

- **Distributed Presentation / Verteilte Präsentation**: Das Präsentationsmanagement ist zumindest teilweise auf eine Workstation verlagert. Anwendungsprogramme des Clients übernehmen durch *Programm-zu-Programm-Kommunikation* Daten vom Server und stellen diese selbständig dar.
  Zusätzlich ist aber auch der Server in der Lage, sich an der Präsentation zu beteiligen. Auf diese Weise können auch nicht-intelligente Stationen (*Terminals*), die über keine eigenen Steuerungsfunktionen verfügen, unterstützt werden. Diese Möglichkeit ist vor allem als Übergangslösung während der Umrüstung auf intelligente Clients interessant, denn zwischenzeitlich können die alten Terminals weiterverwendet werden.

- **Remote Presentation / Entfernte Präsentation**: Die Datenpräsentation läuft nur auf dem Client ab (*Front-End-Präsentation*, vergleiche Abbildung 1.5 auf Seite 19). Die Hintergrundmaschine (Server) wird auf diese Weise vollkommen von der Maskensteuerung entlastet und braucht nur Anfragen anzunehmen, zu bearbeiten und Ergebnisdaten bereitzustellen.
  Vor allem für die Anbindung von Großrechnern ist diese Struktur ideal: Durch die graphische Oberfläche des Clients wird die Ausgabe des Zentralrechners nicht unwesentlich aufgewertet. Der Anschluß „dummer“ Terminals ist jedoch im Gegensatz zur *Verteilten Präsentation* nicht möglich.

- **Distributed Application / Verteilte Anwendung**: Die Funktionen einer Anwendung sind auf verschiedene Rechner verteilt. Gründe für diese Art der Architektur können die Plattformeigenschaften der verwendeten Server und Clients, die optimale Nutzung von Ressourcen, die Verfügbarkeit und Wiederverwendbarkeit von Anwendungsteilen und viele andere mehr sein.
  Bei Verteilten Anwendungen werden zwei grundsätzliche Formen der Zusammenarbeit unterschieden:

Remote Procedure Call

- Das Anwendungsprogramm des Client ruft auf dem Server eine Programmroutine auf (*Remote Procedure Call, RPC*). Diese Subroutine läuft in anderer Umgebung (eben der des Servers) ab und gibt Ergebnisse an das aufrufende Programm (auf dem Client) zurück.
  Der Kommunikationscharakter ist mit dem Aufruf eines Unterprogramms (Prozedur oder Funktion) in prozeduralen Programmiersprachen vergleichbar.

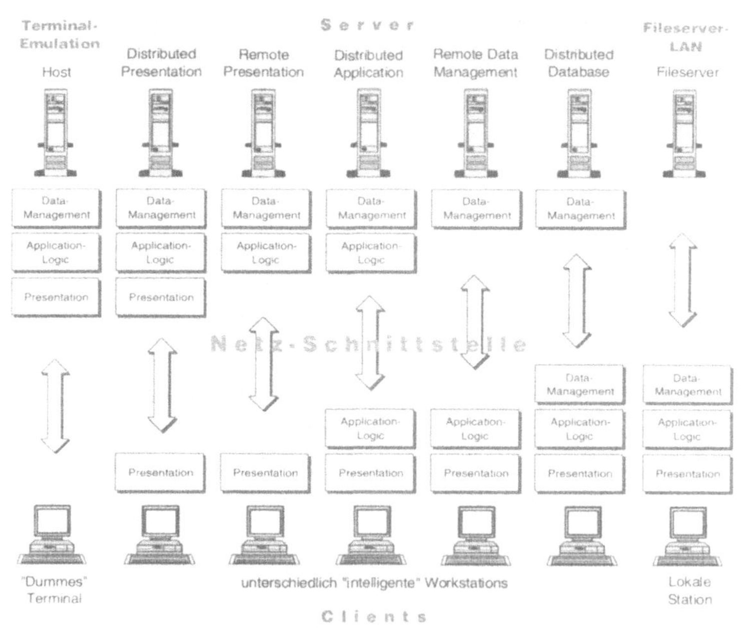

Abbildung 1.6: Client/Server-Modelle nach Gartner

Advanced Program to Program Communication

- Es erfolgt eine direkte Programmkommunikation (Advanced Program to Program Communication, APPC). Hierzu müssen die verschiedenen Programme gesondert aufeinander abgestimmt werden. Daten und Ergebnisse können in beide Richtungen ausgetauscht werden.
  Eine eindeutige Zuordnung von ausschließlich rufendem und gerufenem Partner ist nicht möglich – und auch nicht erforderlich.

- **Remote Data Management / Entfernte Datenverwaltung**: Während die Anwendungen komplett auf die Clients verlagert wurden, kommen die zu verarbeitenden Daten vom Server. Dies ist die klassische Form der Client/Server-Struktur, die in vielen Unternehmen als erster Schritt hin zur Client/Server-Technologie realisiert wird. Es erfolgt eine Trennung von Daten- und Funktionsbereich. Dabei muß darauf geachtet werden, daß die verarbeitenden Programme nicht an den Ort der Daten gebunden sind. Daten sollten transparent vorliegen, so daß beispielsweise eine Verlagerung auf einen anderen Rechner nicht zwangsläufig zur Änderung der darauf zugreifenden Anwendung führt.

- **Distributed Data Management / Verteilte Datenverwaltung**: Daten werden sowohl lokal als auch entfernt gespeichert; eventuell ist auch eine Datenbank über mehrere Rechner verteilt▼. Auch hier ist es wichtig, daß die Datensammlung logisch wie eine einzige aussieht (Transparenz gegenüber der Anwendung). Die Verteilung ist meist durch Performance-Überlegungen motiviert: Daten sollten dort liegen, wo sie benötigt werden, um nicht unnötigen Verkehr auf dem Kommunikationsnetz zu verursachen. Wieder spielen die Probleme der Datenkonsistenz und -aktualisierung eine wesentliche Rolle.

▼ Vgl. Kapitel 3.2.4.

In der Praxis sind zumeist Mischformen aus allen fünf beschriebenen Möglichkeiten vorhanden. Vor allem während der Umstellungsphase sind häufig auch noch die beiden Randextreme zu finden, die eine (vorübergehende) Weiterverwendung der alten Konfigurationen erlauben.

Vgl. Kapitel 1.1.1.

Um eine hohe Benutzerakzeptanz zu erreichen, ist zu beachten, daß die für den Client/Server-Betrieb typische Arbeits- und Datenverteilung für den Anwender transparent bleiben muß (siehe auch Abbildung 1.5 auf Seite 19). Obwohl also im Hintergrund weitere Ressourcen genutzt

Vgl. Kapitel 1.2.1.

werden, sollte es dem Benutzer so erscheinen, als arbeite er nur auf dem eigenen Rechner. Die Computer-Intelligenz kann also zwar *physisch* verteilt sein, *logisch* jedoch einheitlich erscheinen!

Viele Netzwerk- und Softwarehersteller haben sich diesen Aufgaben angenommen und eine Reihe von Produkten auf den Markt gebracht. Bekannteste Software-Vertreter sind *R3* von *SAP* und *Notes* von *Lotus*.

Motivation

Was spricht nun für Multiserver-Computing? Wie wir schon in unserer Einführung andeuteten (vergleiche Seite 4), werden zur Zeit alte Unternehmensstrukturen zugunsten neuer, flacher Hierarchien aufgebrochen. Das *Client/Server-Prinzip* greift diesen Gedanken in der Realisierung von EDV-Systemen auf. Zudem sind Multiserver-Lösungen in der Regel kostengünstiger als solche mit einem Zentralrechner. Ihr Einsatz ist außerdem nicht nur flexibler und platzsparender, sondern – und das ist im Hinblick auf zukünftige technologische Entwicklungen auf der einen Seite und Veränderungen beim Anwender auf der anderen einer der wichtigsten Aspekte – auch stufenlos erweiterbar (*skalierbar*).

Strukturieren von Netzwerken

Server-basierte Netze gehören zu den umfangreicheren im Bereich der LAN. Leicht können an sie bis zu mehrere hundert Stationen angeschlossen sein. Bei größeren Netzen versucht man eine Struktur aufzubauen, indem das Netz in einzelne Subnetze unterteilt wird. Dies ermöglicht eine übersichtlichere Verwaltung und führt zu einer Lastverteilung: Lokale Datenströme bleiben auf das jeweilige Subnetz beschränkt und belasten nicht mehr das Gesamtnetz. Auf diese Weise lassen sich hierarchische Strukturen aufbauen: Lokale Netze (LAN) werden unternehmensintern mit einem Hochgeschwindigkeitsnetz (*Backbone*) gekoppelt und über

Weitverkehrsnetze (WAN, *Wide Area Networks*) an den nationalen und internationalen Datenverkehr angebunden. Hierzu setzt man *Bridges, Router* und *Gateways* ein▼.

▼ Siehe Kapitel 1.5.

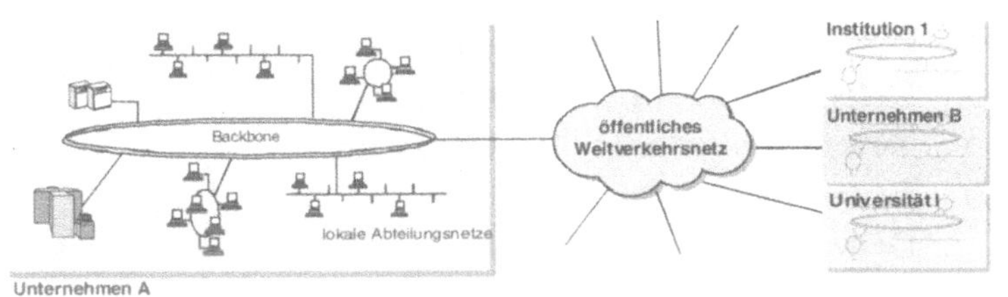

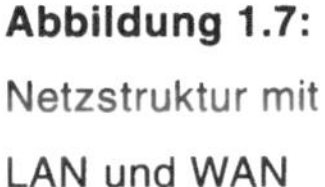

Abbildung 1.7: Netzstruktur mit LAN und WAN

Abbildung 1.7 zeigt eine typische Ausprägung eines solchen Netzwerks. Verschiedenste Institutionen, Unternehmen und Forschungseinrichtungen sind über ein *weltweites öffentliches Weitverkehrsnetz* miteinander verbunden. Unternehmensintern werden nach demselben Prinzip die *lokalen Netzwerke* verschiedener Abteilungen an das leistungsfähige Hochgeschwindigkeitsnetz (*Backbone*) angebunden und haben über dieses die Möglichkeit, nicht nur intern Daten auszutauschen, sondern auch die Weitverkehrsverbindungen nach außen zu nutzen.

1.3. Kommunikationsdienste

Nachdem im vorigen Kapitel die Grundstrukturen und Ausprägungen von Netzwerken erläutert wurden, soll im folgenden gezeigt werden, was man grundsätzlich mit Netzwerken anfangen kann. Bevor wir zu konkreten Anwendungen und Möglichkeiten kommen, werden zunächst die wichtigsten Basiswerkzeuge, die ein Netzwerk anbietet, erläutert.

Die folgenden drei bzw. vier Basisdienste werden im Prinzip von jedem Netzwerk zur Verfügung gestellt. Sie treten bei bestimmten Anwendungen mehr in Erscheinung – bei anderen operieren sie eher versteckt. Das Arbeiten mit einem Netzwerk schließt fast immer diese Basisdienste ein, weshalb sie hier besonders herausgegriffen werden sollen.

Man unterscheidet *Basisdienste* und *erweiterte Informationsdienste*. Letztere bauen auf den Basisdiensten auf und werden in Kapitel 4.1. besprochen. Zu den **Basisdiensten** zählen:

Netzwerk-Basisdienste

- Elektronische Post / Electronic Mail
- Dateiübertragung / Filetransfer
- Terminalemulation / Remote Login
- Prozeßkommunikation

Diese Dienste ermöglichen grundlegend verschiedene Funktionen. Während die ersten drei bei der Interaktion von *Benutzer und Rechner* zum Tragen kommen, tritt die vierte Form nur bei der *Rechner-zu-Rechner-Kommunikation* auf.

Wo wird tatsächlich gearbeitet?

Ähnlich wie bei den verschiedenen im vorigen Kapitel vorgestellten Vernetzungstypen ist es auch hier wieder wichtig zu wissen, wo im System gerade tatsächlich gearbeitet wird. Zwar sitzt der Anwender stets vor seinem lokalen Terminal. Dadurch jedoch, daß er über ein Netzwerk mit anderen Rechnern kommuniziert, kann die eigentliche Bearbeitung der von ihm gestellten Aufgabe auf einem beliebigen System im Netz erfolgen. Je nach verwendetem Dienst läßt sich vorhersagen, welcher Rechner die Anforderung bearbeitet.

1.3.1 Electronic Mail

Versenden von Post

Der in Weitverkehrsnetzen meist genutzte Dienst ist die elektronische Post. Sie stellt quasi die persönliche Verbindung eines Benutzers zum Netz dar und unterstützt den Informationsaustausch zwischen den Teilnehmern auf elektronischem Wege.

Das Prinzip der **Electronic Mail** ist mit dem der regulären Post vergleichbar. Der Absender erstellt mittels eines E-Mail-Programmes einen Brief, der neben dem eigentlichen Text auch einen Briefkopf (*Header*) enthält (siehe Abbildung 1.9). In diesem sind die eindeutige Adresse des Empfängers und die des Absenders vermerkt. Jeder Netzwerkteilnehmer besitzt eine individuelle Adresse, die sich aus seiner Benutzerkennung und einer Rechnerkennung zusammensetzt. Ein Beispiel für eine solche Adresse ist die Kombination von Benutzerkennung und Rechnerkennung im Internet▾.

▾ Mehr zum Thema *Adressierung* in Kapitel 1.6.

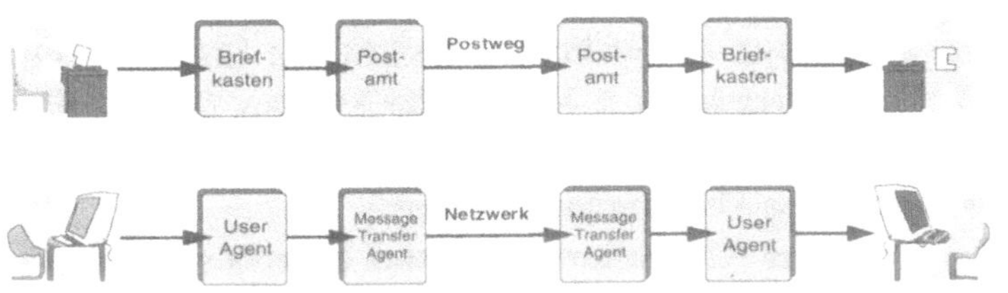

Abbildung 1.8: Das Prinzip des Electronic Mailing und der regulären Post

Hat man einen Brief fertiggestellt, wird er dem lokalen *Message Handler* übergeben. Dies geschieht mit einem speziellen Software-Programm, das je nach verwendetem Rechnersystem verschieden gestaltet sein kann und den Weitertransport im Netzwerk übernimmt (*Message Transfer Agent*, siehe Abbildung 1.8). Dies wird in Kapitel 2.2.2. weiter vertieft.

From root Wed Jul 6 00:37:52 1994	lokale Uhrzeit des Empfängers
Received: from arl-img-1.compuserve.com by risc1.rz.fh-heilbronn.de (AIX 3.2/UCB 5.64/BelWue-2.2RS) id AA15980; Wed, 6 Jul 1994 00:37:48 +0100	empfangender Rechner
Received: from localhost by arl-img-1.compuserve.com (8.6.4/5.940406sam) id SAA21783; Tue, 5 Jul 1994 18:37:02 -0400	Netzübergang („Mail-Gateway")
Date: 05 Jul 94 18:36:27 EDT	lokale Uhrzeit des Absenders
From: "Uli Botzenhardt, DSB Miami" <73523.1050@compuserve.com>	Absenderadresse
To: Johannes Hennekeuser <HENNEKEUSER@fh-heilbronn.de>	Empfängeradresse
Subject: Korrekturen Kapitel 3	Betreff-Mitteilung des Absenders
Message-Id: <940705223627_73523.1050_DHN63-2@CompuServe.COM> Status: R	Nachrichten-Nummer und Status
Hallo Johannes, Ich habe Dir gerade die Korrekturversion von Kapitel 3 auf die RISC1 eingespielt. Du kannst sie Dir also jetzt von dort holen und die Aenderungen einarbeiten. Viel Spass dabei... :-) Uli	Persönlicher Brief

Abbildung 1.9: Aufbau einer Electronic Mail

Der *Header* einer Mail zeigt, welchen Weg die Nachricht durch das Netzwerk genommen hat. Hier ergänzt jeder zentrale Knotenpunkte seine Adresse und die Durchgangszeit der Mail.

In Abbildung 1.9[3] auf der vorherigen Seite sieht man, daß der Brief den lokalen Rechner in Miami um 18:36:27 Uhr verlassen (Zeile 4), 35 Sekunden später einen Netzübergang▼ passierte (Zeile 3) und nach weiteren 46 Sekunden den Zielrechner in Heilbronn erreicht hat (Zeile 2). Um 0:37:52 Uhr wurde die E-Mail in der Mailbox des Empfängers abgelegt (erste Zeile). Die gesamte Übertragung hat also nur knapp 1½ Minuten gedauert.

▼ Siehe Kapitel 1.5.

Nach dem Abschicken der E-Mail braucht sich der Absender um die Auslieferung der Post nicht mehr zu kümmern. Wie die Post von dort aus übertragen wird, ist für ihn nicht ersichtlich. Der Brief landet – eine korrekte Adresse vorausgesetzt – im elektronischen Briefkasten (*Mailbox*) des Empfängers und wird dort zunächst gespeichert. Die generelle Ausrichtung der Electronic-Mail ist also *„weg vom Absender und hin zum Empfänger“* (siehe Abbildung 1.10).

Abbildung 1.10: Informationsfluß beim Electronic Mailing

Wann die Information den Adressaten erreicht, hängt jetzt nur noch davon ab, zu welchem Zeitpunkt der Briefkasten geleert und die Post gelesen wird. Es findet also eine *asynchrone* Kommunikation statt, bei der Sender und Empfänger nicht gleichzeitig aktiv sein müssen. Jeder bearbeitet die Post, wann es ihm beliebt.

Die elektronische Übertragung ist sehr schnell: Je nach verfügbarer Netzgeschwindigkeit dauert die Übertragung eines ein- bis zweiseitigen Briefes weltweit im Regelfall weit weniger als eine Stunde. Wenn der Empfänger sein Rechnersystem nutzt, während eine E-Mail an seinen Briefkasten ausgeliefert wird, bieten viele Programme die Möglichkeit, ihn sofort mittels einer kurzen Mitteilung darüber zu informieren.

Die elektronische Post ist jedoch nicht nur in Hinsicht auf ihre Geschwindigkeit der regulären Post ein gutes Stück voraus, denn Electronic Mailing funktioniert auch zuverlässiger. Ein Brief erreicht mit Sicherheit die angegebene

[3] Es handelt sich um eine Mail, die aus *CompuServe* an eine Adresse im *Internet* verschickt wurde. Siehe Kapitel 1.6.

Adresse oder wird, wenn die Adresse nicht auffindbar ist, an den Absender zurückgeschickt.

Auf der anderen Seite ist das Kommunizieren per E-Mail – je nach verwendetem Netzwerk – meist schwieriger gegen unberechtigte Zugriffe zu schützen. Die elektronische Post wird auf ihrem Weg zum Empfänger von Rechner zu Rechner gereicht. Eine direkte Verbindung zwischen den beiden Kommunikationspartnern besteht – wie auch bei der regulären Post – nicht. Man spricht von einem *Store-and-Forward-Service,* da die Vermittlungsrechner Mails zwischenspeichern und weitersenden. Auf ihrem Weg durch das Netz ist die Nachricht im Regelfall nicht verschlüsselt und kann von jedem, der den entsprechenden Zugang zu den weiterleitenden Rechnern hat, gelesen werden.

Die Übertragung aller Mails erfolgt über ein Weitverkehrsnetz als 7-Bit-ASCII[4]-Text. Dies hat den Vorteil, daß die übermittelte Information nicht nur am Bildschirm gelesen, sondern auch weiterverarbeitet werden kann. Sie ist also, um es mit Fachausdrücken zu beschreiben, **readable** und **formattable**. Der Text kann weiter versendet, verändert oder sogar in andere Dokumente eingebunden werden.

Readable und *ASCII-formattable;* vgl. Seite 216

Voraussetzung allerdings ist, daß ein ASCII-codierter Text vorliegt und sich der Absender an internationale Konventionen gehalten und weder *Sonderzeichen* noch *Umlaute* verwendet hat! Im internationalen Alphabet sind national gebräuchliche Zeichen nämlich anders belegt und werden nicht so übermittelt, wie sich der Absender dies erhofft. Bleibt man bei der Übertragung jedoch in einem homogenen Bereich oder in einer lokalen Umgebung, gelten viele dieser Einschränkungen nicht.

Modernisierungen

Wie das Beispiel *MIME*[5] zeigt, sind Veränderungen in diesem Bereich im Entstehen: Es ist damit zu rechnen, daß schon bald nicht nur eine Erweiterung des Zeichensatzes,

[4] Der *American Standard Code for Information Interchange* (*ASCII*) ist ein international anerkannter Code zum digitalen Verschlüsseln von Ziffern und Buchstaben.

[5] Die *Multi-purpose Internet Mail Extension* befindet sich in der Entwicklung. Sie soll mit einem 8-Bit-Format auch Sonderzeichen, Sprache, Bitmaps u.a. unterstützen.

sondern auch die Unterstützung von *Multimedia* möglich sein wird. Damit könnten Briefe dann auch mit Ton und Bild versehen werden.

Bereits heute ist es möglich, mit Hilfe von besonderer Software einer E-Mail Dateien und sogar lauffähige Programme anzuhängen. Die Gegenstelle muß dann jedoch über die gleiche Software verfügen, um die zusätzlich angehängten Daten wieder auspacken zu können.

Die elektronische Post vereinigt also die Vorteile der beiden konventionellen Kommunikationsformen *Telefax* (siehe Kapitel 5.2.1.) und *Post* miteinander und bringt noch eigene Besonderheiten mit. Sie kann sicherlich weder das eine noch das andere Verfahren vollständig ersetzen, sondern nur in bestimmten Bereichen ergänzen.

Während früher die verschiedenen WAN- und LAN-Mail-Systeme jeweils nur untereinander kommunizieren konnten, kann heute fast jedes Mail-Programm mit jedem anderen in Kontakt treten. Trotz der Verschiedenartigkeit der eingesetzten Netzwerke ist in der Regel eine Kommunikation möglich, solange Verbindungen zwischen den Netzwerken bestehen und bestimmte Standards zur Anwendung kommen.

Im Bereich der PCs hat sich hierfür das *Message Handling System* (*MHS*) etabliert. Langfristig jedoch orientieren sich die Hersteller an der OSI▼-Norm *X.400*, die systemübergreifend alle Mail-Systeme miteinander verbindet. Beide Standards kommen in späteren Kapiteln zur Sprache.

▼ Die Open Systems Interconnection ist ein Normungsgremium (siehe Kapitel 2.2.2.).

1.3.2 Filetransfer

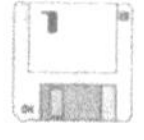

Dateien bewegen

Soll mehr als nur ein Brief verschickt oder gar auf binäre Dateien zugegriffen werden, die auf entfernten Rechnern gespeichert sind, wird der Dienst der Dateiübertragung eingesetzt. Er dient ganz allgemein dazu, Dateien zu bewegen. Dies schließt beide Richtungen ein: *weg* vom Benutzer und *hin* zu ihm. Zumeist werden Daten von entfernten Rechnern auf den eigenen übertragen. Auf diese Weise lassen sich von zentralen Servern Informationen abrufen und

Dateien kopieren; oder man kann auf große Datenbanken zugreifen und Datensätze von dort auf den eigenen Rechner übertragen.

Der **Filetransfer** läuft indes ganz anders ab als das Versenden einer E-Mail, bei dem der Benutzer nur über den Zugriff auf einen lokalen vernetzten Rechner, die entsprechende Mail-Software und die Adresse des Empfängers verfügen muß. Beim Filetransfer ist es notwendig, sich nach dem Identifizieren im eigenen Netzwerk zunächst bei der Gegenstelle anzumelden. Dies erfolgt mittels eines speziellen Filetransfer-Programms (z. B. `FTP`), das die Verbindung zum entfernten Rechner aufbaut und zur Anmeldung auffordert.

Um Dateien zu übertragen, benötigt man also eine *Zugriffsberechtigung* auf den entfernten Rechner. Dies ist beim einfachen Mailing nicht erforderlich. Nachdem man sich angemeldet hat (Benutzerkennung und ein Paßwort werden verlangt), kann man sich, soweit es die eigenen Benutzerrechte erlauben, im Dateibestand des entfernten Rechners bewegen, Dateien von dort auf die lokale Station kopieren (`GET`) oder vom lokalen Rechner auf den entfernten Zielrechner übertragen (`PUT`).

Für den Filetransfer ist eine Zugriffsberechtigung notwendig.

Während dieser Sitzung sind beide Seiten aktiv: Der lokale Rechner und der Rechner jenseits des Netzwerkes arbeiten zusammen, um die Dateiübertragungen zu ermöglichen. Auch dies hebt den Filetransfer vom E-Mailing ab, bei dem aus Benutzersicht nur auf dem lokalen Rechner gearbeitet wurde. Da der Dienst des Filetransfers meist dazu benutzt wird, Informationen auf den eigenen Rechner zu kopieren, ist in Abbildung 1.11 der Informationsfluß vom entfernten Rechner auf den Benutzer gerichtet.

Abbildung 1.11: Der häufigste Informationsfluß beim Filetransfer

Die Datenübertragung sieht zwei Möglichkeiten vor: Dateien können codiert (`ASCII`) oder aber Bit-für-Bit (`binary`) übertragen werden. Während man einfache Textdateien analog zum E-Mailing im ASCII-Format übertragen kann, eröffnet die binäre Übertragung die Möglichkeit, Dateiformate zu übertragen, die auf den Übermittlungsrechnern oder sogar auf dem eigenen Rechner eigentlich nicht interpretierbar oder lauffähig sind.

Trotzdem ist eine Übertragung möglich, da vollkommen identische Kopien der übertragenen Daten erstellt werden. So lassen sich komprimierte Dateien und lauffähige Programme übertragen, die später auf dem eigenen oder anderen Rechnersystemen weiterverarbeitet oder ausgeführt werden können.

Voll *formattable* und *executable*

Der Dateitransfer ist also nicht nur in der Lage, Texte im ASCII-Format so zu übertragen, daß sie anschließend weiterverarbeitet werden können (**formattable**), sondern unterstützt durch die bitweise Übertragung quasi alle Dateiformate. Texte beispielsweise, die zuvor mit einem bestimmten Textsystem formatiert wurden, können nach der Übertragung mit dem gleichen Programm weiterbearbeitet werden. Programme, die binär übertragen wurden, sind im Anschluß lauffähig (**executable**).

Anonymous FTP

▾ Mehr zum *Internet* in späteren Kapiteln

Das *Internet*▾ ist das bis heute größte internationale Netzwerk für wissenschaftliche und kommerzielle Zwecke. Seine Grundausrichtung war stets die eines offenen Mediums für den weltweiten Informationsaustausch. Vor diesem Hintergrund sind zentrale Server eingerichtet worden, die allen Netzwerkbenutzern ein großes Spektrum von Datenbeständen, Informationen und Programmen gratis zur Verfügung stellen.

Der Zugriff auf diese Server erfordert im Unterschied zum normalen *Filetransfer* keine eigene Zugangsberechtigung. Die Anmeldung erfolgt als ANONYMOUS und ist ohne Paßwort möglich. Mit dieser anonymen Anmeldung sind besondere Restriktionen verbunden: Meist darf man nur vom Server lesen und keine Dateien auf ihn übertragen. Außerdem stehen nur bestimmte Bereiche seines Datenbestandes zur Verfügung.

Der *Anonymous-Filetransfer* unterscheidet sich also nicht vom normalen Basisdienst, sondern stellt nur einen besonderen Lesezugriff dar.

1.3.3. Remote Login

Entferntes Arbeiten auf einem Host: Terminalemulation

Ein **Remote Login** erlaubt das Anmelden bei einem Großrechner oder einer Workstation von einer entfernten Arbeitsstation aus. Der Rechner, von dem aus die Anmeldung erfolgen soll, muß sich nicht – wie die anderen Terminals, die der Großrechner bedient – in dessen unmittelbarer Nähe befinden und direkt an ihn angeschlossen sein. Vielmehr ist mit Remote Login das Anmelden über ein Netzwerk möglich. Der eigene Rechner verhält sich im Anschluß, als wäre er direkt an den entfernten Rechner angeschlossen.

Auf diese Weise läßt sich über eine größere Entfernung eine Sitzung auf einem nicht lokal vorhandenen Host abhalten. Der eigene Arbeitsplatzrechner fungiert dabei als ein normales Terminal. Die über die Tastatur eingegebenen Befehle werden über das Netzwerk an den Host gesandt, dort bearbeitet und die Ergebnisse im Anschluß nach einer erneuten Netzübertragung wieder auf dem Bildschirm des Arbeitsplatzrechners dargestellt. Es wird also (mit Ausnahme der Terminalsteuerung) keine eigene Rechenleistung aufgewendet, sondern es werden nur externe Ressourcen genutzt. Die eigentliche Arbeit übernimmt der entfernte Host.

Der Host arbeitet.

Ähnlich wie beim Filetransfer ist eine *Zugangsberechtigung* für den Großrechner nötig. Direkt nach dem Verbindungsaufbau muß man sich beim fremden System mit seiner Benutzerkennung und einem Paßwort anmelden. Manche Systeme lassen ein sogenanntes *Guest-Login* zu, bei dem kein explizites Paßwort verlangt wird. Natürlich verfügt ein Guest wiederum nur über eingeschränkte Rechte und kann nur bestimmte Host-Ressourcen nutzen.

Auch beim *Remote Login*: nur mit eigener Benutzerkennung

Es findet eine Fernbedienung des Großrechners auf Basis einer klassischen **Client/Server-Session** statt (vergleiche Kapitel 1.2.3.). Der *Client*, der die entfernte Rechenleistung

Klassische *Client/ Server-Struktur*

beansprucht, wird auf dem lokalen Rechner realisiert. Der Host auf der anderen Seite des Netzes übernimmt die *Serverdienste* und stellt die geforderte Rechnerleistung zur Verfügung. Die Aufgaben des Clients sind der Verbindungsauf- und -abbau und das Umsetzen der Eingaben am Terminal in ein Standardformat für den Host. In der Gegenrichtung werden die über das Netz empfangenen Ausgaben des Host vom Client in ein auf dem Arbeitsplatzrechner darstellbares Format zurückverwandelt.

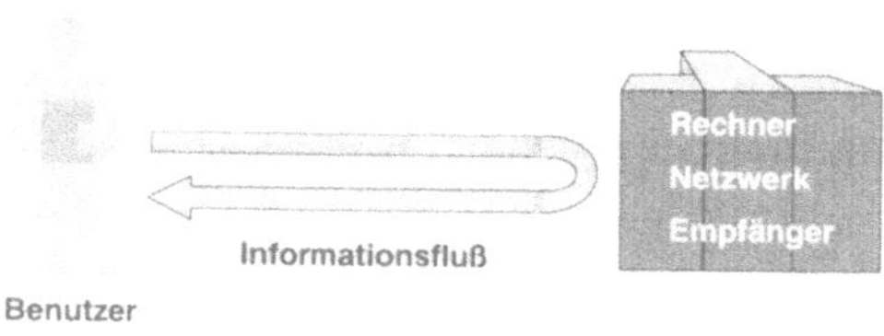

Abbildung 1.12: Bidirektionaler Informationsfluß beim Remote Login

Der Informationsfluß verläuft bidirektional – also in beide Richtungen gleichzeitig – sowohl von der Benutzerstation zum Host als auch in die Gegenrichtung (siehe nebenstehende Abbildung 1.12).

Remote Login bietet die Möglichkeit, sich von quasi jedem Rechnertyp aus bei Host- und Workstation-Systemen anzumelden. Beispielsweise ist die Verbindung eines Apple-Macintosh zu einem IBM-Mainframe oder einer SUN-Workstation möglich. Der lokale Client gaukelt dem Großrechner mit Hilfe einer speziellen Software (*Terminalemulation*▼) ein Terminal seines Typs vor. Je nachdem welcher Host angesteuert werden soll, muß eine spezielle Emulations-Software eingesetzt werden.

▼ Vergleiche Kapitel 1.2.1.

Prinzipiell kann man sich heute von einem vernetzten Arbeitsplatz aus in jede Host- oder Workstation-Umgebung einloggen. Natürlich funktioniert dies nur dann, wenn sowohl Client als auch Server das gleiche Kommunikationsprotokoll unterstützen und sich auf dieser Basis verständigen können (z. B. TCP/IP▲). Wir kommen in späteren Kapiteln darauf zurück.

▲ Zu *TCP/IP* siehe Kapitel 2.2.1.

1.3.4. Prozeßkommunikation

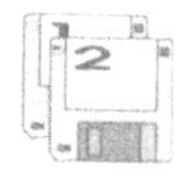

Die **Prozeßkommunikation** gehört eigentlich nicht zu den Basisdiensten. Der Benutzer kommt niemals direkt mit ihr in Berührung, sondern sie läuft bei fast allen Aktionen, die

über das Netzwerk gestartet werden, versteckt und automatisch ab.

Mit Hilfe der Prozeßkommunikation treten Rechner bzw. deren Programme[6] miteinander in Verbindung. Diese Programme können sich auf demselben Rechner, oder – wie in unserem Fall – auf verschiedenen Rechnern befinden, die über ein Netzwerk miteinander verbunden sind. Die beiden Programme kommunizieren miteinander, um sich aufeinander abzustimmen (*Synchronisation*), Daten auszutauschen oder sich gegenseitig zu steuern. Der Informationsfluß verläuft in beide Richtungen – hier allerdings mit der Besonderheit, daß nur Rechnersysteme quasi ohne direkten Einfluß des Benutzers miteinander kommunizieren (siehe Abbildung 1.13).

Betrachten wir das Beispiel des *Remote Login*: Das Programm des Client (die Terminalemulation) muß mit dem Steuerprogramm des Host in Verbindung treten, um Ein- und Ausgaben koordinieren zu können. Daten werden direkt zwischen den Prozessen, die auf den beiden Rechnern laufen, ausgetauscht. Auch beim *E-Mailing* kommt es beispielsweise zur Kommunikation zwischen Prozessen, wenn eine Mail von einem Vermittlungsrechner zum anderen weitergereicht wird.

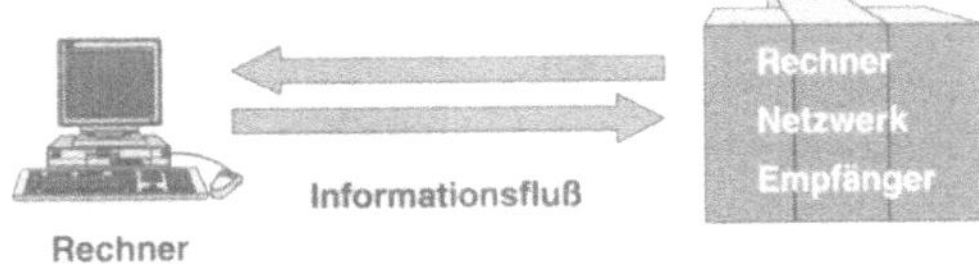

Abbildung 1.13: Der Informationsfluß bei der Prozeßkommunikation

Der Netzwerkbetrieb schließt also automatisch die Kommunikation zwischen Rechnern und damit auch zwischen den auf ihnen laufenden Prozessen mit ein. Diese Kommunikation kann vielfacher Art sein. Zwei Möglichkeiten haben wird bereits bei der Beschreibung der Client/Server-Ausprägungen▼ kennengelernt: den entfernten Prozeduraufruf (*RPC*) und die Programm-zu-Programm-Kommunikation (*APPC*). Weitere werden im Verlauf der späteren Kapitel zur Sprache kommen.

▼ Siehe Seite 22

[6] Programme setzen sich aus verschiedenen Untereinheiten, den *Prozessen*, zusammen. Weil genau genommen diese und nicht das gesamte Programm vom Prozessor des Rechners bearbeitet werden, spricht man nicht von **Programm**-, sondern von **Prozeß**kommunikation.

1.4. Das OSI-Modell

Motivation

Wollen sich zwei Kommunikationspartner verstehen, so müssen sie sich beim Kommunizieren an bestimmte Regeln halten. Man ist versucht zu sagen: „Es ist wie im wirklichen Leben ..." Nur wer dieselbe Sprache spricht, kann sich ohne zusätzlichen Aufwand verständigen.

Ähnlich ist es mit Computern, die über Netzwerke miteinander verbunden werden sollen. Nur wenn sich die Partner an bestimmte Standards halten, ist ein kooperatives Arbeiten und Kommunizieren möglich.

OSI

ISO

Der Aufgabe, verbindliche und allgemeingültige Standards zu schaffen, hat sich die *Open Systems Interconnection* (*OSI*) angenommen und im Jahre 1979 ein Referenzmodell herausgegeben. Die OSI ist ein technisches Komitee der *International Standardization Organisation* (*ISO*), weshalb das Modell **ISO/OSI-Modell** genannt wird. Es versteht sich nicht als verbindlicher Standard, sondern ist ein Grund- oder Referenzmodell, das beim Einordnen und Entwickeln heutiger und zukünftiger Protokolle helfen soll.

Nicht *Wie*, sondern *Was*

Das Modell beschreibt die logische Interaktion einzelner Komponenten der Netzwerkkommunikation. Nicht die Implementierung (also das *Wie*) sondern die Funktion (das *Was*) werden in dem Modell spezifiziert. Daher beschreibt es ein nach allen Seiten offenes System.

Warum nun ist ein solches Modell notwendig? Zum Datenaustausch werden nicht nur die Rechner und ein Kabel benötigt. Beide Kommunikationspartner müssen sich zusätzlich über die Aktionsregeln, die Struktur der auszutauschenden Daten, die Art der Übertragung und vieles andere einig sein, bevor es zur Verständigung kommen kann.

Wie jede normale Unterhaltung erfordert auch – oder (wegen der fehlenden Eigenintelligenz der Computer) *gerade* – eine Rechnerkommunikation ein *Protokoll*, das eine Verbindung aufbaut, Übertragungen bestätigt und die Verbindung am Ende wieder auflöst.

Die Konventionen beider Systeme müssen dabei entweder übereinstimmen oder einander angepaßt werden.

Letzteres führen Konvertierungseinheiten (*Netzübergänge*) wie z. B. *Gateways*▼ durch. Einfacher und effektiver jedoch sind herstellerübergreifende Konventionen und Standards, mit denen man versucht, eine gemeinsame Kommunikationsbasis zu schaffen.

▼ Siehe Kapitel 1.5.5.

Die Kommunikation sollte sowohl *effizient* (also schnell und kostengünstig) als auch *flexibel* (d. h. offen für Veränderungen) sein. Der Austausch eines der für die Kommunikation benötigten Teile (z. B. des Kabels) darf nicht die Veränderung des Gesamtsystems zur Folge haben.

Ein *modularer* Aufbau der einzelnen Netzwerkkomponenten schafft hier Abhilfe. In diese Richtung zielt die OSI mit ihrem Schichtenmodell.

Die Theorie zu Schichtenmodellen

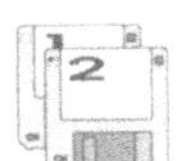

Mit einem Modell versucht man, die Wirklichkeit abstrakt abzubilden und sie so verständlicher zu machen. Ein Schichtenmodell zerlegt den zu beschreibenden Gegenstand – also in unserem Fall die Rechner-Kommunikation – in seine Bestandteile. Es besitzt einen hierarchisch modularen Aufbau (siehe auch Abbildung 1.15 auf Seite 39).

Die einzelnen Schichten eines solchen Modells bauen aufeinander auf. Jede besitzt eine Sammlung von Funktionen, die sie den über ihr gelegenen Schichten als abstrakte Dienste zur Verfügung stellt (siehe Abbildung 1.14). Schicht S_{n+1} nutzt die Dienste D_n von Schicht S_n, ohne nähere Hintergründe über D_n zu kennen. Die Realisierung der Dienste, die von S_n angeboten werden, ist für die Schicht S_{n+1} transparent.

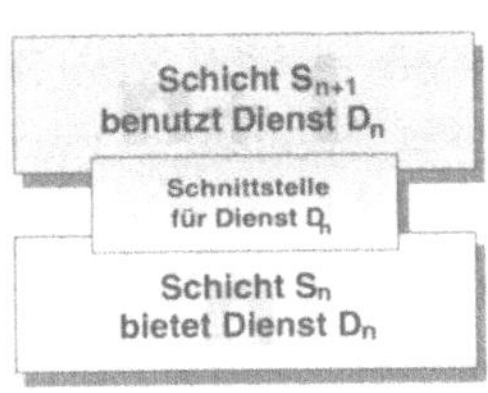

Abbildung 1.14: Schichtendienste nach CCITT X.200

Hier werden die Prinizipien des *Information Hiding* und der *Data Abstraction* angewandt: Unwichtige und zu weit führende Informationen werden vor dem Anwender verborgen – ähnlich dem Ansatz dieses Buches, das auf die Beschreibung technischer Details verzichtet.

Eigenschaften eines Schichtenmodells

Ein Schichtenmodell hat folgende Eigenschaften:

- Aufbau einer hierarchischen Struktur
- Verbergen von Details. Verborgen wird, *wie* etwas realisiert werden soll.
- Weitergabe des *Was* (Dienstangebot) von einer Schicht zur anderen über klare Schnittstellen

Auf diese Weise lassen sich herstellerunabhängige, offene Systeme gestalten, die nicht nur zum gegenseitigen Datenaustausch, sondern auch zur Kommunikation und Kooperation auf höherer Ebene in der Lage sind.

Das OSI-Schichtenmodell

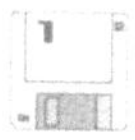

Das OSI-Modell beschreibt alle Komponenten, die für die Kommunikation von Rechnern erforderlich sind. Es wurden insgesamt sieben aufeinander aufbauende Schichten definiert. Anwendungsprogramme, die auf der obersten Ebene des Modells aufsetzen, sollen vollkommen frei von Modell und Netzwerk funktionieren können. Ihr Zugriff auf das Übertragungsmedium wird durch alle sieben Schichten hindurch realisiert (siehe Abbildung 1.15).

Tatsächliche Übertragung

Die eigentliche (**physische**) Übertragung von Signalen – die schwarzen Pfeile in der Abbildung deuten es an –verläuft *vertikal* von Schicht zu Schicht: Auf der Senderseite von Schicht 7 nach unten, auf der Empfängerseite von Schicht 1 wieder nach oben. **Logisch** dagegen sieht das Modell vor, daß jede Schicht mit ihrem Gegenüber *horizontal* direkte Verbindungen unterhält, die natürlich nur virtuell (also nicht wirklich) bestehen (graue Pfeile). Man spricht von virtuellen *Peer-to-Peer-Verbindungen* (*peer* bedeutet *gleichgestellter Partner*).

Logische Verbindungen

Eine Information, die von einem System zu einem anderen übertragen werden soll, muß – bevor sie über das physische Medium transportiert wird – von der obersten Schicht zunächst durch alle darunter liegenden hindurch gereicht werden. Dabei werden in jeder Schicht Steuer- und Kontrollinformationen an die Daten angehängt, die von den entsprechenden Schichten des Zielsystems wieder entfernt werden. Die Information kommt so wohlbehalten auf Schicht 7 der Gegenstelle an.

Jede Schicht hängt also den Daten, die ihr von der darüber liegenden übergeben werden, einen eigenen **Protokoll-Overhead** an und entfernt diesen wieder bei von unten kommenden Paketen. Damit wird klar, daß Systeme nur miteinander kommunizieren können, wenn die Schichten in

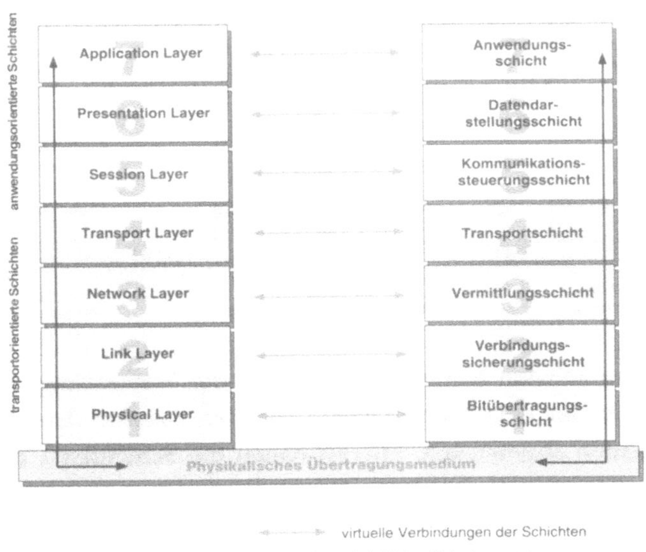

Abbildung 1.15: Das OSI-7-Schichten-Referenzmodell

der Lage sind, die jeweiligen gegenseitigen Overheads ordnungsgemäß zu bearbeiten. Jede einzelne Schicht benötigt ein ihr entsprechendes Gegenüber auf der Gegenstelle. Diese Überlegung ist vor allem für das Verständnis der Netzübergänge (*Repeater, Bridge, Router* und *Gateway*) wichtig, auf die wir in den nächsten Kapiteln zu sprechen kommen.

Netzübergänge

Transport- und Anwendungsschichten

Von den sieben Schichten des Modells sind die drei oberen *anwendungsorientierte,* die vier unteren *transportorientierte* Schichten. Diese Unterscheidung spielt für eine einfache Netzwerkverbindung, bei der beide Endteilnehmer wie in

Abbildung 1.15 direkt miteinander verbunden sind, keine Rolle. Anders ist dies, wenn das Netz aufwendiger strukturiert wurde und Verbindungen nicht direkt, sondern über Netzknoten (*Vermittlungsstellen* oder *Netzübergänge*) laufen (siehe Abbildung 1.16).

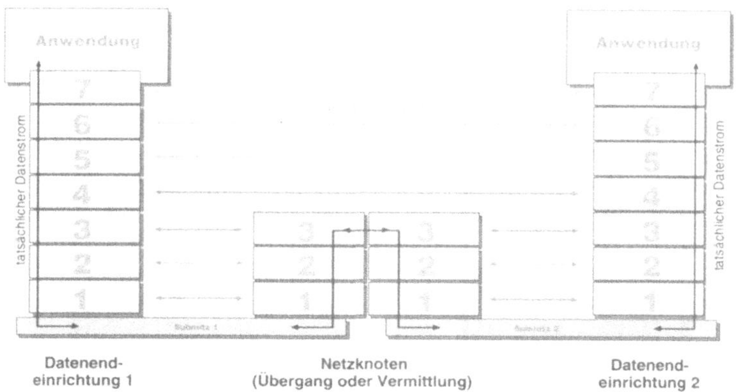

Abbildung 1.16: Erweitertes OSI-Modell

Bei solchen Netzwerken werden die Verbindungen innerhalb der einzelnen *Subnetze* auf den unteren drei OSI-Schichten abgewickelt. Hierzu bauen die Schichten 1 bis 3 ihre virtuellen Verbindungen immer nur bis zum nächsten Knoten[7] auf.

Es werden also Verbindungen zum *Transportsystem* und *nicht direkt* zur Gegenstelle unterhalten. Schicht 4 ist die einzige Transportschicht, die eine Verbindung über das *gesamte* Transportsystem realisiert.

Transparentes Netzwerk für die anwendungsorientierten Schichten

Die *anwendungsorientierten Schichten* dagegen kümmern sich nicht um das Transportsystem. Für sie verläuft die Übertragung identisch – egal ob ein strukturiertes oder ein einfaches Netzwerk benutzt wird. Ihre virtuellen Verbindungen reichen immer direkt zur Gegenstelle. Das Netzwerk ist für sie transparent.

In den unteren Schichten ist das OSI-Modell relativ restriktiv: Die Transportschichten sind streng hierarchisch angeordnet. Die oberen Anwendungsschichten sind eher

[7] Welche Verbindung der einzelnen Schichten 1 bis 3 wohin aufgebaut wird, hängt von der Art der eingesetzten Netzknoten und der Struktur des Netzwerkes ab. Siehe spätere Kapitel.

offen und arbeiten oft parallel miteinander – auch wenn das Modell dies nicht zeigt. Im folgenden sollen die Funktionen, die die einzelnen Schichten zur Verfügung stellen, genauer betrachtet werden.

Die Schichten im Einzelnen

Anwendungsorientierte Schichten

7. **Anwendungsschicht / Verarbeitungsebene / Application Layer**
   Sie ist der Teil einer *Anwendungs-Software*, der für die Kommunikation zuständig ist. Als solcher ist die *Anwendungsschicht* gleichzeitig Ausgangspunkt und Zielort der transportierten Nutzdaten.
   Mit den in dieser Schicht festgelegten Definitionen wird es möglich, Anwendungen hard- und software-unabhängig zu programmieren. Bei einer Dateiübertragung ist die Schicht beispielsweise dafür zuständig, die Datei auf dem Zielsystem an die dort üblichen Konventionen anzupassen (z. B. hinsichtlich des Dateinamens).
   Ein Beispiel für einen Dienst auf dieser Ebene wäre das *Electronic Mailing* (siehe Kapitel 1.3.1.).

6. **Darstellungsschicht / Anpassungsebene / Presentation Layer**
   Sie bietet für das Anwendungsprogramm die Schnittstelle zum Netzwerk und legt für das Programm die Zugriffsart auf das Netz fest. Hierzu stellt sie Funktionen für den Datentransport zur Verfügung.
   Während sich die unter ihr liegenden Schichten nur noch mit reinen Bitströmen befassen, ist für die *Darstellungsschicht* auch noch die volle Syntax der Daten relevant. Sie konvertiert die von oben kommenden Daten in ein für Netzwerke gültiges Standardformat. Das Formatieren, Strukturieren, Verschlüsseln und Komprimieren von Daten gehört damit zu ihren Aufgaben.
   Auf der Empfangsseite stellt sie aus dem von unten kommenden Bitstrom wieder das plattformspezifische

Format her und gibt die umgewandelten Daten an die Anwendungsschicht weiter.

5. **Sitzungsschicht / Steuerungsebene / Session Layer**
Sie stellt im Netz die Verbindung für die darüber liegenden gehobenen Netzdienste zur Verfügung. Als unterste der anwendungsorientierten Schichten nutzt die Sitzungsschicht als erste die von unten bereitgestellten Datentransportdienste. Sie ist die letze Ebene, auf der mit logischen und nicht mit physikalischen Namen für Netzknoten gearbeitet wird.
Verantwortlich ist die *Sitzungsschicht* für die Dialogsteuerung zwischen zwei Anwendungsprogrammen; sie stellt hierzu umfangreiche Dienste zur Synchronisation bereit. Ihr obliegt die *Steuerung der Kommunikation zwischen zwei Anwendungen.*

Transportorientierte Schichten

4. **Transportschicht / Transport Layer**
Sie ist für den Aufbau einer Verbindung zwischen zwei Geräten verantwortlich und die einzige Transportschicht, die eine *Ende-zu-Ende-Verbindung* zwischen den physikalischen Endpunkten unterhält.
Als oberste der transportorientierten Schichten bietet sie den über ihr liegenden Anwendungsschichten einen allgemeinen und unabhängigen Übertragungsdienst. Die Besonderheiten der Netzdienste sind damit nach oben hin ohne Relevanz und *transparent*. Die Schicht bietet eine vom Netzzugang unabhängige Schnittstelle und ermöglicht hierdurch für die Anwendungsseite die zwingend notwendige Hardware-Unabhängigkeit.
Für die von ihr erbrachten Dienste ist das darunterliegende Netzwerk transparent. Ob die Schichten 1 bis 3 als LAN oder WAN realisiert sind, spielt für die Transportschicht keine Rolle.
Da die Schicht eine *Ende-zu-Ende-Verbindung zwischen Prozessen* bereitstellt, spricht man hier auch von *Ende-zu-Ende-Kommunikation.*

3. **Vermittlungsschicht / Netzwerkebene / Network Layer**
Die Vermittlungsschicht ist eine zusätzliche Ebene, die eigentlich nicht notwendig ist, wenn die Endsysteme über eine *direkte* Leitung miteinander verbunden sind. In komplexen und heterogenen Netzen kommt eine direkte Verbindung jedoch nur selten vor. Daher beinhaltet die Vermittlungsschicht die Logik, um Daten über mehrere Netzknoten bis zur Gegenstelle zu versenden.
In paketorientierten Netzen▾ steuert sie den Verbindungsauf- und -abbau, übernimmt die Wegewahl durch vermaschte Netze (*Routing*) und ist für die Adressierung verantwortlich. Die *Vermittlungsschicht* realisiert eine *Ende-zu-Ende-Verbindung zwischen Geräten.* Diese Geräte müssen nicht zwingend die Endsysteme, sondern können auch Netzübergänge sein.
Ein Beispiel für einen Dienst auf Ebene 3 ist die *X.25-Paketschicht* (siehe Kapitel 2.1.8.).

▾ Das sind z. B. alle LAN, siehe Kapitel 2.1.4. ff.

2. **Sicherungsschicht / Datenverbindungsebene / Link Layer**
Sie ist, wie ihr Name vermuten läßt, für die Fehlerfreiheit der Datenübertragung zuständig. Der von oben kommende Bitstrom wird in Rahmen (*Frames*) zerlegt, weil die Einzelübertragung von Datenblöcken einfacher, besser überschaubar und leichter korrigierbar ist. Auf der Empfangsseite übernimmt die Schicht das Wiederherstellen des Bitstromes aus den von unten kommenden Frames.
Bei leitungsvermittelten Netzen▾ steuert sie überdies den Verbindungsauf- und -abbau.
Ein Beispiel für eine Realisierung von Ebene 2 ist das *HDLC-Protokoll* von *X.25.*

▾ Das sind z. B. telefondienst-orientierte Netze (ISDN).

1. **Bitübertragungsschicht / Physikalische Ebene / Physical Layer**
Sie ist die einzige Schicht, die in direkten Kontakt zum physischen Übertragungsmedium tritt. Folglich ist sie

für die elektrischen und mechanischen Definitionen (wie z. B. die Steckerbelegung, Spannungswerte und Schnittstellensignale) zuständig.

Die *Bitübertragungsschicht* definiert die physische Verbindung innerhalb des Netzes. Sie hat die Aufgabe der Steuerung des Mediums und Übertragungsverfahrens. Als einzige Schicht sendet und empfängt sie direkt die unstrukturierten Bitströme.

Ein Beispiel ist die *X.21-Schnittstelle*, die ebenfalls im *X.25-Protokoll* verwendet wird.

Pro und Contra OSI-Modell

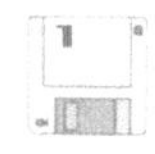

Die Modelldefinitionen der einzelnen Schichten umreißen – wie schon beschrieben – nur das, *was* jede einzelne können muß. Die eigentlichen Funktionen der Schichten werden unabhängig vom Modell von den Netzwerkherstellern in Protokollen bereitgestellt.

Protokollabgleich

Ein **Protokoll** ist eine Sammlung von Regeln und Vereinbarungen zur Kommunikation zwischen denselben Schichten verschiedener Systeme. Dies geschieht auf Basis der schon öfter erwähnten *virtuellen Verbindungen*. Das Modell allein schafft damit nicht die Garantie dafür, daß die Systeme kommunikationsfähig sind. Zusätzlich müssen auf beiden Seiten gleiche oder sich entsprechende Protokolle verwendet werden.

„Konkurrenten"

Neben dem OSI-Modell sind verschiedene herstellerspezifische Industriestandards entstanden, die durch das Offenlegen ihrer Protokolle bzw. durch ihren Verbreitungsgrad nach und nach allgemein anerkannt wurden. Diese Standards existieren heute *parallel* zum OSI-Modell, lassen sich jedoch – obwohl sie stark vertreten und praxisrelevant sind – mitunter nur sehr schwer in das Modell einordnen. Wir werden in späteren Kapiteln die wichtigsten näher erläutern.

Theoretisches Modell

Das OSI-Modell ist relativ *praxisentfernt* in der Theorie entstanden. Dies hat zur Folge, daß seine Vorgaben oft nur schwierig umzusetzen und wenig effizient sind. Viele Funktionen tauchen beispielsweise in mehreren Schichten auf, obwohl es eigentlich sinnvoller wäre, sie auf eine bestimmte Stelle festzusetzen. So ist die Zuordnung der Funktionen nicht immer eindeutig, was die Implementierung in Produkte erschwert.

Veraltete Struktur

Mittlerweile hat das Referenzmodell auch an *Aktualität* verloren: Das strikte Schichtenmodell ist nicht mehr zukunftsgerecht. Multiprotokoll-Umgebungen, intelligente Treiber-Software und Parallelverarbeitung auf der Netzadapter-Karte sind nur einige Beispiele für Entwicklungen, die sich nicht mehr in das Schichtenschema pressen lassen.

Trotzdem ist es nach wie vor hilfreich, sich beim Befassen mit Netzwerken der verschiedenen Schichten des OSI-Modells bewußt zu sein. Viele Grundfunktionen lassen sich mit seiner Hilfe sehr einfach einordnen und erklären.

Einfaches Verständnis

Wir werden uns deshalb in den folgenden Kapiteln immer wieder auf das OSI-Modell beziehen. Es hat sehr viel zum allgemeinen Verständnis von Netzwerken beigetragen und das komplexe Thema vereinfacht.

1.5. Übergänge

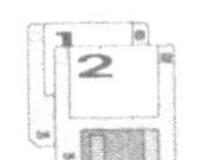

Unter dem Oberbegriff **Netzübergänge** faßt man eine Reihe technisch verschiedenartiger Geräte zusammen, die die Aufgabe haben, Verbindungen zwischen Netzwerken zu schaffen. Je nach Komplexität des Übergangs kann es sich um einfache Verstärker bis hin zu vollständigen Rechnern handeln.

Übergänge sind erforderlich, wenn das vorhandene Netzwerk

- *strukturiert* werden soll; d. h. es soll in Subnetze unterteilt werden. (Strukturierung)
- *erweitert* werden soll; d. h. das Netz soll physikalisch vergrößert werden. (Erweiterung)
- mit weiteren Netzwerken *vermascht* werden soll; d. h. daß mehrere LAN miteinander verbunden werden sollen oder eine WAN-Anbindung angestrebt wird, so daß ein heterogenes Netz entsteht. (Vermaschung)

Erweiterungen von lokalen Netzwerken ziehen meist automatisch eine Strukturierung nach sich, weil die zugelassene Ausdehnung oder die maximale Anzahl für Teilnehmeranschlüsse überschritten werden. Eine Strukturierung ist aber auch dann erforderlich, wenn die Netzlast zu groß geworden ist und die verfügbare Bandbreite nicht mehr ausreicht.

Es werden jedoch auch innerhalb dieser physikalischen Grenzen Netzwerke durch Übergänge untergliedert, weil

- *ein LAN-Verbund* gebildet werden soll:
  - Räumlich getrennte Subnetze werden zusammengeschlossen.
  - Die Gesamtlast des Netzwerkes soll verteilt werden. Durch Abtrennung (Bildung von Gruppen) kann ein hohes Maß an interner Kommunikation auf das Teilnetz einer Gruppe beschränkt werden, wodurch das Gesamtnetz entlastet wird.
- *Sicherheitsaspekte* dies erfordern:
  Dadurch, daß die Verbreitung von sicherheitsrelevanten Informationen auf Teilnetze beschränkt bleibt, vermindert sich das Risiko des unberechtigten Zugriffs auf diese Daten.
- *Fehlersituationen* begrenzt werden und nicht mehr das Gesamtnetz belasten.
- das Gesamtnetz einfacher *verwaltet* werden kann:
  Die Bildung von Subnetzen ermöglicht ein dezentrales Management und erhöht die Übersichtlichkeit.

Diese Ziele können nicht von allen Netzübergängen gleich gut realisiert werden. Da die verschiedenen Übergänge auf unterschiedlichen Schichten des OSI-Modells arbeiten, steht ihnen auch jeweils ein anderer Funktionsumfang zur Verfügung. Generell gilt: Je höher im OSI-Modell die Netzwerkkopplung vorgenommen wird, desto mehr der Ziele lassen sich verwirklichen – desto größer wird jedoch auch die Komplexität des Übergangs.

Netzübergänge

Es gibt insgesamt vier Grundformen, die sich aufgrund ihrer Funktionalität unterscheiden:

- *Repeater* arbeiten gemäß OSI-Schicht 1,

- Bridges gemäß Schicht 2,
- *Router* gemäß Schicht 3 und
- *Gateways* gemäß einer Schicht zwischen 4 und 7.

1.5.1. Repeater

Repeater sind simple Verstärkereinrichtungen und dienen der direkten Signalweiterleitung. Ihr Aufbau ist relativ einfach und kommt vollkommen ohne Software aus.

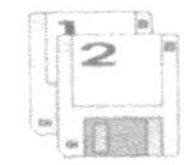

Wie Abbildung 1.17 zeigt, operieren Repeater gemäß der Funktionalität der *Bitübertragungsschicht*. Auf dieser Ebene gibt es keine Daten mit eigener logischer Struktur sondern nur Bits – also nur zwei Zustände: Strom oder kein Strom – die übertragen werden müssen. Diese elektrischen Signale werden vom Repeater empfangen, verstärkt und wahllos weitergegeben.

Man spricht von „wahllos", weil Repeater keinerlei Filter- oder Wegefindungsfunktionen übernehmen können. Dies bleibt Übergängen vorbehalten, die auf höheren Schichten arbeiten. Repeater leiten alle Daten unkontrolliert und unabhängig von deren Herkunft oder Ziel weiter.

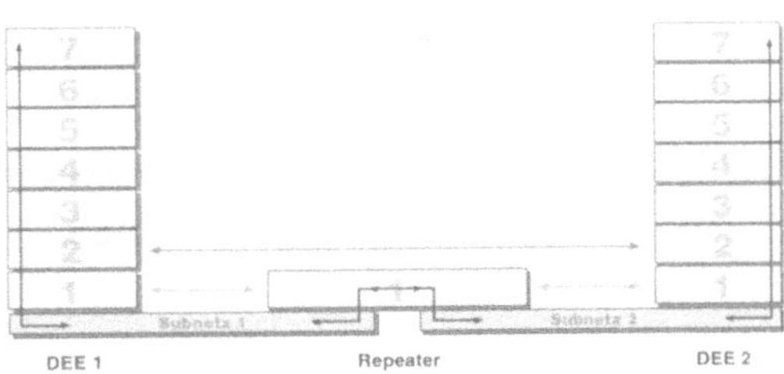

Abbildung 1.17: Einordnung von *Repeatern* in das OSI-Modell

Zur Strukturierung von Netzwerken lassen sich Repeater daher nicht einsetzen. Eine Lastenteilung beispielsweise würde das Auswerten von Zieladressen der Übertragungsdaten notwendig machen, damit entschieden werden kann, ob die Zielstation *jenseits* des Geräts (dann wird übertragen) oder *diesseits* liegt. Im zweiten Fall müßten, da der Empfänger nicht außerhalb des Subnetzes zu finden ist, die Daten dieses nicht verlassen und würden nicht in das restliche Netz übertragen. So wird letzteres entlastet.

Die auf OSI-Ebene 1 beschränkte Arbeitsweise eines Repeaters hat zur Folge, daß die Schichten 2 bis 7 nicht ausgewertet werden. Dies bedeutet, daß es für den Repeater keine Rolle spielt, welche Netzwerk-Software auf den über ihm liegenden Schichten eingesetzt wird. Er ist in dieser Hinsicht universell verwendbar.

Das heißt jedoch auf der anderen Seite, daß die beiden Subnetze ab OSI-Schicht 2 identisch sein müssen. Während nämlich der Repeater die virtuellen Verbindungen auf Ebene 1 sicherstellt, müssen die Endeinrichtungen dies für die Schichten 2 bis 7 selbst erledigen (siehe Abbildung 1.17). Die Hardware (also die Kabelspezifikationen von Schicht 1) und die Netzzugriffsverfahren, die auf Ebene 2 arbeiten, müssen in beiden Teilnetzen einander entsprechen, damit virtuelle Peer-to-Peer-Verbindungen aufgebaut werden können.

▲ Die Netzwerk-Technologien werden in Kapitel 2.1. besprochen.

Die Verbindung unterschiedlicher Netzwerk-Technologien (z. B. *Ethernet* und *Token Ring*▲) ist mit Repeatern nicht möglich. Sie können lediglich zur Erweiterung *eines* Netzwerktyps eingesetzt werden. So lassen sich beispielsweise *Ethernet*-Stränge mit Hilfe von Repeatern verlängern (vergleiche Abbildung 2.9 auf Seite 89).

Transceiver

Eine Sonderform eines einfachen Repeaters ist ein *Transceiver*, der im *Ethernet* zum Anschluß der Teilnehmerstationen verwendet wird. Wir kommen hierauf in Kapitel 2.1.4. zurück.

Die früher üblichen, einfachen Repeater-Arten werden heute zunehmend von aufwendigeren Typen abgelöst:

- **Multiport-Repeater** sind in der Lage, nicht nur zwei, sondern mehrere Subnetz-Stränge zu koppeln.
- **Sternkoppler** lassen sich als zentrale Kopplungseinheiten einsetzen. Sie verbinden eine große Zahl von Netzsegmenten und sind zusätzlich in der Lage, verschiedenartige Medien miteinander zu koppeln. Ein Übergang von Kupfer- auf Glasfaserverkabelung▼ wird damit auf einfachste Weise möglich.

▼ Zu Verkabelung siehe Kapitel 2.1.1.

- **Hubs** oder **Konzentratoren** sind aus der Sternkopplertechnik entstanden. Zusätzlich zu der Möglichkeit, verschiedenartige Medien zu koppeln, sind in einen Hub weitere Module mit *Bridge-* oder *Router-Funktionalität*▲ integriert. Dies macht sie zu universell einsetzbaren Koppelelementen, weshalb sie sich heute aus leistungs-

▲ Siehe die nachfolgenden Kapitel.

fähigen, komplexen Netzen nicht mehr wegdenken lassen.

1.5.2. Bridge

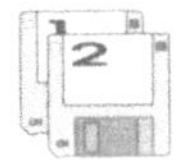

Eine **Bridge** ist ein Netzübergang, der gemäß der Spezifikation von Schicht 2 des OSI-Modells arbeitet. Die verwendete Technik ist etwas aufwendiger als die von Repeatern und erfordert in der Regel eigene Software. Eine Bridge ist meist ein kleines Bauteil mit eigener Schaltungslogik und Netzschnittstellen. Es werden aber auch bevorzugt ausgediente PCs mit der entsprechenden Software ausgestattet und als Bridges eingesetzt.

Da die Bridge auf der OSI-Schicht 2 operiert (siehe Abbildung 1.18), sind für sie alle darüber aufsetzenden Protokolle transparent. Ihre Funktion ist unabhängig davon, ob *DECnet-*, *TCP/IP-*, *NetBIOS-* oder *IPX*-Protokolle▾ zur Anwendung kommen. Für die Funktionen einer Bridge entstehen dabei keine Unterschiede. Die verschiedenen Protokolle können alle mit der gleichen Bridge übertragen werden.

▾ Die Protokolle werden in späteren Kapiteln behandelt.

Diese Eigenschaft macht sie zu einem sogenannten „Plug-and-Play-Gerät", das nur eingebaut werden muß und im Anschluß sofort funktionstüchtig ist. Eine aufwendige Konfiguration aller Netzteilnehmer, wie der Einbau von *Routern* (siehe Kapitel 1.5.3.) es erfordert, ist bei Bridges nicht notwendig.

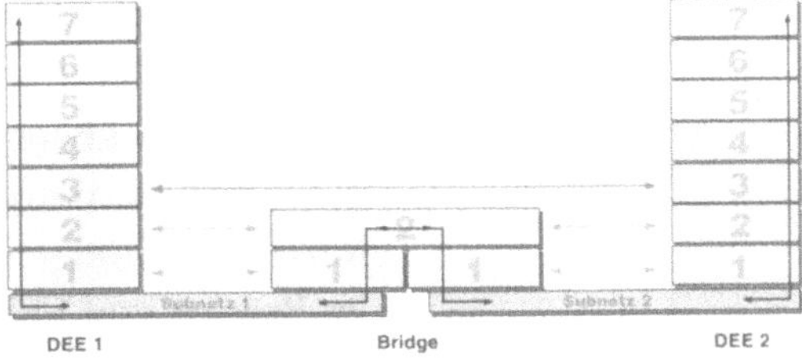

Abbildung 1.18: Eine *Bridge* operiert auf OSI-Ebene 2

Eine Bridge läßt sich zur Verbindung *gleichartiger* Netze einsetzen. Bei dieser Verbindung unterscheidet man zwei verschiedene Typen:

- Die "normale" *MAC-Layer-Bridge* arbeitet im unteren Teil der OSI-Schicht 2, der sogenannten *Medium Access Control* (*MAC*)▾. Ihre Funktionalität entspricht den ursprünglichen OSI-Spezifikationen der Schicht 2. Damit die Bridge eingesetzt werden kann, muß (oberhalb der MAC) bereits der Medienzugriff der beiden Subnetze

▾ Zur Unterteilung von OSI-Schicht 2 in MAC und LLC siehe Kapitel 2.1.2.

übereinstimmen. Die Verbindung eines *Ethernet* mit einem *Token Ring* wäre mit einer solchen Bridge also nicht möglich.

- Es gibt aber auch Bridges, die oberhalb der MAC-Schicht eine Verbindung schaffen und somit Subnetze mit verschiedenartigen Medienzugriffsverfahren koppeln können. Die Kopplung erfolgt auf der Ebene der *Logical Link Control* (*LLC*)▼. In einer solchen Bridge werden– anders als bei der MAC-Bridge – die MAC-Adressen auf das zweite Subnetz umgesetzt und die Datenpakete in das neue Format umgewandelt (*Translation*) [8].

  Abbildung 1.19 zeigt, wie sich eine Bridge für verschiedene MAC in das OSI-Modell einfügt.

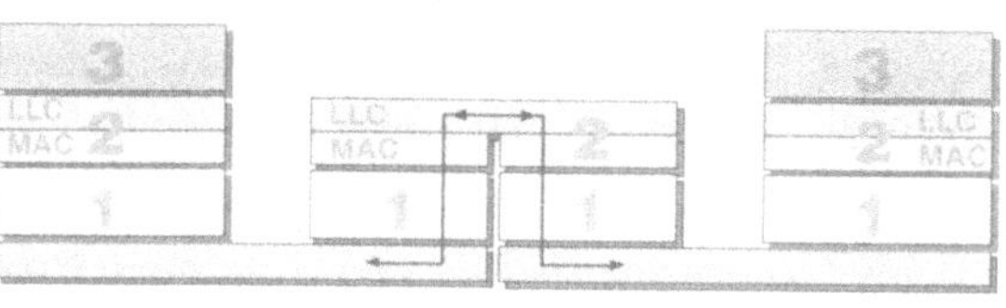

Abbildung 1.19: *Bridges* können auch verschiedenartige MAC verbinden

Im Vergleich zu *Repeatern* fällt bei *Bridges* ein höherer Arbeitsaufwand an, denn die Datenpakete werden erst auf der zweiten Ebene verarbeitet und weitergeleitet. Da Bridges also die Funktionalität der OSI-Ebene 2 bereitstellen müssen, benötigen sie eine größere Verarbeitungszeit, die im Bereich von Mikro- bis zu Millisekunden liegt. Dies kann dazu führen, daß eine Bridge zum Engpaß (B*ottleneck*) eines Netzes wird und dieses ausbremst. Daher müssen Bridges einerseits über ausreichende Ressourcen (z. B. Speicher) verfügen; andererseits sollte ihr Einsatz zuvor sorgfältig geplant worden sein.

[8] Alternativ können die Pakete auch (vorübergehend) in das neue Format eingepackt werden (*Encapsulation*), wenn sie später in einem weiteren Subnetz wieder im alten Format gebraucht werden. Eine typische Anwendung wäre die Anbindung an ein zentrales **Backbone**, das gleichartige Subnetze verbindet. Weitere Details finden Sie in [Boro92].

Möglichkeiten und Einschränkungen

Der Einsatz von Bridges eröffnet in einem Netzwerk folgende **Möglichkeiten**:

- *Physikalisches Entkoppeln* und damit eine Trennung von Netzsegmenten
- *Fehlerbegrenzung*, denn fehlerhafte Datenpakete werden von der Bridge nicht weitergeleitet
- *Lasttrennung* auf Basis der MAC-Adressen, mit denen die Endstationen adressiert werden. Bridges werden daher auch *selektive Repeater* genannt. Die Möglichkeit, den Datenverkehr auf Subnetze zu begrenzen, ist sicherlich der deutlichste Unterschied zum Repeater, der alle Datenpakete unabhängig von deren Ziel überträgt.

Bei der Beurteilung der Möglichkeiten dürfen jedoch die beiden folgenden **Einschränkungen** nicht außer acht gelassen werden. Insbesondere grenzen sie die Funktionalität einer Bridge zu einem Router ab. Wir werden auf den folgenden Seiten darauf zurückkommen.

- Grundsätzlich transportiert eine Bridge Pakete auf *alle* Ports (Subnetzanschlüsse) mit Ausnahme desjenigen Ports, auf dem sie die Pakete empfangen hat.
- Eine echte Lasttrennung kann nur dann erfolgen, wenn die Bridge, die in der Regel mit einem Selbst-Lern-Algorithmus ausgestattet ist, die Quell- und Zieladressen der Pakete richtig zuordnen kann. Ihre Informationen hierüber müssen stets auf dem neusten Stand sein.

Funktionen von Bridges

Um die zuvor genannten Möglichkeiten eröffnen zu können, muß eine Bridge folgende Funktionen aufweisen:

Aktives Filtern

- Sie leitet – ähnlich wie ein Repeater – Daten weiter. Bei einer Bridge kommt jedoch zusätzlich noch die Aufgabe des *aktiven Filterns* der Daten hinzu. Nur Pakete, die eine MAC-Adresse einer Station außerhalb desjenigen Subnetzes aufweisen, aus dem sie kommen, werden transportiert.

Netzinformationen sammeln und aktualisieren

- Damit eine Bridge überhaupt zur Lastentrennung und selektiven Übertragung in der Lage ist, muß sie entsprechende Informationen über Stationsadressen sammeln (*Selbst-Lern-Algorithmus*). Sie muß über eine ausgeprägte Informationshaltung und ein Informationsmanagement verfügen, das ständige Auffrischungen erlaubt. Hierzu hält sie sich eine Adreßtabelle, die die MAC-Adressen der in den verschiedenen Subnetzen erreichbaren Endstationen enthält. Mit ihrer Hilfe kann die Bridge darüber entscheiden, ob ein Paket transportiert wird oder nicht.

Transparenz nach oben

- Bridges lassen sich einfach in ein Netzwerk aufnehmen. Die an das Netzwerk angeschlossenen Stationen verwenden nach wie vor die Adresse der Endstation als Zieladresse und müssen deshalb beim Einsatz von Bridges nicht umkonfiguriert werden. Eine Bridge weist eine hohe Transparenz nach oben auf.

Somit sind Bridges dazu geeignet, den Datenverkehr zugunsten von höherer Sicherheit und verteilter Last zu begrenzen. Die hierzu zusätzlich notwendigen Funktionen bewirken jedoch auch, daß es bei der Verwendung von Bridges zu Performance-Verlusten kommt. Dies gilt natürlich nur für den Datenverkehr, der die Bridge (subnetzübergreifend) queren muß.

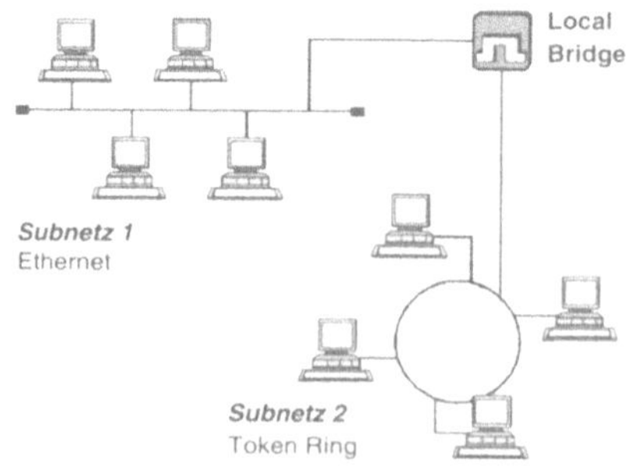

Abbildung 1.20: Verbindung zweier LAN über eine *Local Bridge*

Der lokale Verkehr innerhalb der angeschlossenen Subnetze gewinnt dagegen an Durchsatz. Dadurch, daß ein Subnetz durch den Einsatz einer Bridge nach außen abgeschottet wird, sinkt das Gesamtdatenaufkommen innerhalb dieses Subnetzes. Dies begünstigt den lokalen Datenverkehr.

Die verschiedenen Bridge-Typen

Bridges gibt es in mehreren Ausprägungen, die sich hinsichtlich ihrer Funktionalität und ihres Einsatzgebietes unterscheiden:

- **Local Bridge**
  Sie hat zwei Ports (Netzanschlüsse), an die jeweils der gleiche Netzwerktyp angeschlossen werden kann. Damit ist sie in erster Linie für die direkte Kopplung einzelner lokaler Subnetze innerhalb eines Unternehmens- oder Campus-Netzwerks geeignet. Sollen verschieden schnelle LAN gekoppelt werden▼, so muß in der Bridge ein ausreichend großer Pufferspeicher vorhanden sein, um die Geschwindigkeitsanpassung vornehmen zu können. Abbildung 1.20 zeigt den typischen Einsatz einer *Local Bridge*.

▼ Z. B. ein 16 Mbit/s-Token Ring und ein 100 Mbit/s-FDDI-Backbone[9].

- **Remote Bridge**
  Sie dient zur Anbindung an Weitverkehrsnetze und hat dazu ein oder mehrere Anschlüsse für lokale Netzwerke und ein oder mehrere für den Weitverkehr (*Remote Ports*). Der Anschluß an ein Weitverkehrsnetz oder ein Backbone-Netz[9] erfolgt mittlerweile eigentlich immer über ein LAN. Daher treten *Remote Bridges* meist paarweise auf, denn für den erneuten Übergang vom Weitverkehrs- bzw. Backbone-Netz in das LAN der Empfängerstation wird wiederum eine Bridge benötigt (siehe Abbildung 1.21).
  Remote Bridges müssen über eine große Leistungsfähigkeit verfügen, da sie oftmals Netzwerke mit den verschiedensten Anforderungen koppeln. Die Bridge muß daher über genügend Pufferplatz und eine gute Pufferorganisation verfügen.

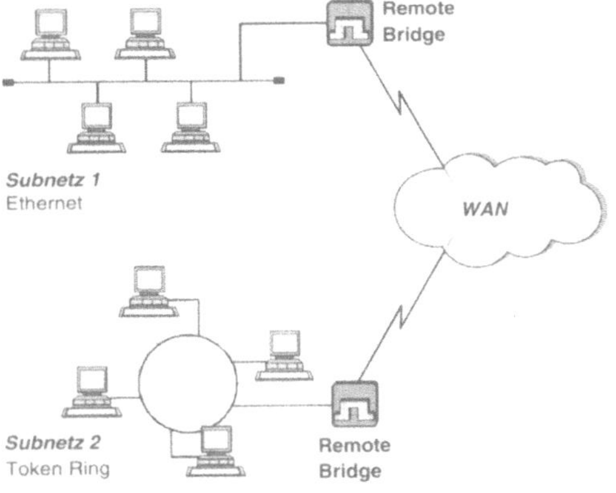

Abbildung 1.21: Weitverkehrsanbindung über *Remote Bridges*

[9] Als **Backbone** wird ein zentrales, leistungsfähiges Netz bezeichnet, das mehrere lokale Subnetze miteinander verbindet.

Obwohl in einem WAN meist ein völlig anderer Übertragungsmechanismus als im Ausgangs-LAN Eingesetzt wird, läßt sich die Kopplung dennoch mit Bridges durchführen. Hier wird die Technik des vorübergehenden Einpackens von Datenpaketen angewendet (*Encapsulation*, vergleiche Fußnote 8 auf Seite 50).

- **Multiport Bridge**
  Dem Einsatz einer Multiport Bridge liegt in erster Linie der Strukturierungsgedanke zugrunde. Mit ihren drei oder mehr Ports läßt sie sich hervorragend für die intelligente Sternkopplung einsetzen:
  Während ein Sternkoppler mit Repeater-Funktion (vergleiche Kapitel 1.5.1.) alle Datenpakete unabhängig von deren eigentlichem Ziel in alle zur Verfügung stehenden Richtungen weiterleitet, wählt die intelligentere Bridge hierzu nur den Port aus, über den die Zielstation erreichbar ist, und trägt somit wiederum zur Lastverteilung bei.
  Um Engpässe zu vermeiden, kommen für Multiport Bridges nur Mehrprozessorsysteme in Frage. Das Filterkonzept zwischen mehreren Ports läßt sich zudem nur mit aufwendiger Programmierung beherrschen. Beides macht diese Lösung teurer.
  Trotzdem sind Multiport Bridges sehr beliebt, weil sie beispielsweise die Migration zum Einsatz schnellerer Netzwerk-Technologien (wie FDDI) ermöglichen. Während nämlich Teile des alten Netzes zunächst erhalten bleiben, können andere Teile ersetzt und über eine Bridge mit der alten Struktur verbunden werden.

Anstatt der einfachen Bridges kommen heute mehr und mehr erweiterte Geräte bzw. Router zum Einsatz. Man spricht von **Hybrid Routern** oder **Broutern**. Sie sind zwar teuer, machen dies jedoch durch ihren erhöhten Funktionsumfang wett.

Wir werden diese Netzübergänge in Kapitel 1.5.4. erläutern.

Schleifen: Ein Problem von Bridges

Die Sicherheit eines Netzwerkes zu erhöhen, kann natürlich auch bedeuten, es gegen Ausfälle möglichst gut abzusichern. Dies geschieht am einfachsten durch Schaffung von *Redundanzen*, die dann eingesetzt werden können, wenn in der Primärtechnik ein Fehler aufgetreten ist.

Zwei Subnetze werden beispielsweise nicht nur über *einen* Verbindungsweg miteinander gekoppelt, sondern über mehrere. Die nebenstehende Abbildung 1.22 zeigt eine solche Konfiguration: LAN 4 ist sowohl über eine Bridge aus LAN 3 als auch über eine zweite Bridge aus LAN 2 erreichbar.

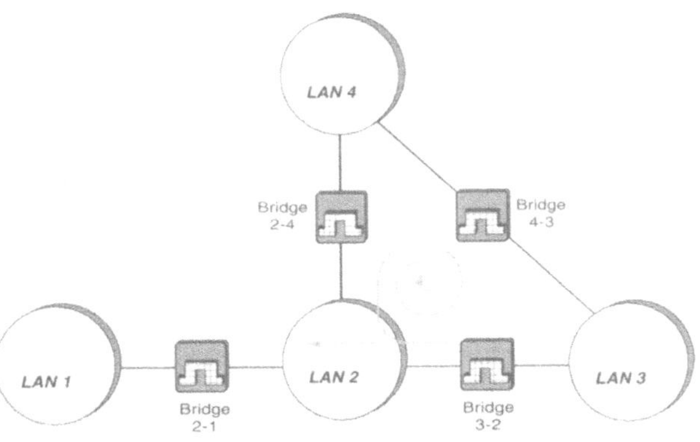

Abbildung 1.22: Schleifenbildung bei redundanter Netzstruktur

In einer solchen Konfiguration kann es beim Einsatz einfacher Bridges zur **Schleifenbildung** kommen. Betrachten wir hierzu das folgende Beispiel (siehe Abbildung 1.22):

Adressiert ein Rechner aus *LAN 3* ein Datenpaket an einen Zielrechner in *LAN 1*, so gelangt dieses zunächst über *Bridge 3-2* in *LAN 2*. *Bridge 2-1* leitet es im Anschluß weiter in *LAN 1*. Gleichzeitig hat aber auch *Bridge 2-4* die Zieladresse als nicht in *LAN 2* vorkommend interpretiert und übermittelt daher das Paket auch nach *LAN 4*. *Bridge 4-3* geht es danach nicht anders: Auch sie stellt eine externe Adresse fest und transportiert das Paket wieder nach *LAN 1*. Hier schließt sich die Schleife, und die Rundsendung beginnt von neuem.

Eine Schleifenbildung (**Loop**) bringt also Probleme mit sich, denn eine Bridge sendet widerspruchslos all diejenigen Pakete weiter, deren Empfängerstation nicht im eigenen Subnetz liegt. Sie hat keinerlei Informationen über die eigentliche Netztopologie und kann daher von sich aus auch keine Schleifen ausmachen.

Weil jedoch solche Netzkonfigurationen zur besseren Lastverteilung und Netzwerksicherheit beitragen, wurden

▾ Die beiden Algorithmen *Spanning-Tree* und *Source-Routing* werden in [Boro92] genauer beschrieben.

Algorithmen▾ entwickelt, die die Verwaltung redundanter Wege (z. B. über das Abschalten und Aktivieren von Bridges) ermöglichen. Diese Software-Programme werden in die Bridges geladen, um die Loop-Bildung über redundante Netzstrukturen zu verhindern.

Während nun die Abgrenzung einer *Bridge* zu einem *Repeater* deutlich wurde, ist der Unterschied zu einem *Router* oftmals nicht so einfach zu sehen. Die Tabelle in Abbildung 1.25 auf Seite 60 stellt daher die wichtigsten Merkmale der beiden Netzübergänge einander gegenüber.

1.5.3. Router

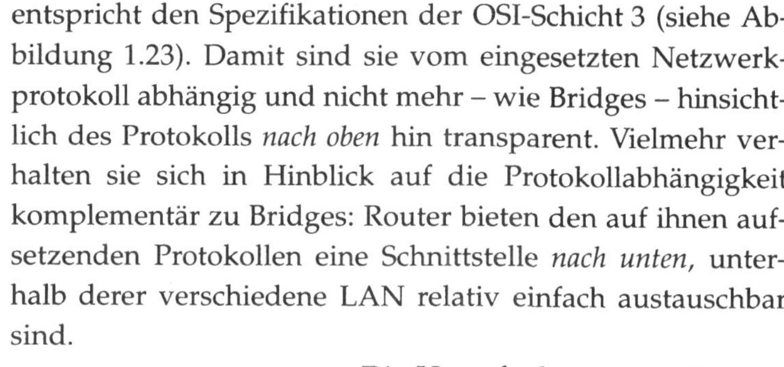

Router sind Netzübergänge, die Bridges ähneln, jedoch etwas intelligenter und komplexer sind. Ihre Funktionalität entspricht den Spezifikationen der OSI-Schicht 3 (siehe Abbildung 1.23). Damit sind sie vom eingesetzten Netzwerkprotokoll abhängig und nicht mehr – wie Bridges – hinsichtlich des Protokolls *nach oben* hin transparent. Vielmehr verhalten sie sich in Hinblick auf die Protokollabhängigkeit komplementär zu Bridges: Router bieten den auf ihnen aufsetzenden Protokollen eine Schnittstelle *nach unten*, unterhalb derer verschiedene LAN relativ einfach austauschbar sind.

Abbildung 1.23: *Router* verbinden auf der OSI-Schicht 3

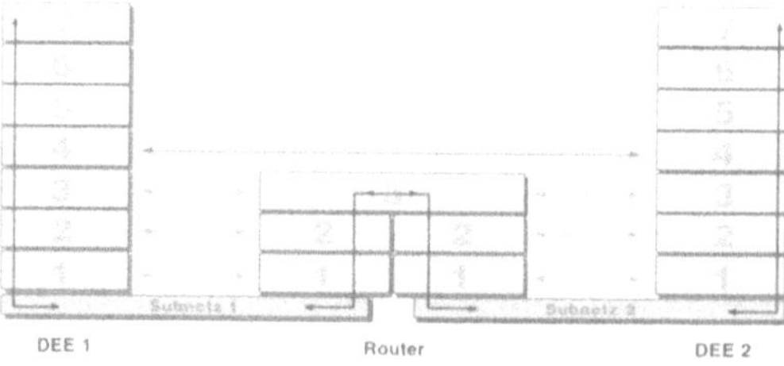

Die Hauptfunktion eines Routers ist die Wegewahl von Sender zu Empfänger: das **Routing**. Hierzu gehört der Aufbau, das Aufrechterhalten und der Abbau einer geordneten Ende-zu-Ende-Verbindung. Für die Wegewahl muß der Router die eingesetzten Netzwerk-Protokolle▾ verstehen können, denn das Routing für ein *TCP/IP-Paket* erfolgt auf andere Weise als beispielsweise das für ein *IPX-Paket* eines Novell-Netzwerks.

▾ Netzwerkprotokolle kommen in späteren Kapiteln zur Sprache.

Da Router auf Ebene 3 arbeiten, müssen sie alle im Netz verwendeten Protokolle, die über sie geroutet werden sollen, verarbeiten können. Eigentlich braucht jedes Protokoll seinen eigenen Router, der die spezifischen Funktionen der Ebenen 1 bis 3 des Protokolls verarbeiten kann. Vor allem in heterogenen Netzwerken ist meist nicht nur ein einziges Protokoll im Einsatz: *IPX* beispielsweise könnte für das lokale Novell-Netz und *TCP/IP* für die zusätzliche WAN-Verbindung verantwortlich sein. Daher hat man Router entwickelt, die mehrere Protokolle verarbeiten können. Diese werden **Multiprotokoll-Router** genannt.

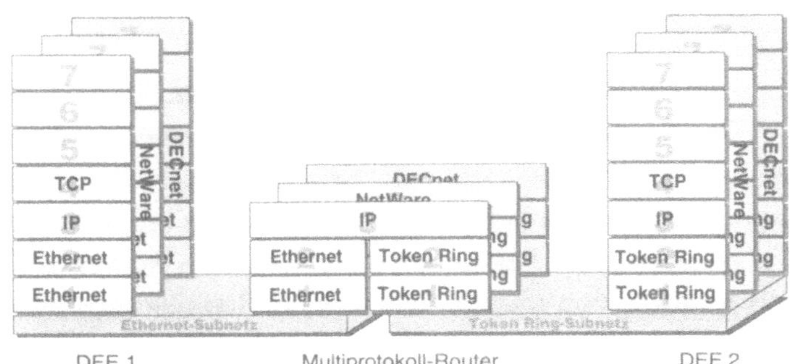

Abbildung 1.24: *Multiprotokoll-Router* haben mehrere Protokoll-Stapel

Ein Multiprotokoll-Router verfügt über mehrere Protokoll-Stapel, die jeweils für die Verarbeitung eines bestimmten Protokolls vorgesehen sind (siehe Abbildung 1.24). Abhängig von der Adresse der Datenpakete wird zur entsprechenden Protokoll-Routine verzweigt, die dann das Routing vornimmt. Singleprotokoll-Router, die nur ein Protokoll verarbeiten können, sind heute nur noch wenig verbreitet.

Die Adressierung beim Einsatz von Routern

Ein Router stellt die Schnittstelle zwischen den netzabhängigen *Transport*protokollen (also der Infrastruktur) und den Host-abhängigen *Anwendungs*protokollen dar. Er muß in einem Netzwerk *direkt* von den Teilnehmerstationen adressiert werden, sonst überträgt er Datenpakete nicht. Einen grundsätzlichen Transport gibt es bei ihm nicht. Hier unterscheidet er sich also deutlich von einer Bridge, die keine eigene Adressierung im Netz voraussetzt und alle ankommenden Pakete weiterleitet.

Ende-zu-Ende-Adressierung auf Schicht 4

Daß Datenpakete sicher ihre Zielstation erreichen, überwacht die oberhalb von Routern gelegene *Transportschicht*. Sie ist damit gleichzeitig die unterste Schicht, die eine eigene virtuelle Verbindung direkt zur Zielstation unterhält und die Ende-zu-Ende-Adressierung vornimmt (siehe Abbildung 1.23 auf Seite 56).

Auf der tiefer liegenden MAC-Ebene dagegen findet immer nur eine Adressierung bis zum nächsten Übertragungsgerät statt:

- von der Sendestation zum ersten Router, dann
- von Router zu Router und schließlich
- vom letzten Router zur Empfängerstation.

Der Router interpretiert die MAC-Adressen und setzt sie auf das neue Subnetz um. Er transportiert Pakete nur dann, wenn sie Zieladressen von Subnetzen enthalten, die ihm bekannt sind. Pakete, die zwar an einen Router adressiert wurden, von diesem aber keinem Subnetz zugeordnet werden können, werden vom Router entweder gelöscht oder als fehlerhaft markiert und zurückgeschickt.

Router trennen Subnetze bis hinauf zu OSI-Ebene 3. Dies bedeutet, daß MAC-Adressen nur innerhalb eines Subnetzes eindeutig sein müssen: Beim Übergang zu anderen Netzen werden die MAC-Adressen vom Router umgesetzt. Daher ist innerhalb eines Subnetzes eine viel größere Stationenzahl möglich, als dies beim Einsatz von Bridges der Fall wäre.

Adresse = Subnetz + Endstation

Eine Adresse setzt sich hier also aus einer netzwerkbezogenen und einer endgerätebezogenen Komponente zusammen (vergleiche Kapitel 1.6.). Man erhält ein *hierarchisches Adreßschema* mit Netzwerk-Obergruppen und Endgeräte-Untergruppen. Die Verwendung von Bridges dagegen führt zu einem *flachen Adreßraum*, der nur endgerätebezogen aufgebaut ist.

Sowohl Router als auch Bridges müssen Adreßinformationen speichern, um Datenpakete weiterleiten zu können. Das Speichern erfolgt in einer Tabelle, deren Größe

- bei *Routern* der Anzahl der Subnetze und
- bei *Bridges* der Anzahl der Stationen entspricht.

Die Freude über die neuen Möglichkeiten, die ein Router eröffnet, wird für den Anwender jedoch dadurch geschmälert, daß das Einfügen von Routern in ein bestehendes Netz nicht wie bei Bridges nach dem „Plug-and-Play-Prinzip" vonstatten geht. Router erfordern, da sie ja direkt adressiert werden müssen, in jeder einzelnen Station einen hohen Konfigurationsaufwand. Dieser setzt Kenntnisse der Netz- und Adressenstruktur voraus und ist Aufgabe des Netzwerk-Managements (siehe Kapitel 3.1.1.).

Kein Plug-and-Play

Merkmale und Einsatzmöglichkeiten

Router sind in der Lage, das Datenaufkommen zwischen einzelnen Netzen wirkungsvoll zu minimieren. Die Verkehrsbegrenzung erfolgt hierbei auf der Basis der logischen Netzunterteilung durch einen – wie wir gesehen haben – vollkommen adreßabhängigen Transport.

Zur Entlastung des Gesamtnetzwerkes kommt es jedoch nicht nur durch das Entkoppeln von Subnetzen, sondern auch durch die *dynamische Wegewahl.* Stehen mehrere alternative Routen zu einer Zielstation zur Verfügung, wählt der Router den optimalen Weg in Abhängigkeit von der augenblicklichen Netzauslastung und den zu erwartenden Kosten. Es werden also Redundanzen ermöglicht, die nicht nur die Netzwerksicherheit erhöhen, sondern die zusätzlich auch verteilt und kontrolliert ausgelastet werden können. Diese Möglichkeit läßt vor allem große Netzwerke effizienter werden.

Router weisen folgende **Funktionen** auf:

Router-Funktionen

- Anlegen und Aktualisieren einer Routing-Tabelle mit Informationen über Adressen, Wege, Netzauslastung und Kosten
- Informationsaufnahme zum Aktualisieren der Tabelle sowie die Informationsweiterleitung zu anderen Routern
- Wegewahl für Datenpakete (*Routing*). Die Endgeräte, die Datenpakete verschicken, müssen sich nicht um den Weg kümmern. Dies erledigt der Router für sie.

Router eignen sich besonders für die Verbindung von lokalen und Weitverkehrsnetzen. Vor allem die LAN-Kopplung über WAN-Leitungen läßt sich durch den Einsatz von Routern optimieren. Ein größeres Unternehmen kann beispielsweise mehrere lokale Netzwerke verschiedener Standorte mit Hilfe von angemieteten Weitverkehrsverbindungen zu einem großen Unternehmensnetz zusammenschließen. Selbst wenn in beiden Netzen verschiedene Paketgrößen verwendet werden, ist der Router ein zuverlässiges Koppelelement.

	Bridge	Router
OSI-Ebene	2	3
Übermittlung	immer	bei direkter Adressierung
Transport-entscheidung	MAC-Adresse der Endstationen	Netzwerkadresse der Subnetze
Funktionalität	niedrig	höher
Transparenz	Protokolltransparenz nach oben	Netzwerktransparenz nach unten
Bedienung	Plug and Play	hoher Konfigurations-aufwand
Adreßstruktur	flach	hierarchisch
Alternativrouten	nur im Fehlerfall	dauerhaft durch Routing

Abbildung 1.25: Wesensmerkmale von *Bridge* und *Router*

Natürlich benötigen Router für eine Übermittlung etwas mehr Zeit als Bridges, da Protokolle bis hinauf zu Schicht 3 interpretiert werden müssen. Dieser zusätzliche Zeitaufwand fällt jedoch bei der ohnehin längeren Übermittlungsdauer in Weitverkehrsnetzen kaum ins Gewicht.

Die Tabelle in Abbildung 1.25 stellt die wesentlichen Merkmale von Bridges und Routern einander gegenüber. In kleineren, eher homogenen und lokalen Netzwerken werden wegen ihrer einfachen Verwendung eher Bridges eingesetzt. In größeren strukturierten Netzen mit WAN-Anbindung dagegen verwendet man wegen ihrer höheren Funktionalität eher Router.

1.5.4 Brouter

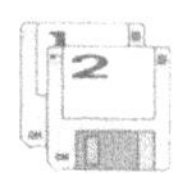

Brouter ist ein Kunstwort, das sich aus Bridge und Router zusammensetzt. Man versteht darunter Bridges bzw. Router mit erweiterter Funktionalität. Je nachdem, welches Gerät stärker vertreten ist, sprechen die Hersteller von einer **Rou-**

ting-Bridge oder einem **Bridge-Router**. Seit der Entstehung der Idee, die Funktionalitäten von Netzübergängen miteinander zu verbinden, haben die Begriffe viele Wandlungen erfahren und sind bis heute nicht eindeutig spezifiziert.

Unter einem Brouter versteht man meist einen erweiterten Multiprotokoll-Router. Dieser routet nicht nur all diejenigen Datenpakete, für die er über einen spezifischen Protokollstapel verfügt, sondern leitet auch jene weiter, deren Protokolltyp ihm unbekannt ist. Diese Pakete werden – da sie wegen der fehlenden Protokollverarbeitung nicht geroutet werden können – wie bei einer Bridge an *alle* angeschlossenen Subnetze direkt weitergeleitet.

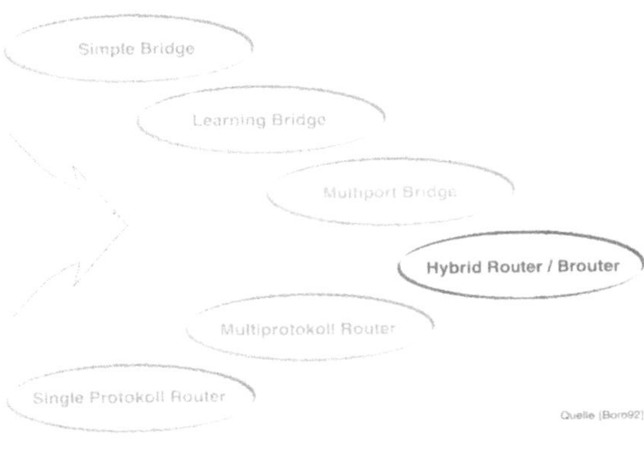

Abbildung 1.26: Zusammenwachsen der *Bridge*- und *Router*-Funktionalität

Man erreicht auf diese Weise eine neue Protokollunabhängigkeit. Der Leistungsumfang von Broutern liegt zwischen dem einer einfachen Bridge und dem eines Routers. Lastverteilungs-Algorithmen auf der einen und komfortable Filtermechanismen einer Bridge auf der anderen Seite werden hinsichtlich der Wegewahl und des Managements mit Funktionen eines Routers erweitert.

Die Tendenz bei der Entwicklung von Bridges, Routern und Broutern geht über Multiprotokoll-Router und Multiport Bridges hin zum multifunktionalen *Hybrid Router*, was eine konkretere Bezeichnung für diesen erweiterten Übergangstyp ist (siehe Abbildung 1.26).

1.5.5. Gateway

Ein **Gateway** ist ein Rechner, meist sogar ein Zentralrechner, der vollkommen unterschiedlicher Netze koppeln kann. Je nach Größe des Unterschieds der beiden Welten arbeitet das Gateway auf einer Ebene oberhalb der OSI-Schicht 3 (siehe Abbildung 1.27 auf der nächsten Seite). Entsprechen sich bei zwei zu koppelnden Netzwerken beispielsweise die Schichten 6 und 7, so muß ein Gateway eingesetzt werden, das auf Ebene 5 aufsetzt.

Gateways sind notwendig, um herstellerspezifische Protokolle ineinander umzusetzen und eine hersteller-übergreifende Kommunikation zu ermöglichen. Für die angeschlossenen Subnetze ist das Gateway ein direkt adressierbarer Rechner (Knoten) innerhalb des Gesamtnetzwerks, der

- die Adreß- und Formatumsetzungen,
- Konvertierungen,
- die Flußkontrolle und
- eventuell notwendige Geschwindigkeitsanpassungen für den Übergang in das jeweils andere Subnetz übernimmt.

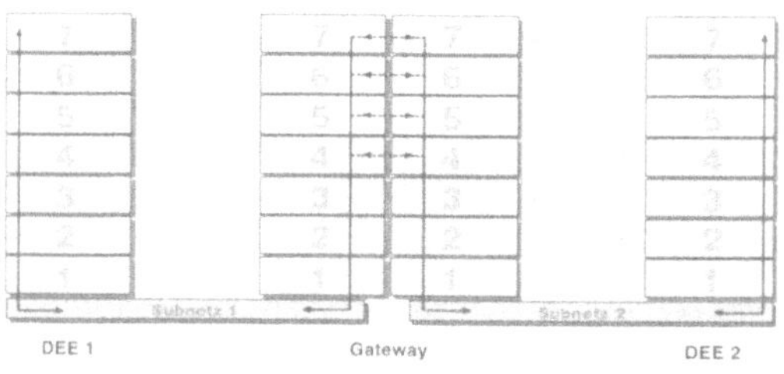

Abbildung 1.27: *Gateways* arbeiten in den OSI-Schichten 4, 5, 6 oder 7

Zur Ankopplung von PCs in lokalen Netzwerken (LAN) an Host-Systeme (z. B. *IBM* oder *Siemens*-Mainframes oder TCP/IP-Workstations) oder öffentliche Weitverkehrsverbindungen (z. B. WAN-Verbindungen der Telekom) werden beispielsweise Gateways gebraucht.

Gateways sind also Netzübergänge, die nicht (wie Router und Bridges) primär zur Strukturierung und Lastverteilung in einem Netzwerk eingesetzt werden. Vielmehr ist ihre Hauptaufgabe in der Anpassung unterschiedlicher Netzwerkwelten zu sehen.

1.6. Adressierung

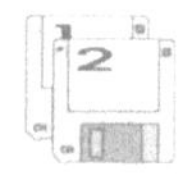

Eine Grundvoraussetzung für den Austausch von Informationen ist die Fähigkeit der Teilnehmer, den jeweiligen Kommunikationspartner gezielt ansprechen zu können. Abgesehen von Fällen, in denen Informationen gleichzeitig an mehrere Empfänger gesendet werden sollen (z. B. bei Rundfunk und Fernsehen), wird meist die genaue Identifikation des Empfängers benötigt, um diesem eine persönliche Nachricht zu übermitteln (z. B. bei der Briefzustellung und dem Telefon).

Soll die Kommunikation über Computer abgewickelt werden, so müssen sich die beteiligten Rechner gegenseitig identifizieren können. Daher ist es in einem Netzwerk wichtig, daß jeder Teilnehmer über eine **eindeutige Adresse** verfügt, unter der er erreicht werden kann. Empfänger elektronischer Nachrichten können in einem Netzwerk

- *Rechner* oder
- *Anwender* bzw. *Anwendungen* sein.

Die Adressierung eines Empfängers kann auf verschiedenen Ebenen erfolgen, die sich durch ihren Detaillierungsgrad unterscheiden. In den unteren Schichten des OSI-Modells▼ wird geräteorientiert und eher technisch adressiert. Dieses Schema wird – getreu dem Ziel des Referenzmodells – darüber liegenden Schichten in einer einfacheren Form zur Verfügung gestellt, so daß auf den oberen Ebenen mit weniger komplexen, anwendungsorientierten Adressen gearbeitet werden kann.

▼ Siehe Kapitel 1.4.

Adressierungsebenen

Im OSI-Referenzmodell werden drei Adressierungsebenen unterschieden:

- *Anwenderebene* (OSI-Ebene 7)
- *Netzwerkebene* (OSI-Ebene 3)
- *Geräteebene* (OSI-Ebene 2)

Die Anforderungen an das zu verwendende Adreßschema sind auf diesen drei Ebenen sehr unterschiedlich: Während beim *Anwender* im Vordergrund steht, daß eine Adresse unkompliziert aufgebaut und einfach zu merken sein sollte, steht auf der *Netzwerk-* und *Geräteebene* die technische Verwirklichung einer eindeutigen Identifikation aller Adressaten im Vordergrund.

Auf *Netzwerkebene* muß vor allem die große, ständig steigende Anzahl der adressierbaren Empfänger berücksichtigt werden (Wir kommen hierauf später zurück). Auf dieser Ebene findet hinsichtlich der Adressierung auch die Kopplung unterschiedlicher Netzwerktypen (z. B. *SNA*, *NetWare* und *Internet*▲) statt. Bei den Geräteadressen (*Adapteradressen*) müssen die technischen Spezifikationen der jeweils verwendeten Hardware berücksichtigt werden.

▲ Siehe spätere Kapitel.

In der Praxis hat sich eine Vielzahl von Adressierungsmöglichkeiten herausgebildet. Wir wollen daher im folgenden nur die wichtigsten Schemata vorstellen. Zunächst werden wir die *Netzwerkebene* betrachten, da sie die Grundlage für die symbolische Adressierung auf der *Anwenderebene* darstellt. Die *Geräteadressierung* wird nur am Rande beschrieben, weil sie für den Anwender kaum eine Rolle spielt.

1.6.1 Die Adressierung auf Netzwerkebene

▾ Siehe Kapitel 2.2.1.

Die Adressierung auf Netzwerkebene soll anhand des weit verbreiteten Protokolls *TCP/IP*▾ erläutert werden, das vor allem auch im weltweiten Internet verwendet wird. Damit ein Empfänger adressiert werden kann, müssen die auf der Netzwerkebene verwendeten Adressen weltweit eindeutig sein. Unter TCP/IP kommt daher ein umfangreiches, hierarchisch gegliedertes Adressierungsschema zum Einsatz, das sich aus der Adreßklasse, der Netzwerk- und der Rechneradresse zusammensetzt.

Eine Netzwerkadresse ist unter TCP/IP vier Byte (32 Bit) lang und wird in der Regel dezimal dargestellt: Es ergibt sich eine Folge von vier Zahlen, die jeweils zwischen 0 und 255 liegen und durch Punkte voneinander getrennt werden (z. B. 141.7.1.25). Diese Schreibweise wird **Dotted Decimal Notation (DDN)** genannt.

Klasse	Kennzeichnung in den ersten Bit binär	Adreßbereich des ersten Byte dezimal	max. Anzahl Netzwerkadressen	max. Anzahl Host-Adressen
A	0	0 – 127	126	16.387.064
B	10	128 – 191	16.384	64.516
C	11	192 – 223	2.097.152	254
D	1110	224 –	nicht verfügbar	reserviert
E			nicht verfügbar	reserviert

Abbildung 1.28: Merkmale der Adreßklassen im Internet

Die Adressen bestehen intern aus einem *Netzwerk-* und einem *Host-Adreßteil*. Je nach den Bedürfnissen einer Anwendergruppe kommt entweder dem Netzwerk- oder dem Rechnerteil eine größere Länge zu. Die Abtrennung durch Punkte bietet jedoch keinen Aufschluß darüber, welcher Teil zur Netzwerkadresse und welcher zur Rechneradresse gehört.

Klassen A, B und C

Insgesamt gibt es fünf verschiedene Klassen, von denen jedoch nur drei in der Praxis benutzt werden. Die Tabelle in Abbildung 1.28 stellt die fünf Netzwerkklassen einander gegenüber. Anhand der ersten Bit einer Adresse kann man bereits erkennen, zu welcher Adreßklasse eine Adresse gehört. Bei Verwendung der dezimalen Schreibweise gibt die erste der vier Zahlen hierüber Auskunft.

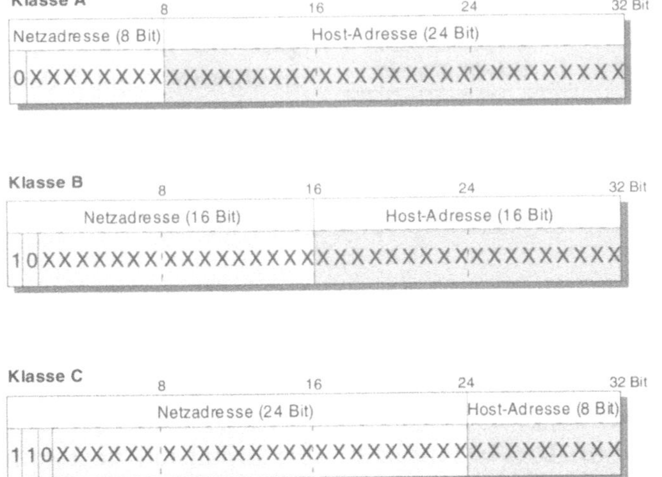

Abbildung 1.29: Der Aufbau der Adreßklassen im Internet

Je länger der *Host-Adreßteil* einer Adresse ist, an desto mehr lokale Rechner können Subadressen vergeben werden. Erhält also z. B. ein Unternehmen eine *Klasse C-Adresse*, so kann es innerhalb des Unternehmens maximal 254 Rechner über Subadressen an das globale Netzwerk anschließen. Abbildung 1.29 zeigt die Strukturen der verschiedenen Adreßklassen des Internet.

Klasse A-Adressen wurden vor allem in den Anfängen des Internet verwendet. Die kurze Netzwerk-ID ließ großen Spielraum für die angeschlossenen Rechner. So entstanden relativ große Netze mit vielen Host-Rechnern. Heute werden *Klasse A-Adressen* kaum noch vergeben. Im Laufe der Zeit entstanden kleinere Netzwerke mit weniger Rechnern, so daß die *Klassen B* und *C* eingeführt wurden.

Betrachtet man die am häufigsten gebräuchliche dezimale Schreibweise (DDN), so ergeben sich für die Klassen A, B und C die in der Tabelle in Abbildung 1.30 aufgeführten Intervalle. Innerhalb einer Klasse können nicht immer alle Möglichkeiten genutzt werden, da bestimmte Adressen für besondere Aufgaben reserviert sind. Im deutschen Raum werden – wegen der knapper werdenden Adressen – heute eigentlich nur noch *Klasse C-Adressen* vergeben, so daß größere Unternehmen in der Regel mehrere dieser Adressen beantragen. Wir kommen später in diesem Kapitel darauf zurück.

Abbildung 1.30: Adreßintervalle der Internet-Adreßklassen

Klasse	Beginn	Ende
A	0.0.0.0	127.255.255.255
B	128.0.0.0	191.255.255.255
C	192.0.0.0	255.255.255.255

1.6.2 Die Adressierung auf Anwenderebene

Die technische Sichtweise auf Adressen ist für den Anwender in der Regel uninteressant, denn die Zahlenreihen lassen sich nur schwer merken und führen schnell zu falscher Adressierung. Daher setzt man statt der Zahlen *symbolische Namen* ein. Dies hat zusätzlich den Vorteil, daß die darunter liegenden Netzwerkadressen geändert werden können, ohne daß alle Teilnehmer über die neue Adresse informiert werden müssen. Der alte logische Name gilt automatisch auch für die neue Adresse.

Zwei weit verbreitete Systeme für das symbolische Adressieren sollen hier beschrieben werden:

- das *Domain Name System* (*DNS*) des Internet und
- das OSI-Adressierungsschema *X.400*

Beide Systeme sind hierarchisch aufgebaut. Eine Umwandlung von einem System in das andere ist möglich, so daß auch über Netze hinweg adressiert werden kann, die dem anderen Standard entsprechen. Hierauf kommen wir später zurück.

Hierarchische Adressen bestehen stets aus einer Folge von Adreßfeldern, die – zunächst grob, dann immer feiner – den Adressaten genau identifizieren. Ein Beispiel für eine wirklich universelle Adresse könnte folgendermaßen aussehen:

```
Adresse =    <Galaxis> <Planet>
             <Kontinent> <Land>
             <Netzwerk> <Host> <Teilnehmer>
```
[10]

Mit ihrer Hilfe läßt sich ein Adressat auf einfache Weise im gesamten Universum finden und ansprechen.

Das Domain Name System

Adressierung von **Rechnern**

Beim DNS werden an alle Netzwerkrechner logische Namen vergeben, die für die numerischen Netzwerkadressen stehen. Der gesamte Adreßraum wird im Internet in *Domains* (Bereiche) eingeteilt, die jeweils durch einen dedizierten▾ Rechner, den *Domain Name Server*, verwaltet werden.

▾ Speziell zu dieser Aufgabe abgesetzt.

Name Server sind Rechner bzw. Programme, die Informationen über die Struktur des hierarchischen Adreßraumes verwalten. Jeder *Name Server* ist nur für die ihm zugeordnete Domain zuständig und unterhält zusätzliche Verbindungen zu benachbarten *Name Servern*. Über diese externen Kontakte kann er Nachrichten an andere *Name Server* weiterleiten, wenn der Adressat einer Nachricht in einer anderen Domain liegt.

Name Server lösen symbolische Adressen in Netzwerkadressen auf. Dabei findet eine Interpretation von rechts nach links statt. Ganz rechts in der Adresse steht also zunächst die gröbste Unterteilung. Während die Staaten außerhalb der USA meist durch eine zweistellige Län-

Kennung	Anwendergruppe
com	kommerzielle Einrichtung
edu	Bildungseinrichtung
gov	öffentliche Verwaltung
mil	militärische Einrichtung
net	Größeres Netzwerkzentrum
org	weitere Organisation
arpa	ARPA[11] Domain
int	Internationale Organisation

Abbildung 1.31: Anwendergruppen in den USA und ihre Kennungen

[10] Das Beispiel wurde in Anlehnung an [Tane92], S. 471 gewählt.

[11] *Advanced Research Projects Agency*, eine Foschungseinrichtung in den USA, vgl. Kapitel 4.4.3.

derkennung gekennzeichnet sind, wird in den USA nach Anwendergruppen unterschieden[12] (siehe die Tabelle in Abbildung 1.31 auf der Vorseite). So ergibt die Auflösung der folgenden Adresse:

risc1.rz.fh-heilbronn.de:

de	ist die Länderkennung und steht für *Deutschland.*
fh-heilbronn	gibt die adressierte Einrichtung an, im Beispiel die *Fachhochschule Heilbronn.*
rz	ist die interne Untergliederung der Einrichtung, hier die Abteilung *Rechenzentrum.*
risc1	steht für den Namen des Host, hier ist es der Rechner *risc1* im Rechenzentrum.

Die Tabelle in Abbildung 1.32 listet eine kleine Auswahl von Länderkennungen auf.

Abbildung 1.32: Einige Länderkennungen im Internet

Kennung	Land
au	Australien
ca	Kanada
ch	Schweiz
de	Deutschland
fi	Finnland
fr	Frankreich
uk	Großbritannien
us	USA

Adressierung von **Benutzern**

An einem Host-Rechner arbeiten in der Regel mehrere Benutzer. Soll, wie z. B. beim *Electronic Mailing,* nicht ein Rechner, sondern ein individueller Benutzer dieses Rechners adressiert werden, so wird seine Kennung links von der Rechneradresse angegeben. Die Benutzerkennung wird dabei von der Rechneradresse durch ein @ (gelesen „at") abgetrennt, so daß sich für den Benutzer „Peter" am Rechner

risc1.rz.fh-heilbronn.de

die folgende Adresse ergibt:

peter@risc1.rz.fh-heilbronn.de

12 Es werden jedoch auch innerhalb der USA Staatenbezeichnungen verwendet: ...ca.us steht z. B. für eine Adresse in Kalifornien.

Zusätzlich könnte jetzt im lokalen Netz noch ein weiterer privater *Name Server* eingerichtet werden, der die lokale Verteilung von Nachrichten vornimmt. Installiert man z. B. in der Sub-Domain „Fachhochschule Heilbronn" einen privaten Namen Server, könnte unsere Beispieladresse zu

```
peter@fh-heilbronn.de
```

verkürzt werden. Nachrichten, die in dieser Form die Domain erreichen, würden vom lokalen Name Server übernommen und – wenn diesem ein entsprechender Eintrag für den Adressaten vorliegt – an die richtige Rechneradresse weitergeleitet. Im Beispiel müßte der lokale Name Server also über einen Eintrag verfügen, der aufschlüsselt, daß der Benutzer `peter` unter der Adresse `risc1.rz` in der lokalen Domain zu finden ist.

Das OSI X-400-System

Die OSI hat bei ihren Standardisierungsbemühungen auch eine Adreßstruktur entwickelt, die **X.400** genannt wird▼. Das Adreßformat besteht aus einer Sammlung von Namensattributen, denen in der Adresse Werte zugewiesen werden. Es müssen nicht immer alle Namensattribute verwendet werden. Bestimmte Attribute können jedoch auch doppelt auftreten. In der Adresse werden die Parameter in beliebiger Reihenfolge angegeben. Die Tabelle in Abbildung 1.33 zeigt einige der Standardattribute.

▼ Vgl. Seite 138

Schlüssel	Attribut	Bedeutung
S	Surname	Nachname
OU	Organizational Unit	Organisationseinheit
O	Organization	Organisation
P	Private Domain	Private Domain
A	Administration Domain	Öffentliche Domain
C	Country Code	Länderkennung

Abbildung 1.33: Einige X.400-Standardattribute

Zur Verdeutlichung soll als Beispiel die Adresse

```
S=peter/OU=risc1/OU=rz/P=fh-heilbronn/C=de
```

betrachtet werden:

`s=peter`	gibt den Nachnamen an
`ou=risc1`	kennzeichnet die Organisationseinheit,

	im Beispiel den Rechner risc1
`ou=rz`	bezeichnet eine weitere Organisationseinheit im Beispiel das Rechenzentrum
`p=fh-heilbronn`	ist die private Domain, hier die Fachhochschule Heilbronn
`c= de`	ist die Länderangabe und steht für Deutschland

Der Übergang in andere Netzwerke

Soll ein Rechner oder Benutzer in einem anderen – mit dem eigenen verbundenen – Netzwerk adressiert werden, so muß eine Umsetzung in das andere Adreßschema erfolgen. Diese Umsetzung wird durch ein *Gateway*▼ vorgenommen, über das die beiden Netzwerke verbunden sind.

▼ Siehe Kapitel 1.5.5.

Um den Adressaten im anderen Netz zu erreichen, muß das Gateway in der Adresse *direkt* angesprochen werden. Die Tabelle in Abbildung 1.34 zeigt einige Beispiele, wie aus dem Internet heraus Adressaten in anderen Netzwerken erreicht werden können.

In der zweiten Spalte sind die Originaladressen der Teilnehmer aufgeführt. Die vierte Spalte zeigt dann die veränderte Adresse, die als Zielrechner das Gateway enthält. In der letzten Zeile der Tabelle wird die Umsetzung in den X.400-Standard gezeigt.▲

▲ Vergleiche auch Abbildung 1.9 auf Seite 27

Netzwerk	Originalkennung	Beispiel-Gateway	umgesetzte Kennung
CompuServe	73523.1050	CompuServe.com	73523.1050@CompuServe.com
BitNet	bloggs@institut.bitnet	cunyvm.cuny.edu	bloggs%institut.bitnet @cunyvm.cuny.edu
UUCP	bloggs@institute.uucp	uu.psi.com	bloggs%institute.uucp@uu.psi.com
SprintMail	Joe Bloggs/Instiute /Telemail/US	sprint.com	/PN=Joe Bloggs/O=Institute /ADMA=Telemail/C=US @sprint.com

Abbildung 1.34: Adressen für den Übergang vom Internet in andere Netze

Das Adreßformat `benutzer@rechner` ändert sich damit in `benutzer_rechner@gateway`. Meist wird die Verbindung zu anderen Netzwerken über mehrere Gateways realisiert. Daher sollte man sich erkundigen, welches Gateway am sinnvollsten zum Übergang in das andere Netzwerk eingesetzt werden soll. Auskunft hierüber kann der zuständige Netzwerkadministrator geben.

1.6.3. Die Adressierung auf Geräteebene

Auf Geräteebene erfolgt eine sehr hardware-nahe Adressierung. Da sie – wie bereits erwähnt – für den Anwender nahezu keine Rolle spielt, soll sie hier nur grob umrissen werden.

Auf der OSI-Ebene 2 werden direkt die in den Rechnern eingesetzten Netzwerkadapter (Netzwerkkarten) adressiert. Die Herstellern vergeben allen Netzwerkadaptern weltweit eindeutige Nummern, mit deren Hilfe die Hardware identifiziert werden kann. Eine *Ethernet-Karte*▼ besitzt eine 6 Byte lange Adresse, die zum Teil durch das Standardisierungsgremium IEEE▲ und zum Teil durch den Hersteller spezifiziert wird.

▼ *Ethernet* ist eine Netzwerktechnologie. Siehe Kapitel 2.1.4.

▲ Siehe Kapitel 2.1.2.

Auf diese Weise kann quasi[13] weltweit auf Geräteebene adressiert und ein individueller Rechner angesprochen werden. Die Umsetzung in die entsprechende Geräteadresse geschieht entweder direkt beim Absender, wenn diesem die Adresse des Empfängers bekannt ist, oder im zugehörigen *Name Server*, der die Domain mit dem Adressaten verwaltet.

1.6.4. Die Internet-Adressierung in der Zukunft

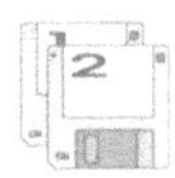

Die hohe Benutzerakzeptanz des Internet, auf das wir in Kapitel 5.3.2. noch genauer zu sprechen kommen, hat ihre Folgen: Es ist absehbar, daß das jetzige Adressierungsschema dieses weltweit größten Kommunikationsnetzes in naher Zukunft überlastet sein wird. Das Ende der Möglichkeit, TCP/IP-Adressen in ihrer heutigen Struktur zu vergeben, ist in Sicht.

[13] Da bei modernen Netzwerkkarten die Adressen vom Anwender umgesetzt werden können, ist dieses eindeutige Adressierungsprinzip in der Praxis durchbrochen.

Ursprünge der Internet-Adressen

Diese Entwicklung ist bei Betrachtung der Ursprünge der Adressen nicht verwunderlich: Der Adressierungsmechanismus stammt aus dem Jahre 1969 und war zunächst auf maximal 1.000 Teilnehmer ausgelegt. Heute jedoch sind bereits über 1 Million Benutzer in über 100 Ländern weltweit über das Internet erreichbar. Die Wachstumsrate beträgt etwa 10% pro Jahr.

Daher wird die 32 Bit-Adreßstruktur mit Aufteilung in einen Netzwerk- und einen Rechner-Adreßbereich in den nächsten Jahren erschöpft sein. Ein weiterer Ausbau ist augenblicklich nur noch im *Klasse C-Bereich* möglich, über den jedoch nur jeweils bis zu 254 Rechner angebunden werden können. So ist auch hier mit einer baldigen Sättigung zu rechnen.

Neue Ansätze

Aus diesem Grund werden augenblicklich neue Ansätze diskutiert, um die hohen Anwenderzahlen auch in Zukunft noch bewältigen zu können.

So könnte – wenn man die alte Adreßstruktur beibehalten will – das Gesamtnetz in Teilnetze mit *lokaler* Adreßverwaltung aufgeteilt werden. In diesem Teilnetz könnte dann wieder der gesamte Vorrat der 32-Bit-Adressen ausgenutzt werden. Soll das lokale Netz verlassen werden, so wird die Umsetzung auf ein weltweites Adreßschema[14] durch das Gateway vorgenommen, das das Teilnetz mit dem Gesamtnetz verbindet.

Dieser Ansatz brächte zwei Nachteile mit sich:

- das Ende der weltweiten Eindeutigkeit der Netzadressen und
- das Ende der großen Flexibilität des Internets, denn es könnte nicht mehr jeder Teilnehmer – unabhängig davon, wo er sich befindet – direkt adressiert und angesprochen werden.

Auf der anderen Seite führt das Beibehalten der Adreßstruktur dazu, daß die Transportprotokolle und die Kommunikations-Software unverändert weiterverwendet werden könnten.

[14] Auch hier wäre das vorübergehende Verpacken (*Encapsulation*) der lokalen Adresse eine Alternative (vergleiche Seite 48).

Diese Kritik müßte sich ein zweiter Ansatz gefallen lassen, der vorsieht, alle Adressen auf *64 Bit* zu erweitern. Dies würde nicht nur dazu führen, daß alle jetzigen Adressen angepaßt werden müßten, sondern brächte auch die Notwendigkeit mit sich, daß das Transportprotokoll TCP/IP geändert werden müßte.

In jedem Fall wird die derzeitige Entwicklung eine zukünftige Veränderung in der weltweiten Kommunikation über das Internet mit sich bringen.

Kapitel 2

Strukturen

„Angepaßt zu funktionieren
lernt man im Wirtschaftswunderland"
Wolfgang Niedecken

Das, was im soziologischen Bereich oftmals mit Sorge beobachtet und hier von Niedecken beklagt wird, ist im Bereich der Technik unabdingbar, denn hier wünscht man sich ein „Funktionieren". Gerade in der Datenverarbeitung, in der viele Systeme verschiedener Hersteller miteinander kooperieren und kommunizieren sollen, sind wir auf Standards und gemeinsam verwendete Technologien angewiesen.

Überblick

In diesem Kapitel sollen weit verbreiteten Übertragungsmöglichkeiten vom Medium bis zur Technologie und die wichtigsten Standards und Empfehlungen, die sich bis heute in der Kommunikationstechnik etabliert haben, vorgestellt werden. Während der erste Teil sehr praxisnah gehalten wurde, bietet der zweite Teil kompakte Einführungen, die einen (eher theoretischen) Überblick erlauben sollen.

2.1. Technologien der Transportschichten

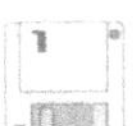

Nachdem zuvor das theoretische Modell und einige Implementierungen der oberen Schichten erörtert wurden, sollen in diesem Kapitel die unteren Schichten des des OSI-Modells mit Leben gefüllt und anhand einiger weitverbreiteter Beispiele näher betrachtet und ihr Bezug zur Praxis werden.

2.1.1 Übertragungsmedien

Bei der Planung von Netzwerken kommt der Auswahl des richtigen Übertragungsmediums eine immer größere Bedeutung zu.

Fragen nach den zu transportierenden Datenmengen, der zu überbrückenden Entfernung und der in der Regel stetig steigenden Übertragungsrate fließen in diese grundlegende Entscheidung ein. Der hohe Aufwand für die Installation und Verlegung muß bei der Planung, die auch langfristig allen Anforderungen genügen sollte, berücksichtigt werden. Neben den technischen Voraussetzungen muß das System zuverlässig arbeiten und preisgünstig sein.

Übertragungsmedien

In der Datenübertragung unterscheidet man heute grundsätzlich zwei verschiedene Medienarten:

- *drahtgebundene* Verbindungen (verdrillte Leiter, Koaxialkabel und Lichtwellenleiter) und
- *drahtlose* Verbindungen (Funk, Infrarotstrahlung).

Drahtlose LAN

Drahtlose Verbindungen haben im Bereich der LAN und zunehmend auch der WAN eine eher geringer werdende Bedeutung. Für die Verbindung von lokalen Netzwerken sind Radiowellen-Produkte erhältlich, die den Anschluß von 10 bis 20 Stationen pro Server-Antenne erlauben. In jeder Station befindet sich eine Netzwerkkarte, die mit einem Sende- und Empfangsmodul ausgestattet ist.

Es lassen sich – je nach Wanddicke – Entfernungen bis zu 150 Metern überbrücken. Der Einsatz von drahtlosen Verbindungen ist jedoch nur dann sinnvoll, wenn bauliche Bedingungen eine konventionelle Verkabelung verhindern, oder wenn – für ständig wechselnde Anforderungen – eine flexible Netzwerkgestaltung notwendig ist.

Drahtgebundene Kabelverbindungen weisen eine höhere Abhörsicherheit, eine bessere Übertragungsqualität und damit auch eine geringere Fehlerrate auf, so daß sie fast ausnahmslos in modernen Netzwerken eingesetzt werden. Daher soll im folgenden nur auf die drahtgebundenen Kabelverbindungen eingegangen werden.

Twisted Pair

Die einfachste Verbindungsart ist die als Telefonkabel weit verbreitete verdrillte Kupferleiter-Doppelader (*Twisted Pair*). Ohne Abschirmung erreicht sie eine maximale Übertragungsrate von 64 Kbit/s, weshalb sie für die Datenübertragung eine untergeordnete Rolle spielt.

Durch einen zusätzlichen metallischen Mantel können die Drähte nach außen abgeschirmt werden. So lassen sich Übertragungsraten von 1 Mbit/s und mehr realisieren. Dadurch daß die beiden Leiter innerhalb des Kabels verdrillt sind, wirken sich äußere Störfelder weniger stark aus.

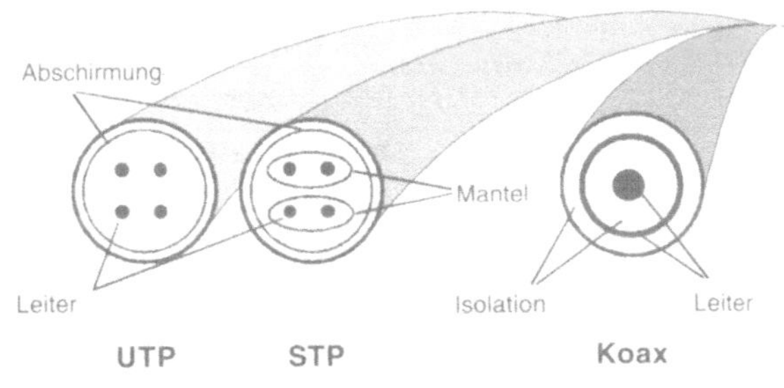

Abbildung 2.1: Unshielded Twisted Pair, Shielded Twisted Pair und Koaxialkabel

Sind mehrere Doppeladern in einem Kabel voneinander abgeschirmt, so spricht man von **Shielded Twisted Pair (STP)**. Diese sind teurer als die nicht abgeschirmten **Unshielded Twisted Pair (UTP)** Verbindungen (siehe Abbildung 2.1). Es treten jedoch deutlich weniger Nebensprecheffekte (Störungen) auf. Trotz ihrer eher eingeschränkten Übertragungsqualitäten sind verdrillte Leiter – gerade auch wegen ihrer einfachen Installation und ihren vergleichsweise geringen Kosten – im Bereich von kleinen Abteilungsnetzwerken sehr beliebt.

Heutige Telefonverbindungen, in denen *Twisted Pair* eingesetzt wird, erlauben eine Übertragungsrate von 9.600 Bit/s. Moderne Netzwerke zur Rechnerkommunikation dagegen sind sehr anspruchsvoll geworden: Mit ihren Anforderungen von bis zu 100 Mbit/s ist herkömmliches Telefonkabel weit überfordert. So einfach und billig elektrische Leiter auch sind; bei steigender Frequenz, die für eine hohe Datenübertragungsrate notwendig ist, zeigen sie ihre Schwächen. Je höher die übertragene Frequenz, desto höher ist auch der elektrische Widerstand des Leiters. Oberhalb der sogenannten *Grenzfrequenz*, die für jede Leiterart spezifisch ist, ist keine Übertragung mehr möglich.

Dämpfung

Die sogenannte **Dämpfung**, die entlang eines elektrischen Kupferkabels auftritt, ist definiert als das Verhältnis der Ausgangsspannung, die am Ende des Leiters nach der Übertragung noch übrig ist, zur Eingangsspannung, die zu Beginn der Übertragung eingespeist wurde. Man mißt die Dämpfung in Dezibel (dB).

▾ Siehe Kapitel 1.5.1.

Um auch größere Entfernungen überbrücken zu können, setzt man **Repeater**▾ ein, die als Zwischenverstärker der Dämpfung entgegen wirken sollen.

Signal-Rausch-Abstand

Leider jedoch wird hierbei nicht nur das Nutzsignal, sondern auch das Rauschen verstärkt. Da im darauffolgenden Leitungsabschnitt ebenfalls wieder neues Rauschen dazukommt, verschlechtert sich mit zunehmender Leitungslänge das Verhältnis von Nutzsignal zu Störsignal (*Signal-Rausch-Abstand* oder *Störabstand*). Eine Verbesserung wird durch eine gut isolierende Abschirmung geschaffen (ohne diese wäre beispielsweise das weltumspannendes Telefonsystem überhaupt nicht möglich).

Koaxialkabel

Koaxialkabel sind aus dem Alltag als Antennenkabel bekannt. Ein äußerer Leiter schließt bei diesem Kabeltyp einen inneren vollständig ein und schirmt diesen nach außen ab. Beide Leiter sind durch eine Isolationsschicht getrennt (siehe Abbildung 2.1).

Skineffekt

Der technische Hintergrund für diesen Kabelaufbau wird **Skineffekt** genannt: Man hat festgestellt, daß bei hohen Frequenzen fast nur noch in der äußeren Leiteroberfläche ein Strom fließt. Daher wirkt allein der Außenleiter, der beim Koaxialkabel nicht massiv sondern rohrförmig, hohl ausgelegt ist, wie ein massiver Leiter mit gleichem Durchmesser. Der Innenraum des Rohres bietet somit Platz für den zweiten Leiter.

Der Vorteil zu Twisted Pair liegt in der geringeren Dämpfung, einer höheren Übertragungsrate und den günstigereren Kosten.

Glasfaser

Die schnellste Übertragung erlauben derzeit **Lichtwellenleiter (LWL)**. Spannungswerte werden in Licht umgewandelt und entlang einer Glasfaser übertragen. Auf diese Weise lassen sich Übertragungsraten im Bereich von Gbit/s erreichen. Außerdem sind Lichtwellenleiter unempfindlich gegenüber Störungen durch elektrische oder elektromagnetische Felder. Der bei Kupferleitern sich mit der Länge verschlechternde Rauschabstand spielt beim Glasfaserkabel keine Rolle.

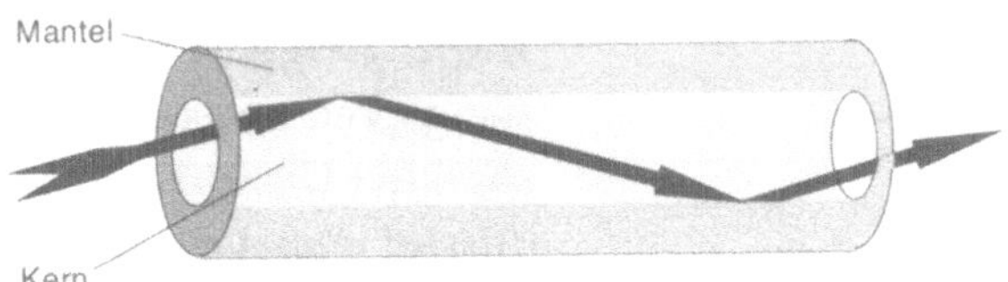

Abbildung 2.2: Schnitt durch einen Lichtwellenleiter

Die Signalübertragung erfolgt vor dem technischen Hintergrund der Brechung und Reflexion von Lichtstrahlen. Die Lichtausbreitung, die normalerweise gleichförmig nach allen Seiten verläuft, wird durch den Mantel des LWL eingeschränkt und in Leitungsrichtung gezwungen. Bei stumpfem Einfallswinkel erfolgt eine Totalreflexion, so daß das Licht fast ohne Verluste über beliebige Entfernungen transportiert werden kann (siehe Abbildung 2.2). Als Sender und Empfänger dienen meist Laserdioden, die in erster Linie für den hohen Preis der LWL-Technik verantwortlich sind.

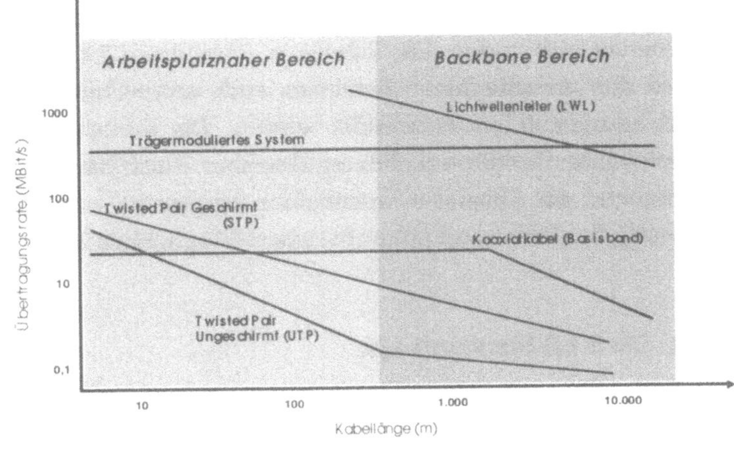

Abbildung 2.3: Vergleich der Kabeltypen in bezug auf Länge und Übertragungsrate

Verwendung

Moderne Netzinfrastrukturen weisen strukturierte Verkabelungen auf. Die Verkabelung von Gebäudekomplexen wird traditionell in drei Bereiche unterteilt: den *Primär-* oder Gelände-, den *Sekundär-* oder Steigbereich und den *Tertiär-* oder Etagenbereich.

Abbildung 2.3 auf der Vorseite zeigt, wie sich die Übertragungseigenschaften der verschiedenen Kabeltypen in Abhängigkeit zur eingesetzten Länge verändern. Während im direkten Umfeld der Arbeitsstationen noch der Einsatz von *Twisted Pair-Verkabelung* sinnvoll ist, kommt für den viel stärker belasteten *Backbone-Bereich* nur noch eine Glasfaser-Verkabelung in Frage.

Bereich	Bezeichnung	Medium	Vorteile
zwischen den Gebäuden	Primärverkabelung	Glasfaser	Stör- und Abhörsicherheit, Reichweite, Bandbreite
zwischen den Etagen	Sekundärverkabelung	zunehmend Glasfaser	geringer Montageaufwand, evtl. parallel zum Hausstromnetz
innerhalb von Etagen	Tertiärverkabelung	Kupferkabel	Übertragungsfähigkeiten ausreichend, preisgünstig und flexibel

Abbildung 2.4: Übersicht über die Verwendung der Übertragungsmedien

Die verschiedenen Strukturen werden durch sogenannte Verteiler verbunden. Die Tabelle in Abbildung 2.4 zeigt, daß in den verschiedenen Bereichen auch unterschiedliche Übertragungsmedien verwendet werden. Ein Umbruch ist im Bereich der Tertiärverkabelung absehbar: Auch hier wird zunehmend die Glasfaser-Verkabelung eingesetzt, was die eindeutig flexiblere und zukunftssichere Möglichkeit ist.

2.1.2. Die IEEE-Standards 802

Das *Institute of Electrical and Electronic Engineers* (*IEEE*), USA ist ein internationales Komitee, das zu vielen Teilaspekten des elektronischen Datenaustauschs Empfehlungen ausspricht. Diese sind weiträumig anerkannt; viele ISO-Normen beispielsweise richten sich danach. Das Subkomitee

802 beschäftigte sich zunächst nur mit LAN. Es wurde jedoch mittlerweile auch auf den WAN-Bereich ausgedehnt.

In der Vergangenheit sind viele verschiedene LAN-Systeme entwickelt worden, die sich in Verkabelungsart, Übertragung, Geschwindigkeit, Zugriffsverfahren und vielem anderen unterscheiden. Um nicht auf proprietäre▼ Lösungen beschränkt zu sein, ist eine Standardisierung notwendig. Richtlinien, an die sich alle Hersteller halten können, sichern die Kompatibilität der verschiedenen Entwicklungen untereinander.

▼Besteht ein System aus Produkten eines einzigen Herstellers, so bezeichnet man es als *proprietär*.

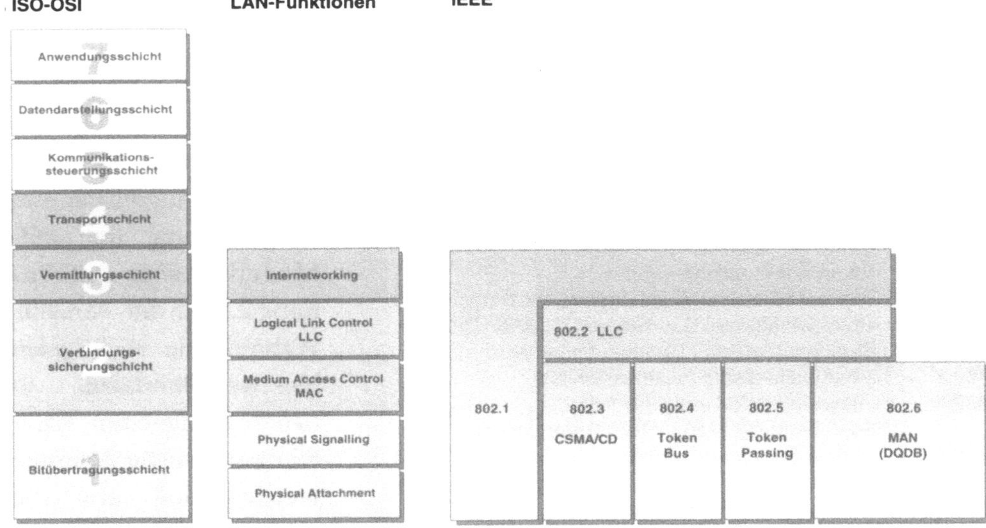

Abbildung 2.5: Die LAN-Normungen im OSI-Modell

Die Projektgruppe 802 des IEEE beschränkt sich bei ihren Empfehlungen auf die OSI-Ebenen 1 und 2. Gleichzeitig werden aber auch Vorschläge für die darüber liegenden Schichten gemacht. Auf diese Weise entsteht für alle Technologien des 802-Standards eine einheitliche Schnittstelle zur OSI-Ebene 3 nach oben.

Die *Sicherungsschicht 2* wird zur besseren Strukturierung in zwei Subebenen unterteilt (siehe Abbildung 2.5):

OSI-Schicht 2a

- **MAC**: Medium Access Control
  Die Unterebene kontrolliert den Zugriff auf das Übertragungsmedium und ist für jede LAN-Technologie

spezifisch ausgelegt. In der MAC-Ebene sind die verschiedenen Protokolle angesiedelt.

OSI-Schicht 2b

- **LLC**: Logical Link Control
  Sie kontrolliert die logische Verbindung und bietet den darüber liegenden Schichten eine einheitliche Schnittstelle zum Aufbau von Verbindungen zu anderen Stationen. Man unterscheidet *verbindungslose* und *verbindungsorientierte* Dienste▼. Bei letzteren muß vor der Übertragung zunächst eine virtuelle Verbindung aufgebaut werden (vergleiche Kapitel 2.1.8.) bevor Nutzdaten übertragen werden können. Die Empfehlung **802.2** befaßt sich detailliert mit der LLC-Ebene.

▼ Siehe weiter unten in diesem Kapitel.

IEEE	Thematik
802.1	Definition, Management, Gesamtzusammenspiel
802.2	Logical Link Control Procedure (LLC)
802.3	CSMA/CD-Buszugriffsverfahren
802.4	Token Bus-Zugiffsverfahren
802.5	Token Passing-Zugriffsverfahren für Ringe
802.6	Metropolitan Area Sub-Networks, MAN (DQDB)
802.7	Broadband Media / Breitbandnetzwerke
802.8	Fiber Optic Media / Lichtwellenleiter
802.9	Integrated Voice and Data LAN Sprachkommunikation über Datennetze
802.10	Secure Data Interchange
802.11	Wireless Local Area Networks / drahtlose LAN
802.12	100Base-VG / FastEthernet
802.30	100Base-X / FastEthernet

Abbildung 2.6: Übersicht über die IEEE 802-Empfehlungen

In der nebenstehenden Tabelle sind die gebräuchlichsten 802-Empfehlungen aufgelistet; ihre Positionierung im OSI-Modell zeigt Abbildung 2.5 auf der Vorseite. Während die wichtigsten Netzwerkstandards in den nachfolgenden Kapiteln zur Sprache kommen werden, soll auf die übrigen im folgenden nur in Kürze eingegangen werden.

802.1 behandelt den Gesamtzusammenhang aller Empfehlungen. Es wird eine Übersicht über die Normen gegeben und die Verbindungsmöglichkeiten zwischen ihnen (horizontal) und nach oben zur Schicht 3 (vertikal) beschrieben. Außerdem werden Aussagen zum Netzwerkmanagement gemacht. Auf letzeres kommen wir in Kapitel 3.1.1. zurück.

Die Empfehlung **802.4** beschreibt das Zugriffsverfahren für den **Token Bus.** Der Zugriff auf das Medium erfolgt kontrolliert mit Hilfe einer Zugangsberechtigung, dem *Frei-Token*. Nur wer in seinem Besitz ist, darf senden. Das Verfahren ist also kollisionsfrei, da immer nur eine Station das Frei-Token vom Bus nehmen und anschließend senden kann.

Die Empfehlung umfaßt außer dem Medienzugriff weitere Festlegungen zur Struktur und Funktion des Token-Busses. Das Verfahren ist Grundlage des in 802.5 normierten *Token Passings* für Ringe, das in Kapitel 2.1.5. behandelt wird.

IEEE **802.7** beschreibt die Anforderungen, den Aufbau und den Betrieb von Breitband-Netzwerken, also solchen, bei denen gleichzeitig über dasselbe Medium mehrere Übertragungen stattfinden können. Hierzu werden mehrere Kanäle bereitgestellt; jede Übertragung benötigt ihren eigenen, genauso wie dies auf den Fernleitungen des Telefonnetzes oder bei der Radioübertragung geschieht.

Multiplexen

Das technische Verfahren, das hier dahintersteckt, wird **Multiplexen** genannt. Es gibt zwei Möglichkeiten:

- *Frequenz-Multiplex / Frequency Domain Multiplex* (*FDM*)
  Man nutzt für weitere Kanäle Frequenzbereiche▼ aus, die für die Übertragung des ersten Kanals (des *Basisbandes*) nicht benötigt werden. Auf diese Weise werden viele Kanäle „übereinander geschichtet" und parallel übertragen.
- *Zeit-Multiplex / Time Domain Multiplex* (*TDM*)
  Den zu übertragenden Datenströmen werden reihum kleine Zeitscheiben▲ zur Verfügung gestellt, in denen sie jeweils kurze Teilstücke ihrer Daten übertragen können. Die Kanäle werden also „ineinander geschichtet" und sequentiell übertragen.

▼ Vergleiche hierzu den Übertragungsbereich des Telefons, der auf Seite 252 beschrieben wird.

▲ Vergleiche hierzu das *Time-Sharing-Prinzip* auf Seite 15.

In beiden Fällen wird das eingesetzte Medium mehrfach genutzt. Hierzu ist jedoch beim Sender und beim Empfänger eine aufwendige Elektronik notwendig. Da die Empfehlung 802.7 in traditionellen LAN wie auch in moderneren Weitverkehrsnetzen augenblicklich eine eher geringe Rolle spielt, soll sie hier nicht weiter vertieft werden.

Vor allem im lokalen Bereich haben Netzwerke eine wichtige Rolle übernommen. In Deutschland sind momentan (Mai '94) etwa 66% der LAN als *Ethernet*, 32% als *Token*

Ring und 9% als *ArcNet* realisiert[15]. Bevor zumindest die ersten beiden detaillierter beschrieben werden, wollen wir kurz aus dem lokalen Bereich in den Weitverkehr ausbrechen und hier die aktuelle Situation sowie zukünftige Trends aufzeigen.

2.1.3. Weitverkehr-Netzstrukturen

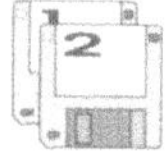

An moderne Netzwerke werden – wie bereits zuvor beschrieben – immer größere Anforderungen gestellt. Immer deutlicher treten daher die **Grenzen** konventioneller Netzwerke hervor, die weiteren Entwicklungen im Wege stehen:

Grenzen konventioneller Netzwerke

- *Größe:* Die Anzahl der anschließbaren Stationen wie auch die räumliche Gesamtausdehnung der Netzwerke ist begrenzt.
- *Verkehrsaufkommen:* Ein beliebig hohes Verkehrsaufkommen verkraften die meisten Technologien nur mühsam oder gar nicht.
- *Datenvolumen:* Das Datenvolumen hat deutlich zugenommen. Nicht nur die Menge an Daten, wie sie zum Beispiel für heute gängige graphische Benutzeroberflächen notwendig sind, sondern auch die Dateigröße selbst steigern sich in immer unermeßlichere Dimensionen.
- *Anwendungen:* Moderne Anwendungen wie Video, Groupware oder Multimedia verlangen nach schnelleren und leistungsfähigeren Kommunikationssystemen.
- *Dezentralisierung:* Hohe Netzbandbreite wird schließlich auch von neuen Techniken wie z. B. der Client/Server-Struktur (vergleiche Kapitel 1.2.3.) benötigt.
  Waren es im Jahre 1990 noch rund 82 Stationen, die von einem Server versorgt wurden, so gibt es 1994 bereits durchschnittlich 252 Stationen pro Server[15].

[15] Zahlenquelle: OnLine '94-Dokumentation.

Diesen Grenzen stehen die folgenden **Forderungen** gegenüber, die an zukünftige Weitverkehrstechnologien gestellt werden:

Forderungen an Weitverkehrsnetze

- Unterstützung von *asynchroner* Paketvermittlung und *isochroner* Datenübermittlung (Zu den Begriffen siehe auch Abbildung 2.7).
- Arbeiten unter *Echtzeitbedingungen*, d. h. das Netzwerk muß in der Lage sein, auf Anfrage kurzfristig mit einer nur geringen Verzögerung hohe Bandbreiten (mehrere Mbit/s) zur Verfügung zu stellen. Dieser variable Bedarf erwächst nicht nur aus neuen Datenstrukturen (wie z. B. Videosignale) sondern auch aus der Natur der bereits heute schon eingesetzten Anwendungen.
- Neue Technologien sollten aus den heute verfügbaren Netztechniken hervorgehen und eine hohe *Kompatibilität* gewährleisten.

Begriff	Definitionen
Synchron:	Zeitgleich mit gleicher Frequenz verlaufend. Zwei Bit-Ströme sind zusammengeschlossen oder werden von der gleichen Uhr kontrolliert und sind gleichlaufend.
Asynchron:	Nicht mit gleicher Geschwindigkeit laufend. Nicht gleichzeitig sondern entgegenlaufend. Nicht in genau der gleichen Zeit zusammengebunden.
Isochron:	Zur gleichen Zeit, mit konstanter Rate ablaufend. Nicht nur zu gleichen Zeitpunkten erfolgend (=synchron), sonder auch von gleicher Zeitdauer sein. Oft gleichbedeutend mit digital aufgezeichneter Sprache.

Abbildung 2.7: Die Begriffe *Synchron*, *Asynchron* und *Isochron* in der Übersicht; vgl. Seite 260

Der allgemeine Wunsch nach vollkommener Vernetzung, die auch weltweite Ausdehung haben kann, tat ein übriges. Lokale Insellösungen werden heute über ein zentrales Hochgeschwindigkeitsnetz verbunden, das als sogenanntes **Backbone** (Rückgrat) bezeichnet wird.

Hier ist natürlich eine besonders hohe Leistungsfähigkeit erforderlich, da der Backbone sonst als zentrales *„bottleneck"* (Flaschenhals▾ oder Engpaß) das gesamte Netz ausbremst. Außerdem werden von ihm die Unterstützung höherrangiger Dienste (wie z. B. die gleichzeitige Übertragung von *Daten und Sprache*) und Anbindungsmöglichkeiten an bestehende und zukünftige internationale Netze (z. B. *Breitband-ISDN*) erwartet.

▾ Die engste Stelle bestimmt die maximale Leistungsfähigkeit des Netzes.

Obwohl die letzte Forderung fast selbstverständlich klingt, ist gerade sie nicht einfach zu erfüllen. Öffentliche Weitverkehrsnetze und lokale Rechnernetzwerke unterscheiden sich nämlich in einem entscheidenden Punkt: Während erstere *verbindungsorientiert* arbeiten, wird über letztere ein *verbindungsloser* Datagramm-Dienst abgewickelt.

Verbindungslose und *verbindungsorientierte* Dienste

Beim Telefondienst beispielsweise wird zunächst mit Hilfe der Rufnummer eine Verbindung hergestellt, ehe Daten (Sprache, Telefax oder Modemdaten) übertragen werden können. In verbindungslos operierenden Netzwerken dagegen werden die zu übertragenden Datenpakete mit der Empfängeradresse versehen und auf das Medium gegeben, ohne daß ein direkter Kontakt zum Empfänger hergestellt werden muß. Bei der Entwicklung zukünftiger Weitverkehrsnetze muß diese Besonderheit beachtet werden.

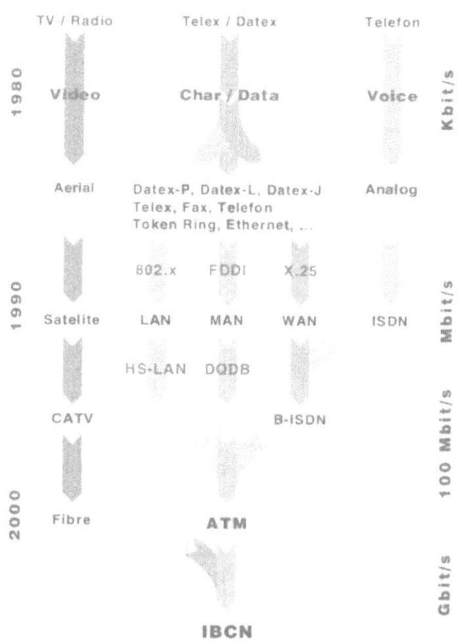

Abbildung 2.8:
Die Entwicklung hin zu einem „IBCN“

Erste Anfänge wurden und werden bereits mit Hochgeschwindigkeits-LANs gemacht. Hierzu zählen *FastEthernet* (siehe Kapitel 2.1.6.) und *FDDI* (siehe Kapitel 2.1.7.). Die Leistungsfähigkeit beider Technologien ist jedoch nur für den lokalen Bereich ausreichend. Für den Weitverkehr, bei dem es vor allem auch um die Integration verschiedenster Dienste geht, werden augenblicklich zwei andere Techniken entwickelt.

Die erste stammt ursprünglich aus dem Bereich der lokalen Netzwerke. **Metropolitan Area Networks (MAN)** entsprechen der IEEE-Empfehlung 802.6 (siehe Abbildung 2.5 auf Seite 81) und verwenden das *DQDB*-Protokoll.

Die zweite Technik ist eine Weiterentwicklung des digitalen Telefonnetzes (ISDN): Das sogenannte **Breitband-ISDN** setzt die *ATM*-Technik ein.

Mit der Entwicklung beider Ansätze wurde fast zeitgleich begonnen. Das MAN, das Geschwindigkeiten von 34 bis 140 Mbit/s bei einer Ausdehnung von mehreren

100 Kilometern unterstützt, weist einen leichten Zeit- und Kostenvorsprung gegenüber dem schnelleren B-ISDN auf. Dieses erreicht Geschwindigkeiten zwischen 155 und 622 Mbit/s und erweist sich als das modernere und reifere Konzept. Es kann damit gerechnet werden, daß beide Techniken noch eine Zeit lang weiter parallel nebeneinander bestehen werden, ehe ein vollständiges Angleichen der Konzepte und Dienstspezifikationen zur Migration zu einem **„Integrierten Breitband-Kommunikationsnetzwerk“** (*Integrated Broadband Communication Network, IBCN*) führen wird. Abbildung 2.8 veranschaulicht diese Vision.

MAN und B-ISDN

Die Kapitel 2.1.9. und 2.1.10. beschreiben die beiden Breitbandtechnologien *DQDB* (*Distributed Queue Dual Bus*) und *ATM* (*Asynchronous Transfer Mode*). Die darauf aufbauenden Konfigurationen *MAN* (Metropolitan Area Network) und *B-ISDN* (Breitband-ISDN) werden in den Kapiteln 5.2.5. und 5.2.7. behandelt. Zunächst soll jedoch auf den lokalen Bereich eingegangen werden.

2.1.4. CSMA/CD und Ethernet

Die IEEE-Empfehlung **802.3** beschreibt das Zugriffsverfahren **CSMA/CD** (*Carrier Sense Multiple Access/Collision Detection*) und die physikalische Übertragung auf einem Datenbus. Alle Stationen sind an einen bidirektionalen▼ Bus angeschlossen (vergleiche Abbildung 2.9 auf Seite 89). Es können Daten mit Geschwindigkeiten von 1 bis 10 Mbit/s übertragen werden.

▼ Daten werden auf dem gleichen Medium in beide Richtungen übertragen.

Obwohl die Empfehlung von einer Busstruktur ausgeht, werden heutige Netzwerke eher *sternförmig* aufgebaut: Jede Station unterhält eine Verbindung zu einem zentralen Knotenpunkt (*Hub*), der alle angeschlossenen Leitungen intern verschaltet. So entsteht physisch ein Stern, der jedoch durch die Verwaltung des Hubs logisch nach wie vor eine Busstruktur aufweist (vergleiche Abbildung 2.14 auf Seite 98).

Oft wird das Medium-Zugriffsverfahren *CSMA/CD* fälschlicherweise mit **Ethernet** gleichgesetzt. Letzteres ist eigentlich ein spezielles Produkt, das CSMA/CD einsetzt. Es wurde erstmals von den Firmen *Xerox*, *DEC* und *Intel* entworfen und ist seit 20 Jahren im Einsatz. Es handelt sich also um eine altgediente LAN-Technologie. Leichte Unterschiede zu CSMA/CD liegen in der *Bitübertragungsschicht* und der *MAC-Teilschicht*. Die *Sicherungsschicht* der beiden ist dagegen voll kompatibel.

Physikalische Realisierung

▾ Die *Topologie* beschreibt den grundsätzlichen Aufbau der Verkabelung.

Als Topologie▾ sieht das CSMA/CD-Verfahren eine *Bus-Struktur* vor. Die gesamte Kommunikation wird über dieses zentrale Medium abgewickelt, an das alle Stationen angeschlossen sind.

Eine zielgerichtete Übertragung ist nicht vorgesehen. Vielmehr werden Daten vom Sender aus gleichmäßig in beide Bus-Richtungen verbreitet. Jede Station überprüft die Empfängeradresse der vorbeiflitzenden Datenpakete, und – wenn die Paketadresse mit der eigenen Adresse übereinstimmt und somit der richtige Empfänger gefunden wurde – kopiert die Station die Daten in den lokalen Speicher. An den Bus-Enden sorgen zwei Abschlußwiderstände (*Terminator*) dafür, daß Daten von dort aus nicht wieder reflektiert werden. Die Widerstände von jeweils 50 Ohm absorbieren sämtliche ankommenden Übertragungen vollständig.

Kabelarten

Für *Ethernet*, das *CSMA/CD*-Produkt, waren zunächst zwei Koaxialkabelarten vorgesehen: das dicke **Yellow-Cable** und das billigere und dünnere *Cheapernet*. Beim erstgenannten sind im Abstand von jeweils 2,5 Metern die Stellen markiert, an denen Abzweigungen zu Stationen erfolgen dürfen. Diese werden über einen *Transceiver* und ein kurzes Anschlußkabel mit dem Netzwerk verbunden.

▾ Vgl. Seite 48

Ein **Transceiver** ist ein einfacher Repeater▾. Er enthält die analoge – für das CSMA/CD-Verfahren unumgängliche – Elektronik zur Träger- und Kollisionserkennung. Beim Yellow-Cable steckt der Transceiver in der Abzweigung, von der dann das sogenannte Transceiver-Kabel zum Rechner läuft. Über dieses Kabel erfolgt in der Regel auch seine Stromversorgung (siehe Abbildung 2.9).

Auch beim **Cheapernet** werden die Stationen über *Transceiver* angeschlossen. Da sich diese jedoch in der Regel direkt auf der Netzadapterkarte im Computer befinden, werden die Stationen nicht über Abzweigungsleitungen, sondern über einen BNC[16]-T-Stecker direkt mit dem Cheapernet verbunden. Das Netzwerkkabel muß in diesem Fall also *unmittelbar* am Rechner vorbeigeführt werden (siehe auch Abbildung 2.9).

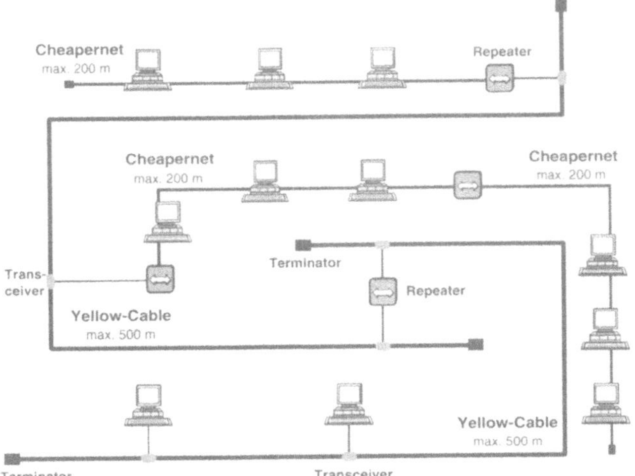

Abbildung 2.9: Der Einsatz von Yellow-Cable und Cheapernet über Repeater

Während beim *Yellow-Cable* weitere Stationen über neu eingebrachte Abzweigungen problemlos im laufenden Betrieb angeschlossen werden können, muß beim *Cheapernet* der Bus vorübergehend geöffnet werden, um ein BNC-T-Stück einzusetzen. Der Netzwerkbetrieb kann also während des Erweiterns der Stationenzahl nicht fehlerfrei fortgesetzt werden. Dafür läßt sich aber das zudem billigere Cheapernet einfacher und flexibler handhaben. Es ist jedoch auf der anderen Seite auch fehleranfälliger als Yellow-Cable.

Die maximale Kabellänge ist von der Kabelart abhängig: Yellow-Cable darf bis zu 500 Meter, Cheapernet bis zu 200 Meter lang sein. Will man weitere Distanzen überbrükken, so ist der Einsatz von **Repeatern** notwendig (vergleiche

[16] BNC steht für *Bayonett Norm Connector*.

Kapitel 1.5.1.). Diese arbeiten auf der *Bitübertragungsschicht* und operieren als Verstärker.

Abbildung 2.9 auf der Vorseite zeigt eine in der Praxis eher weniger verbreitete Konfiguration, die gewählt wurde, um die vielfältigen Möglichkeiten der beiden Kabelarten zu illustrieren. Zwei Yellow-Cable sind wegen der Längenbeschränkung über einen Repeater verbunden. Im unteren Teil der Abbildung sind Stationen direkt über Transceiver angeschlossen. Im mittleren Teil wurden zwei Cheapernet-Zweige verwendet, um weitere Stationen in das Ethernet aufzunehmen.

Das gesamte gezeigte Netzwerk erscheint jeder Station – unabhängig von ihrem Standort – als ein einziger logischer Bus. Ein vielfach über Repeater verlängertes Netz hat jedoch keine Struktur – die Abbildung suggeriert dies bereits. Abhilfe schafft die Verwendung von *Bridges* und *Router* (siehe die Kapitel 1.5.2. und 1.5.3.).

[illegible]	[illegible]
10Base5	Yellow Cable – Koax
10Base2	Cheapernet – Koax
10BaseT	Sternförmig – Twisted Pair
10BaseF	Lichtwellenleiter

Abbildung 2.10: Die Ethernet-Kabelspezifikationen

Zusätzlich zu den beiden Koaxialkabeln wurden dem Standard später auch noch Spezifikationen für verdrilltes Doppelkabel und Lichtwellenleiter hinzugefügt. Die Tabelle in Abbildung 2.10 stellt die vier Verkabelungsvarianten zusammen.

Mit *10Base5* wird ein Kabel bezeichnet, über das mit 10 Mbit/s im Basisbandverfahren übertragen wird. Das Kabel darf bis zu 500 Meter lang sein.

Das Zugriffsverfahren

CSMA/CD

Während des Netzwerkbetriebs hören alle Stationen permanent das Netz ab (**Carrier Sense**); sei es, um an sie selbst gerichtete Daten zu empfangen, oder sei es, um festzustellen, ob das Medium eventuell für eine eigene Nachrichtensendung frei ist. Senden darf nämlich über dasselbe Medium immer nur eine Station. Keine kann damit beginnen, bevor nicht der Bus daraufhin überprüft wurde, ob er frei ist. In Abbildung 2.11-1 überprüft gerade die sendewillige Station 1 das Netz.

Finden augenblicklich tatsächlich keine weiteren Übertragungen statt, kann sofort mit dem Senden begonnen werden. Sollte dagegen der Bus gerade belegt sein (**Multiple Access**), so wird der Sendewunsch zurückgestellt und nach einer kurzen Wartezeit ein erneuter Versuch gestartet. Station 2 kann in Abbildung 2.11-2 wegen des belegten Busses nicht mit der eigenen Sendung beginnen.

Bis hierher hört es sich nun so an, als ob das Verfahren perfekt sei und immer nur eine einzige Datenübertragung zur selben Zeit stattfinden könnte. Was jedoch passiert, wenn zwei Stationen, nachdem sie zuvor festgestellt haben, daß der Bus tatsächlich frei ist, gleichzeitig mit dem Senden beginnen (Station 1 und 3 in Abbildung 2.11-3)?

Zunächst breiten sich die zwei Datenströme in beide Richtungen über den Bus aus. Dann kommt es zur *Kollision* (siehe Abbildung 2.11-4). Da dies natürlich zur Verfälschung und Unbrauchbarkeit der Daten führt, muß eine Fehlerroutine vorgesehen sein, die auch in einer solchen Situation einen ordnungsgemäßen Ablauf sicherstellt. Man hat aus diesem Grund das Verfahren *CSMA* um die Komponente *CD* (**Collision Detection)** erweitert. Sie gewährleistet, daß auch während des Sendevorgangs das Übertragungsmedium weiter abgehört wird (siehe Abbildung 2.11-2 bis 4). Kommt es zu einer Kollision, so brechen die sendenden Stationen ihre Datenübertragung ab.

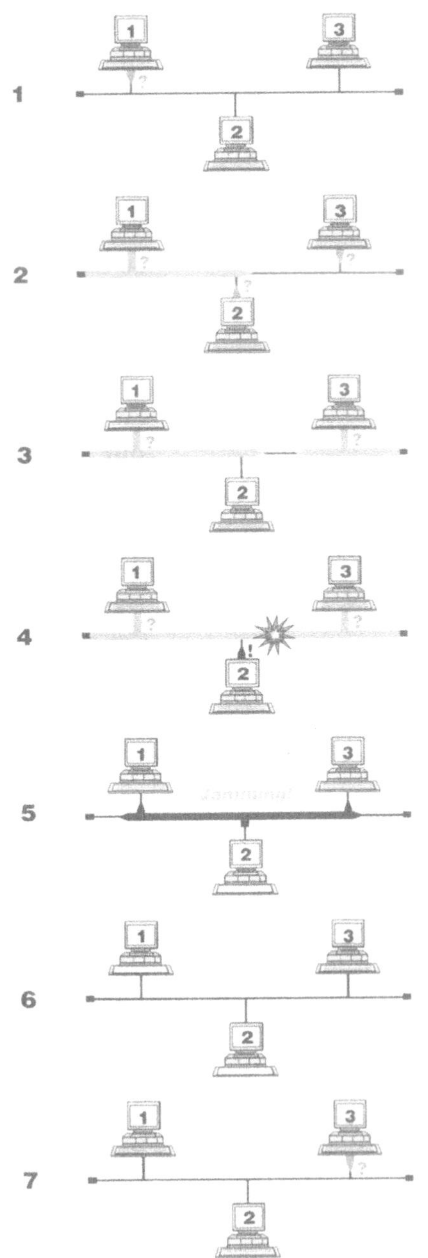

Abbildung 2.11: Das Buszugriffsverfahren CSMA/CD

Stellt eine Station eine Kollision fest, so sendet sie sofort ein Störsignal (*Jamming-Signal*) aus, um ein möglichst schnelles netzwerkweites Erkennen der Kollision zu ermöglichen. Auch nicht-sendende Stationen können das

Jamming-Signal senden, wenn sie als erste eine Kollision entdecken (In Abbildung 2.11-5 ist dies Station 2).

Nach einer Kollision verfallen die beiden Sendestationen in eine kurze Lethargie (siehe Abbildung 2.11-6), ehe jede – nach einer Zeitspanne zufälliger Länge – erneut damit beginnt, das Medium abzuhören, um im Anschluß die letzte Übertragung zu wiederholen. In Abbildung 2.11-7 war die Wartezeit von Station 3 kürzer als die von Station 1, so daß sie als erste erneut den Bus abhört.

Auf diese Weise gewährleistet CSMA/CD, daß immer nur eine Station ihre Daten übermitteln kann. Da Datenübertragungen in Bruchteilen von Sekunden vonstatten gehen, beeinträchtigen Kollisionen den Netzwerkverkehr nur geringfügig. Dies gilt natürlich nur, solange nicht zu viele Stationen an den Bus angeschlossen sind und gleichzeitig senden wollen. Bei einer hohen Netzauslastung kommt es zu vielen Kollisionen, so daß viele Übertragungen scheitern und wiederholt werden müssen. Dies führt zu einem verminderten Durchsatz des Netzwerkes.

Pro und Contra Ethernet

Ethernet ist das im LAN-Bereich bisher am längsten eingesetzte Verfahren. Daher besteht mit seinem Umgang auch eine reichhaltige Erfahrung. Vor allem wegen der technischen Einschränkungen ist es eher im wissenschaftlichen als im industriellen Bereich verbreitet.

Der Zugriff auf das Medium erfolgt stochastisch▼, nicht deterministisch▲. Unter Ethernet sind alle Stationen gleichberechtigt,0 und es ist keine Prioritätensteuerung möglich. Aus diesen Gründen ist es für die *Echtzeitverarbeitung*, in der man z. B. auf fest vorgegebene Antwortzeiten angewiesen ist, untauglich.

▼ Nach den Gesetzen der Wahrscheinlichkeit – nicht vorhersehbar.

▲ Nicht dem Zufall überlassen – eindeutig vorhersehbar

Alle Stationen überwachen permanent das Netz. Ist es frei, so kann sofort mit dem Senden begonnen werden. Da jede Station auf diese Weise vorgeht, sind Kollisionen quasi vorprogrammiert. Je nach Netzauslastung müssen Übertragungen häufig wiederholt werden. Daher ist im professionellen Bereich der Einsatz von Ethernet nur bei Netzsegmenten mit 10 bis 20 Stationen sinnvoll. Sollen mehr Stationen angebunden werden, so können mehrere Netzsegmente über *Bridges* oder *Router* (siehe die Kapitel 1.5.2. und 1.5.3.) miteinander verbunden werden. Diese begrenzen den Datenverkehr auf lokale Bereiche und entlasten so das Gesamtnetz.

Bridges und *Router* segmentieren ein Netz

Repeater helfen hier nicht weiter, da sie auf *Bitübertragungsebene* keine Strukturierung des Netzes, sondern nur eine Erweiterung vornehmen. Der gesamte Datenverkehr wird von ihnen ungeprüft und unabhängig von seiner jeweiligen Zieladresse weitergeleitet, so daß die Anzahl an möglichen Kollisionen nicht verringert werden kann.

Repeater erweitern ein Netz

Als Faustregel zur Netzbelastung gilt bei Ethernet, daß es seine Bandbreite von 10 Mbit/s nur etwa zur Hälfte auslasten kann. Die übrigen 50 % fallen Kollisionen zum Opfer.

Ein weiterer Kritikpunkt am CSMA/CD-Verfahren ist seine hohe Abhöranfälligkeit. Sämtliche Daten, die über das Netz übertragen werden, können von allen Stationen gelesen werden. Restriktionen oder Sicherheitsklassen sind nicht vorgesehen. Dadurch, daß sich Stationen einfach in den Bus integrieren lassen, kann das Netzwerk natürlich auch relativ einfach „angezapft" und abgehört werden. Daher wird von vielen Anwendern bei sicherheitsrelevanten Daten eher das Token Ring-Verfahren (siehe folgendes Kapitel) benutzt.

Vorteile

Nicht übersehen werden darf jedoch, was Ethernet zur am weitesten verbreiteten LAN-Technologie gemacht hat: Der Umgang mit Ethernet ist sehr einfach. Das Verkabeln, Umstrukturieren oder Einfügen neuer Stationen ist weitgehend problemlos. Vor allem aber seine niedrigen Kosten haben sehr zum Erfolg von Ethernet beigetragen.

Ausgereift aber ausgereizt?

Vielerorts ist man der Meinung, das „altgediente" Ethernet sei zwar ausgereift, aber auch ausgereizt. Daß dem nicht (ganz) so ist, zeigen die Ansätze zu *FastEthernet*, die wir in Kapitel 2.1.6. etwas näher beleuchten werden. Zunächst jedoch geht es um die zweite bekannte LAN-Technologie: den *Token Ring*.

2.1.5 Token Ring

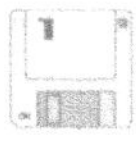

Der **Token Ring** ist die bezüglich der Verbreitung an zweiter Stelle rangierende Netzstruktur für LAN. Nachdem er ursprünglich von IBM entwickelt worden war, wurde er erst später in der **IEEE 802.5**-Empfehlung standardisiert. Daher ist er auch heute noch vor allem – aber nicht nur – in Umgebungen zu Hause, die von IBM-Rechnern dominiert sind. Die LAN-Technologie mit Ring-Topologie ist seit etwa 10 Jahren erfolgreich im Einsatz.

Eigentlich handelt es sich nicht wirklich um einen echten Ring, an den die Stationen angeschlossen werden. Vielmehr offenbart sich bei näherem Hinsehen, daß das Netzwerk aus vielen Punkt-zu-Punkt-Verbindungen besteht, die „zufällig" in der Form eines Kreises angeordnet sind. Die Verkabelung erfolgt von Station zu Station. Es entsteht eine Struktur, wie sie Abbildung 2.12-1 zeigt.

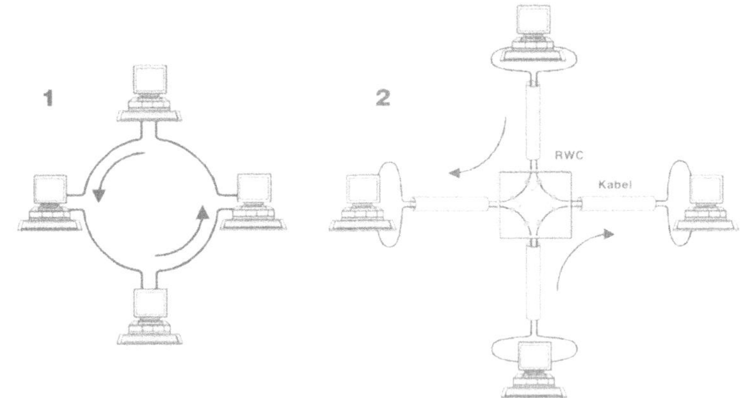

Abbildung 2.12: Token Ring-Varianten

Schon früh hat man erkannt, daß der Ring – genauso übrigens wie auch der *Ethernet*-Bus – einen sogenannten *Single Point of Failure*▼ hat. Tritt nämlich an einer beliebigen Ring-Stelle ein Fehler auf (beispielsweise in Form einer Kabelunterbrechung), so fällt das gesamte Netzwerk aus. Die Ringstruktur wurde daher leicht modifiziert (siehe Abbildung 2.12-2), um eine größere Sicherheit zu erreichen. Über ein Verkabelungszentrum (Ringleitungsverteiler oder *Ring Wiring Concentrator, RWC*) wird jede Station separat angebunden. Hierdurch entsteht ein sternförmiger Ring, der

▼ Ein Fehler an diesem Punkt legt das gesamte Netzwerk lahm.

jedoch logisch immer noch ein vollkommen normaler Ring ist.

Fällt nun die Verbindung zu oder von einer Station aus, so wird diese durch einen Kurzschluß des Ringteilstücks aus dem Ring entfernt. Das Gesamtnetz bleibt durch Umgehen der Unterbrechung stabil. Technisch wird der Kurzschluß durch ein Umgehungsrelais im *RWC* gesteuert, das durch einen Phantom-Strom aus der jeweiligen Station gespeist wird. Es bleibt nur solange geöffnet, wie es von der Station mit Spannung versorgt wird. Wird dagegen die Verbindung zur Station unterbrochen oder die Station abgeschaltet, schließt sich das Relais in Ermangelung von Energie automatisch. Die Relais sind in Abbildung 2.12-2 im Verkabelungszentrum eingezeichnet.

Durch die Verkabelung über einen RWC kann die Ausfallsicherheit erhöht werden. Obwohl die sternförmige Verkabelungstechnik nicht Bestandteil des Standards ist, baut man heute Token Ringe nur noch nach dieser Methode auf.

Physikalische Realisierung

Der Ring kann mit Geschwindigkeiten von 4 oder 16 Mbit/s betrieben werden. Als physikalisches Medium ist verdrilltes Doppelkabel vorgesehen. Theoretisch kann jedoch auch jede andere Medienart verwendet werden. Für Lichtwellenleiter ist eine Token Ring-ähnliche Technologie spezifiziert, die oftmals als Fast-Token Ring bezeichnet wird. In Wahrheit handelt es sich hierbei um *FDDI*, das in diesem Buch in Kapitel 2.1.7. behandelt wird. FDDI ist ein Hochgeschwindigkeits-Standard der ANSI▾ und nicht Bestandteil der IEEE 802.5.

▾ *American National Standards Institute:* Amerikanischer Normenausschuß; vergleichbar der DIN

Der Datenverkehr auf dem Token Ring erfolgt *unidirektional*, das heißt immer nur in dieselbe Richtung. Jede Station nimmt Daten über die Empfangsseite auf und gibt sie nach einer kleinen Verzögerung über die Sendeseite zur nächsten Station weiter.

Das Zwischenpuffern und kurze Verzögern ist notwendig, damit die Sendeberechtigung – das sogenannte *Frei-*

Token – überhaupt vollständig auf den Ring paßt. Wie wir später sehen werden, muß dieses Token zirkulieren können. In einem 4 Mbit/s-Ring ist ein Byte immerhin bereits 400 Meter lang! Soll das Token (ein bestimmtes Bitmuster) also ganz auf den Ring passen, der oftmals sogar kürzer als 400 Meter ist, so muß mit Hilfe der Verzögerungen die physische Gesamtlänge des Bitmusters verringert werden.

Aktiver Sende- und passiver Hörstatus

Stationen können sich in zwei verschiedenen Zuständen befinden: dem aktiven, in dem sie senden, und dem passiven, in dem sie den Ring abhören. Normalerweise herrscht der passive Zustand vor: Jeder Datenstrom, der die Station passieren soll, wird auf seine Zieladresse hin überprüft. Stimmt diese mit der eigenen überein, so wird die Nachricht, bevor sie wieder auf den Ring gegeben wird, in den eigenen Speicher kopiert.

In den aktiven Sendestatus kann eine Station nur wechseln, wenn sie im Besitz des Frei-Tokens ist. Nur dann kann gesendet werden. Dieses Zugriffsverfahren wird *Token Passing* genannt.

Zugriffsverfahren: Token Passing

Im Gegensatz zu CSMA/CD erfolgt beim Token Ring der Zugriff auf das Medium *deterministisch*. Es kann also für jede Station eine maximale Wartezeit bestimmt werden, nach der sie garantiert das Senderecht erhält. Dieses wird beim Token Ring quasi zentral vergeben, so daß keine Kollisionen auftreten können. Immer nur diejenige Station, die das Senderecht gerade innehat, darf auf den Ring zugreifen und Daten übermitteln.

Nächste Seite:
Abbildung 2.13:
Token Passing – das Zugriffsverfahren des Token Ring

Im Leerlauf kreist ein bestimmtes Bitmuster, das **Frei-Token** genannt wird, auf dem Ring. Mit seiner Länge von 3 Byte ist es so kurz, daß es vollständig auf den Ring paßt (siehe Abbildung 2.13-1). Will eine Station senden, so muß sie zunächst auf das *Frei-Token* warten und dieses in ein *Belegt-Token* umsetzten. (Dies geschieht durch das Umsetzen eines Bits im zweiten Byte des Frei-Token.) Erst danach darf die Station vom passiven Hör- in den aktiven Sendestatus wechseln.

Der Sendevorgang wird begonnen, indem an das nunmehr belegte Token die zu sendenden Daten angehängt werden (siehe Abbildung 2.13-2). Die Sendung enthält direkt zu Beginn die Zieladresse und wird von Station zu Station weitergegeben. In der Zwischenzeit kann niemand anderes mit eigenen Sendungen beginnen, weil keine Station– ohne im Besitz des Frei-Tokens zu sein – ihren passiven Hörstatus verlassen darf.

Die Zielstation kopiert die übertragenen Daten in ihren Speicher und gibt – wie jede andere Station auch – die Sendung an ihren Nachbarn im Ring weiter (siehe Abbildung 2.13-3).

In der Zwischenzeit hat die sendende Station den Kopf der Nachricht bereits wieder erhalten und nimmt die ankommenden Daten vom Ring. Was bei CSMA/CD durch die Abschlußwiderstände erfolgte, übernimmt beim Token Ring also der Sender selbst (siehe Abbildung 2.13-4).

Hat das Ende der Daten den Empfänger erreicht, so setzt er im letzten Byte ein Bestätigungsbit (siehe Abbildung 2.13-5). Der Sender kann anhand dieser Kontrollinformation überprüfen, ob die Daten wie gewünscht angekommen sind. Hat der Empfänger entweder die Annahme verweigert, ist nicht aktiv (eingeschaltet) oder gar nicht vorhanden, kann der Absender dies der Kontrollinformation entnehmen (siehe Abbildung 2.13-6). Hiermit hat der Absender eine direkte Kontrolle über den Sendeerfolg.

Ist beim Sender schließlich das letzte Bit seiner Nachricht eingegangen, generiert er ein neues Frei-Token, setzt dieses auf den Ring

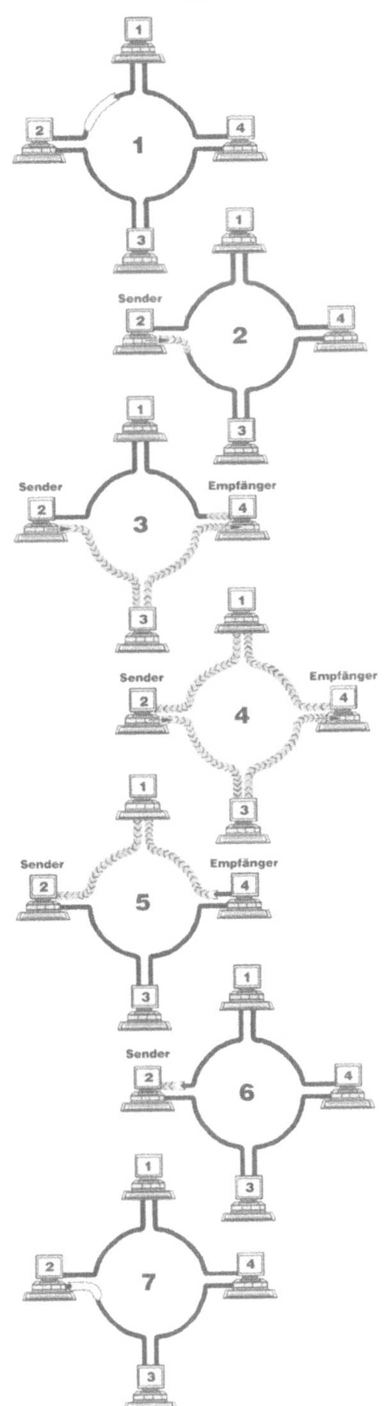

und schaltet selbst wieder vom Sende- in den Hörstatus zurück (siehe Abbildung 2.13-7).

Die nächste sendewillige Station kann nun ihrerseits das Frei-Token übernehmen und mit dem Senden beginnen. Wollen nur wenige Stationen auf den Ring zugreifen, so wird das Frei-Token die meiste Zeit im Leerlauf durch den Ring zirkulieren. Liegen dagegen viele Sendewünsche vor, so wird es sofort von der im Ring auf den ehemaligen Sender unmittelbar folgenden Station übernommen. In diesem Fall würde sich die Sendeberechtigung in ihrem freien Zustand also immer nur bis zur nächsten Station fortbewegen, um dort sofort wieder belegt zu werden. So kommen alle sendewilligen Stationen – eine nach der anderen – an die Reihe.

Mit dem Token Passing-Verfahren läßt sich also offensichtlich eine faire Zuteilung des Übertragungsmediums erreichen. Dies gilt jedoch nur für den Fall, daß eine bestimmte maximale Übertragungszeit vorgeschrieben ist, die beim Senden nicht überschritten werden darf. Wäre dies nicht im Standard geregelt, könnte eine Station, die einmal das Frei-Token übernommen hat, beliebig lange den Ring belegen.

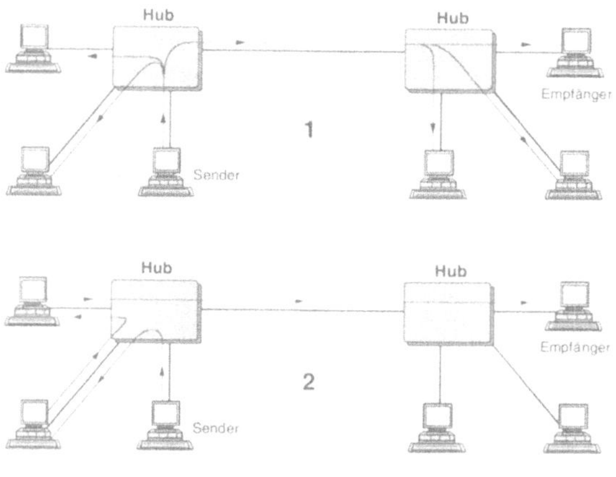

Abbildung 2.14: Vergleich von CSMA/CD (1) und Token-Passing (2)

In Abbildung 2.14 werden die beiden Zugriffsverfahren einander gegenübergestellt. Es wird deutlich, daß bei *CSMA/CD* nach dem „Überschwemmungs-Prinzip" Sendungen an alle Stationen verschickt werden. Der Empfänger muß sich die an ihn gerichteten Daten herausfiltern.

Beim *Token Passing* dagegen werden die Daten von Station zu Station nach dem „Stille-Post-Prinzip" weitergegeben. Der Empfänger bestätigt ihren Erhalt und gibt sie seinerseits wieder in Richtung des Senders weiter.

Die Abbildung zeigt außerdem die bei den Beschreibungen beider Verfahren schon erwähnte **Sternverkabelung**, die über einen zentralen **Hub** (Sternverteiler, siehe

Seite 48) die Realisierung eines logischen Busses bzw. Ringes auf einem physischen Stern ermöglicht.

Die Vorzüge des Token Ring

Deterministischer Zugriff

Was den Token Ring sicher am meisten vom Ethernet-Verfahren CSMA/CD abhebt, ist sein *deterministisches* Zugriffsverfahren. Es macht ihn nicht nur für Echtzeitanwendungen interessant, sondern gewährleistet auch beim Anschluß vieler Stationen an einen Ring immer noch einen regelgerechten Datendurchsatz.

Volle Netzauslastung

Der Token Ring kann seine gesamte Bandbreite effektiv fast vollständig ausnutzen. Die 16 Mbit/s-Variante hat in der Regel sogar noch Reserven. Eine durch Kollisionen verschenkte Bandbreite, die um so größer wird, je höher die Netzauslastung ist, kennt der Token Ring nicht. Auf der anderen Seite müssen sendewillige Stationen auch bei geringer oder selbst bei keiner Netzauslastung erst auf das Frei-Token warten, bevor sie mit ihrer Übertragung beginnen können. Ein unmittelbarer, direkter Zugriff wie bei CSMA/CD ist nicht möglich.

Sicherheit

Trotzdem ist das Verfahren flexibel, relativ einfach zu realisieren und wegen seines geringen Informations-Overhead sehr effizient[17]. Durch den Einsatz eines Verkabelungszentrums können Kabelbrüche automatisch erkannt und beseitigt werden. Der erhöhten Sicherheit steht die aufwendigere Verkabelung und schwierigere Restrukturierung des Netzwerks gegenüber.

Prioritäten

Anders als CSMA/CD erlaubt der Token Ring die Vergabe von Prioritäten. Das Frei-Token wird hierbei Stationen mit höherer Priorität öfter zuerkannt als anderen. Infolgedessen kann bestimmten Teilnehmern ein garantierter Anteil an Bandbreite zur Verfügung gestellt werden. Dies ist

[17] Generell ist es erstrebenswert, möglichst wenige Steuerdaten (Overhead) zusammen mit den Nutzdaten zu übertragen. Erstere sind für den Anwender uninteressant und daher „unnötiger" Balast, der ja nur für die Netzwerksteuerung gebraucht wird.

vor allem bei der Übertragung von Bild und Sprache unumgänglich (vergleiche Seite 84 und Kapitel 5.2.5.).

Integriertes Netzwerk-Management

Das Token Ring-Verfahren bringt als zusätzliche Komponente ein eigenes Netzwerkmanagement mit: Für die Ringwartung ist eine Überwachungsstation (der *Monitor*) zuständig. Dies ist entweder ein dedizierter Rechner oder einfach die erste eingeschaltete Station. Sie kontrolliert das korrekte Funktionieren des Rings. Beispielsweise darf das Frei-Token nicht verlorengehen, bzw. es darf sich auch immer nur ein einziges Frei-Token auf dem Ring befinden. Zusätzlich wartet der Monitor auch den Ring und ergreift bei einem Zusammenbruch Gegenmaßnahmen.

Single Point of Failure

Das zentrale Management bringt allerdings auch einen erneuten Fehlerherd mit sich: Zwar läßt sich eine ausgefallene Monitorstation recht einfach ersetzten; dies ist durch das Protokoll automatisch vorgesehen. Ein fehlerhafter Monitor aber, der seine Managementaufgabe nicht mehr ordnungsgemäß erfüllt, ist nur schwer zu entfernen.

Insgesamt gesehen zeigt sich der Token Ring jedoch als das zuverlässigere und leistungsfähigere Produkt.

2.1.6. FastEthernet

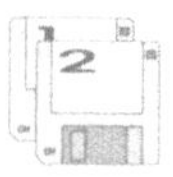

Der Umstieg oder die Aufrüstung in den Hochgeschwindigkeitsbereich ist nicht nur aufwendig, sondern meist auch sehr teuer. Die dort etablierten Techniken *FDDI, DQDB* oder auch *ISDN* gelten als elitär. Eine Schritt-für-Schritt-Umrüstung ist leider nicht möglich, so daß viele Unternehmen vor einer solch tiefgreifenden Veränderung zurückschrecken. Dies haben auch die Netzwerk-Hersteller erkannt. Daher sind Bestrebungen im Gange, Technologien für das Mittelfeld – zwischen 10 bzw. 16 Mbit/s und 100 und mehr Mbit/s – zu entwickeln.

Motivation

Ethernet weist eine immense Installationsbreite auf: Mehr als 20 Millionen Knoten werden derzeit betrieben. Daher ist es naheliegend, hier anzusetzen und zu versuchen, diesem Anwenderkreis in für ihn überschaubarer Weise größere Leistungsfähigkeit zur Verfügung zu stellen.

Im Laufe der letzten beiden Jahre sind zwei verschiedene Ansätze für ein **100 Mbit/s-Ethernet** entstanden: Der eine (*100Base-X*) baut nach wie vor auf den typischen Ethernet-Eigenschaften auf. Der andere (*100Base-VG*) verschafft nur auf der Anwendungsebene ein „Ethernet-Feeling" und ist ansonsten eine fast vollständig neue Technologie.

Beide Konzepte sind momentan (Mai 1994) noch nicht endgültig standardisiert und nur als vorläufige Konzepte in den IEEE 802-Katalog aufgenommen worden (vergleiche Abbildung 2.6 auf Seite 82). Die Entwürfe könnten für kleinere Gruppen mit geringer räumlicher Ausdehnung interessant werden und eine preiswerte Alternative zu herkömmlichen Hochgeschwindigkeitsnetzen bieten.

IEEE 802.30: 100Base-X

Um den Netzwerkadapter-Hersteller *3Com* haben sich mehrere Firmen versammelt (u. a. *Cabletron*, *Intel* und *Sun*) und den FastEthernet-Entwurf **100Base-X** veröffentlicht. Das IEEE hat ihn als Projekt *802.30* in den LAN-Katalog aufgenommen. Die Numerierung wurde in Anlehnung an das Original-Ethernet bzw. CSMA/CD-Zugiffsverfahren 802.3 gewählt, weil der Entwurf sich sehr eng an den alten Standard hält und diesen nur zu erweitern und verbessern sucht.

Obwohl die 100Base-X-Spezifikation bereits seit einiger Zeit erschienen ist, wurden leider bis zum jetzigen Zeitpunkt nur wenige technische Details des Entwurfs veröffentlicht. Wir wollen die wesentlichen Punkte zu 100Base-X zusammenfassen.

Vom Original-Ethernet hat man dessen Zugriffsmechanismus *CSMA/CD* beibehalten und nimmt damit nach wie vor die bereits beschriebene Kollisionsproblematik in Kauf. Die maximale Netzauslastung wird denn auch mit 30% als Obergrenze angegeben. Dies bringt jedoch auf der anderen Seite auch den Vorteil mit sich, daß der Entwurf voll kompatibel zur Ethernet-MAC▾-Ebene ist. Durch diese Anleh-

▾ *Medium Access Control*, eine Subebene der OSI-Schicht 3, siehe Kapitel 2.1.2.

nung an das alte Original erhofft man sich eine einfachere Testphase und schnellere Markteinführung.

100Base-X verlangt eine *Twisted Pair-Verkabelung*. Die in Deutschland weit verbreiteten Koaxialkabel werden nicht unterstützt. Hier wird – genauso wie bei 100Base-VG – ein Hemmnis liegen, denn die Umstellung fordert an vielen Einsatzorten eine Neuverkabelung. Die Standard-Vorschläge wurden in erster Linie für den Markt der USA entwikkelt, wo die Verkabelung mit Twisted Pair vorherrscht.

Die Zukunft von 100Base-X erscheint zweifelhaft – vor allem wenn man sich die Vorzüge des Konkurrenten 100Base-VG vergegenwärtigt. Dies soll nachfolgend geschehen.

IEEE 802.12: 100Base-VG

Hewlett Packard, die amerikanische Telefongesellschaft *AT&T* und andere Firmen gründeten ebenfalls ein Konsortium, das einen zweiten FastEthernet-Standard entwarf:

100Base-VG wurde von der IEEE mit der Projektnummer *802.12* versehen. Ganz anders als der 3Com-Entwurf läßt 100Base-VG den eigentlichen Ethernet-Standard weit hinter sich und bietet nur noch auf höheren Ebenen ein (schnelleres) „Ethernet-Feeling" an. Kosten- und Leistungsgründe ließen die Firmen eine vollkommen neue MAC konstruieren, die jedoch den Erhalt einer alten (Twisted Pair-) Verkabelung und der Software garantieren soll.

Switch

100Base-VG sieht eine Stern-Topologie mit zentralem Hub (Sternverteiler) vor. Der Verteiler ist jedoch kein normaler Standard-LAN-Hub, wie er uns schon in früheren Kapiteln begegnet ist, sondern ein schneller Switch. **Switch** läßt sich wohl am besten mit *Durchschalter* übersetzen und bezeichnet ein zentrales Verbindungsgerät, das in der Lage ist, in kürzester Zeit eine Verbindung zwischen zwei angeschlossenen Teilnehmern zu schalten. Wir kommen in Kapitel 2.1.10. noch einmal auf solche Geräte zurück.

Switch – ein Durchschalter

Abbildung 2.15 zeigt die Topologien der drei besprochenen LAN-Technologien im Vergleich. Während sich die logische und die physische Struktur von Ethernet und Token Ring jeweils unterscheiden, sind sie beim FastEthernet von HP identisch. Es existiert wirklich ein Stern.

Für 100Base-VG können viele Kabeltypen verwendet werden: STP, UTP und LWL. Vor allem auf Twisted Pair-Unterstützung wurde wegen seiner Verbreitung in den USA großer Wert gelegt. Das Kürzel **VG** steht für *Voice Grade* und bekräftigt die besondere Nähe zum UTP-Kabel, das in den USA als Telefonkabel verwendet wird. Die Koaxialverkabelung blieb dagegen auch hier wieder unberücksichtigt.

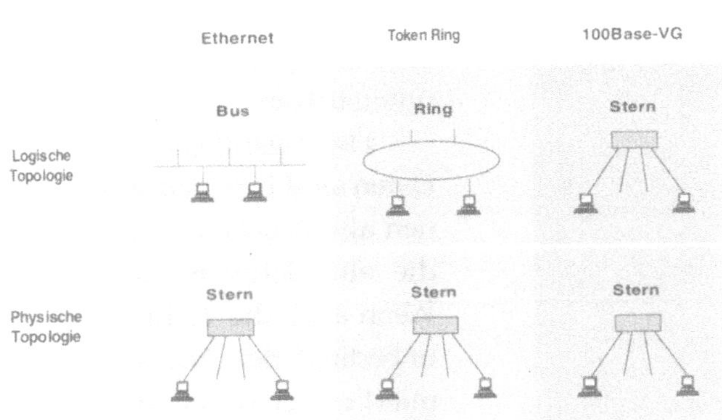

Abbildung 2.15: Die Topologien von Ethernet, Token Ring und 100Base-VG

Es werden also die gleichen Kupferkabel wie für ein 10 Mbit/s-Ethernet verwendet. Wie erreicht 100Base-VG darauf eine zehnfach höhere Übertragungsrate, ohne die Grenzwerte zu überschreiten, die für elektromagnetische Abstrahlungen▼ gelten? Die Antwort auf diese Frage setzt sich aus mehreren Komponenten zusammen:

▼ Diese entstehen bei allen Datenübertragungen über metallische Leiter und werden um so größer, je höher die Übertragungsfrequenz ist.

Twisted Pair-Kabel besitzen in der Regel vier Adernpaare, von denen das Standard-Ethernet nur zwei zur Datenübertragung verwendet. Demgegenüber nutzt 100Base-VG alle vier Adernpaare mit jeweils 25 Mbit/s. Die Datenübertragung erfolgt *unidirektional* im *Halb-Duplex-Betrieb*▲ d. h. eine Station kann entweder Senden oder Empfangen. Höhere Geschwindigkeiten werden somit unter anderem dadurch erreicht, daß die Gesamtlast auf mehrere Kabelpaare verteilt wird. Eine Kompatibilität zur Ethernet-MAC-Ebene ist durch diese Veränderung bedingt natürlich nicht mehr gegeben. Die Datenrate von 100 Mbit/s kann unter Verwendung aller vier Adernpaare schon bei 15 MHz erreicht werden.

▲ Vergleiche Abbildung 2.20 auf Seite 115.

Der andersartige Zugriff auf das Übertragungsmedium bringt es mit sich, daß bei einem Wechsel zu 100Base-VG die alten Ethernet-Netzwerkkarten ausgetauscht werden müssen. Trotzdem ist eine Umstellung vollständig oder auch nur teilweise möglich: Bei gemischten Netzen, die gleichzeitig unter Standard-Ethernet und 100Base-VG betrieben werden, müssen die Adapterkarten sowohl Geschwindigkeiten von 10 Mbit/s als auch von 100 Mbit/s unterstützen.

Die eigentlichen Paketformate der zu übertragenden Daten sind indessen identisch zum alten Format. Daher können alte Brücken, Router, Adapterkarten-Treiber und sogar die alte Software unverändert weiterverwendet werden. Wenn auch die Technik, die hinter 100Base-VG steckt, nicht unbedingt den Namen (Fast)*Ethernet* rechtfertigt, so legitimiert er sich durch diese Kompatibilität zum Standard 802.3.

Neben der Nutzung von weiteren Adernpaaren sind noch zwei weitere technische Details für die Geschwindigkeitssteigerung verantwortlich: Zum einen führt ein kollisionsfreier Zugriff▼, bei dem keine Mechanismen zur Erkennung von Kollisionen mehr vorhanden sein müssen, zu einem besseren Durchsatz. Zum anderen wird ein anderes Kodierungsschema▲ verwendet. Jeder übertragenen Nachricht müssen zusätzliche Informationen beigefügt werden, um Sender und Empfänger aufeinander abzustimmen (synchronisieren). Der Synchronisations-Overhead der neuen Kodierung ist um etwa 80 % kleiner als beim Standard-Ethernet, d. h. es können in derselben Zeit mehr Nutzdaten übertragen werden.

▼ Siehe den folgenden Abschnitt.

▲ Die *Non Return to Zero*-Codierung (NRZ) erlaubt weit höhere Frequenzen als die alte *Manchester-Codierung.*

DPMA: Das Zugriffsverfahren von 100Base-VG

Der Zugriff auf das Medium erfolgt bei 100Base-VG zentral gesteuert nach dem **DPMA**-Verfahren (*Demand Priority Medium Access*). Die Idee sieht vor, sämtliche Intelligenz, die für einen geordneten Zugriff erforderlich ist, auf den zentralen *Hub* zu konzentrieren.

Beim Standard-Ethernet war sie noch auf die einzelnen Stationen verteilt: Jede Netzwerkkarte verfügte über eine (analoge) Elektronik, die für die Kollisionserkennung und -behandlung verantwortlich war. Bei FastEthernet übernimmt der Sternverteiler die Koordinierungsaufgaben in digitaler Technik. Die Netzwerkkarten werden dadurch entlastet und billiger.

Anders als beim Ethernet-Zugriffsverfahren CSMA/CD, bei dem alle Stationen gleichberechtigt sind und es laufend zu Datenkollisionen kommt, wird im sternförmig aufgebauten 100Base-VG mit **Demand-Priority**-Steuerung das Senderecht vom zentralen Rechner (*Hub*) vergeben.

Nachdem beim Hub ein Sendewunsch (*Demand*) einer Station eingegangen ist, schaltet er die Leitung zur Zieladresse durch, sobald das Netz frei ist. Datenpakete werden also nicht mehr von allen Stationen empfangen, sondern gelangen über die durch den Hub eingerichtete, dedizierte Verbindung direkt zum Empfänger (siehe Abbildung 2.16 und vergleiche mit Abbildung 2.14 auf Seite 98).

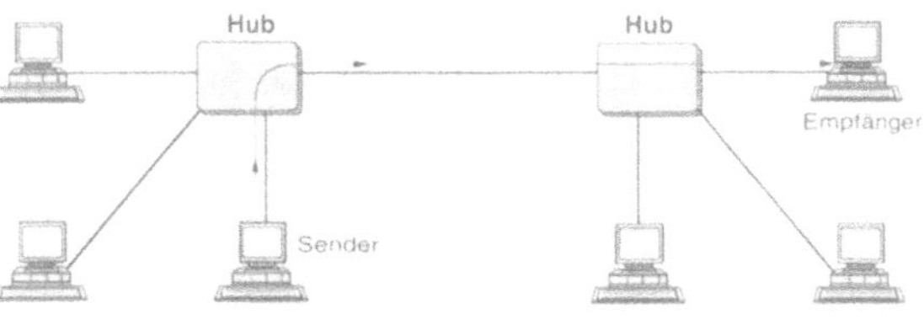

Abbildung 2.16: Das DPMA-Prinzip von FastEthernet

Dem Hub kommen demnach zusätzlich Routing-Funktionen zu, denn er verzweigt gezielt zum nächsten Hub bzw. direkt zur Empfängerstation. Mehrere Sendeanfragen werden in der Reihenfolge ihres Eingangs beim Hub oder nach zuvor durch den Systemadministrator vergebenen Prioritäten (*Priority*) vergeben. Es können sogar garantierte Reaktionszeiten und verfügbare Bandbreiten vergeben werden.

Diese Steuerung bringt zwei wichtige Vorteile mit sich. Einerseits können durch die zentrale Senderechtvergabe bei der Datenübertragung keine Kollisionen auftreten. Andererseits genießt das Netz eine höhere Abhörsicherheit, da Pakete nur noch an die jeweilige Zielstation übermittelt und nicht, wie bei Ethernet, von allen Stationen gelesen werden.

Zudem verbessert sich im Vergleich zum Token Ring die Latenzzeit▾ dadurch, daß im Hub zum Zielrechner verzweigt wird und kein Gesamtumlauf des Frei-Tokens abgewartet werden muß.

▾ Potentielle Sendezeit, die ungenutzt verstreicht.

100VG-AnyLAN

Mitte 1993 erhielt der 100Base-VG-Ansatz Unterstützung durch *IBM*. Der Entwurf wurde erweitert, genauer spezifiziert, und es entstand das **100VG-AnyLAN**. Dieses basiert auf 100Base-VG und verarbeitet gleichzeitig Ethernet- und Token Ring-Pakete, d. h. daß diese ohne weitere Veränderungen auf dem mit neuer Technik funktionierenden Netzwerk übertragen werden können. Somit wird ein sanfter Übergang von alten LAN-Lösungen zu FastEthernet auf einfache Weise möglich.

Die Zusammenführung der beiden LAN-Standard-Technologien *Ethernet* und *Token Ring* in ein Hochgeschwindigkeitsnetz lassen den 100VG-AnyLAN-Ansatz zu einer sehr interessanten Alternative werden und anderen Möglichkeiten vorziehen – vor allem dort, wo stark im IBM-Umfeld gearbeitet wird.

2.1.7 FDDI

In diesem Kapitel wollen wir erstmals den traditionellen LAN-Bereich verlassen. FDDI ist zwar auch eine LAN-Technologie; sie wird aber in erster Linie zum Verbinden verschiedener LAN eines oder mehrerer Standorte eingesetzt. Mit ihrer hohen Übertragungsrate von 100 Mbit/s ist sie als Backbone-Träger prädestiniert.

Warum nicht Ethernet?

Wie in den vorherigen Kapiteln beschrieben, gibt es zwei prinzipielle Netzzugangsverfahren: das *Token-* und das *Ethernet-Verfahren*. Für den Hochgeschwindigkeitsbereich ist letzteres nur bedingt einsetzbar, weil Kollisionen über größere Entfernungen nur bedingt kontrollierbar sind. Ethernet bietet zudem keinen zeitlich gesicherten Netzzugang sondern überläßt es dem Zufall, wann eine Station kommunizieren kann. Beide Einschränkungen machen die Ethernet-Technik für den Hochleistungsverkehr unattraktiv.

Anders stellt sich das *Token-Zugangsverfahren* dar: Das fest umlaufende Token garantiert einer Station, nach einer maximal möglichen Wartezeit das Senderecht zu erhalten.

Eine Geschwindigkeitssteigerung gegenüber dem reinen Token-Passing-Verfahren, bei dem eine Station einen ganzen Ringumlauf warten muß, bevor sie erneut senden oder empfangen kann, läßt sich dadurch erreichen, daß eine sendende Station das Frei-Token direkt an die gesendete Nachricht anhängt (**Early Token Release Method**, ETRM). Weitere sendewillige Stationen können damit sofort wieder auf den Ring zugreifen, weil sie deutlich früher ein Frei-Token finden als beim regulären Token Passing. Auf diese Weise existieren meist

ETRM als Erweiterung des Token Passing

- *mehrere Datenpakete* und
- *ein Frei-Token* gleichzeitig im Ring.

Die **FDDI**-Technik (*Fiber Distributed Data Interface*) beruht auf diesen Überlegungen. Die ETRM gibt es genaugenommen auch beim normalen Token Ring. Dieser jedoch ist so kurz, daß der Anfang der Nachricht schon wieder den Sender erreicht, bevor das Frei-Token an das Ende angehängt werden könnte. Meist paßt nicht einmal ein einziger Rahmen vollständig auf den Ring (vgl. Abbildung 2.13 auf Seite 96).

FDDI-Spezifikation

FDDI ist stark an die Token Ring-Topologie angelehnt und als *Doppelring* ausgelegt. Der primäre Datenverkehr wird nur über einen der beiden Ringe abgewickelt. Der zweite dient lediglich als Ersatz (ist also redundant) und wird nur eingesetzt, wenn es zu Kabelbrüchen oder dem Gesamtausfall des ersten Rings kommen sollte. Durch die Verwendung eines Doppelringes gibt es keine Komponente mehr, deren Ausfall das Gesamtsystem lahm legen könnte. Insofern verfügt FDDI über eine erhöhte Fehlertoleranz.

FDDI-Dimensionen

An einen FDDI-Ring können bis zu 1.000 Stationen angeschlossen werden. Dabei darf er eine Ausdehnung von bis zu 200 Kilometern haben. FDDI unterscheidet sich folglich deutlich von den bislang besprochenen LAN-Techniken.

Die *Bruttoübertragungsrate* beträgt 100 Mbit/s, wobei etwa 80 % effektiv genutzt werden können. Damit ist FDDI schneller als alle FastEthernet-Ansätze, sechs Mal schneller als Token Ring und sogar zwanzig Mal schneller als Ethernet. Der Zugriff auf das Medium erfolgt analog zum Token Passing-Verfahren *deterministisch*.

FDDI SDDI CDDI

Als Übertragungsmedium war ursprünglich ausschließlich Glasfaser vorgesehen. Mittlerweile wurde FDDI jedoch auch für Kupferleitungen spezifiziert. Daher verdient es den Namen „Fiber" eigentlich nicht mehr, denn die Beschränkung auf Lichtwellenleiter wurde ja aufgehoben. Obwohl man nach wie vor von FDDI spricht, wurden noch zwei weitere Bezeichnungen geprägt:

- **SDDI** für *Shielded Twisted Pair*-Verkabelung
  Diese Konfiguration wird eher als Einzelring zur direkten Anbindung von Workstations verwendet. Sie ist eine interessante Hochgeschwindigkeitsalternative, da (zumindest in den USA) bereits viele STP-Verkabelungen vorhanden sind.
- **CDDI** für *Kupferverkabelung* (engl. Copper)
  Die Realisierung von FDDI auf Kupferbasis ist weniger verbreitet. Sie bietet sich vor allem für den europäischen Bereich an. In der Regel wird jedoch die Glasfaserverkabelung vorgezogen.

Das FDDI-Schichtenmodell

Abbildung 2.17 zeigt die vier Ebenen des FDDI-Standards, die sich nahtlos in das IEEE-Schema und das OSI-Modell einfügen.

Die *Bitübertragungsschicht* wurde bei FDDI aufgeteilt, um eine einfachere Anpassung an die unterschiedlichen Übertragungsmedien (z. B. Glasfaser oder STP) zu ermöglichen. Die *Physical Medium Dependent-Schicht* (*PMD*) definiert die Mediummodule, das Kabel und die Bypass-Schalter, die bei einem Ringausfall für die nötige Überbrückung sorgen. Die physikalische Schicht (*PHY*) ist für die Datencodierung und die Synchronisation verantwortlich. Beide Schichten werden durch Hardware realisiert (z. B. durch eine Netzwerkkarte).

In der *MAC*-Schicht▾ ist der Token Ring-Algorithmus für FDDI festgelegt. Die Verbindung zwischen den drei Schichten wird durch die *SMT*-Schicht hergestellt. Sie koordieniert den Ringaufbau und Fehlerkonfigurationen. Das Stationsmanagement ist also (ähnlich dem Token Ring) Bestandteil des Protokolls und sowohl in der physikalischen wie auch in der MAC-Ebene realisiert. Es ist jedoch kein expliziter Monitor mehr vorgesehen, sondern das Management ist verteilt und erfolgt kooperativ; während des Betriebs überwachen alle Stationen das Netz.

▾ Medium Access Control

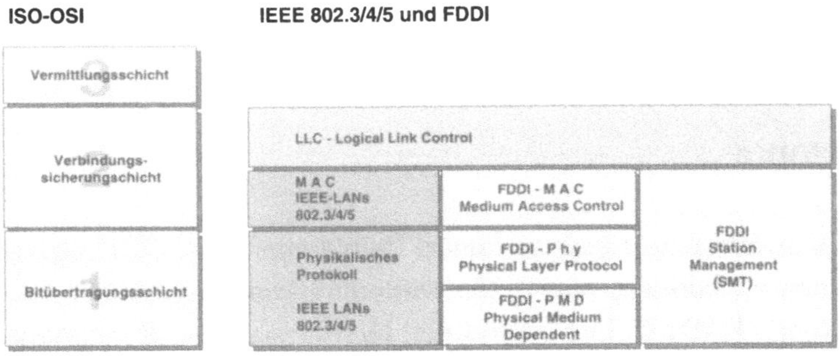

ISO-OSI

IEEE 802.3/4/5 und FDDI

Vermittlungsschicht
Verbindungs-sicherungschicht
Bitübertragungsschicht
LLC - Logical Link Control
MAC IEEE-LANs 802.3/4/5
FDDI - MAC Medium Access Control
Physikalisches Protokoll IEEE LANs 802.3/4/5
FDDI - Phy Physical Layer Protocol
FDDI - PMD Physical Medium Dependent
FDDI Station Management (SMT)

Abbildung 2.17: Das FDDI-Schichtenmodell

Ziele und Probleme

FDDI wurde als Hochgeschwindigkeitsnetz geplant und sollte vor allem im Backbone-Bereich zur Leistungssteigerung beitragen. Die Tabelle in Abbildung 2.18 listet die Kriterien auf, die an ein modernes Hochgeschwindigkeitsnetz gestellt werden. Vielen dieser Kriterien wird FDDI gerecht.

Mittlerweile ist FDDI ein ausgereiftes, in der Praxis erprobtes Produkt. Es hat sich in vielen Bereichen etabliert; z. B. ist es in der Anwendung als Backbone, wo seine guten Eigenschaften zur Kopplung von vorhandenen Netzwerken ausgenutzt werden können, sehr beliebt. Zunehmend wird es aber auch für die direkte Workstation-Anbindung verwendet. Entgegen seines elitären Rufs ist seine Installation und sein Betreiben billiger als allgemein

Kriterien für ein Hochgeschwindigkeits-LAN
Zuverlässige, ausfallsichere Verkabelung
Vorhersagbare hohe Leistung
Möglichkeit der Migration von unten
Skalier- und Erweiterbarkeit nach vorne
Leistung nur dort, wo benötigt
Integriertes, standardisiertes Management
Überschaubare Investitionsfolgekosten

Abbildung 2.18: Kriterien für ein HS-LAN

angenommen. Oftmals braucht es den Kostenvergleich zu Token Ring- oder gar Ethernet-Lösungen nicht zu scheuen.

Es gibt allerdings auch Anwendungsgebiete, in denen FDDI nicht überzeugen kann. Schwierigkeiten ergeben sich beispielsweise, wenn eine konstante Übertragungsverzögerung gefordert wird bzw. reguläre (*synchrone* oder *isochrone*▼) Verkehrsströme übertragen werden sollen. Des weiteren bleibt immer wieder ein Teil der Bandbreite ungenutzt, während ein Frei-Token von einer Station zur anderen wandert. Dies mag auf den ersten Blick unerheblich erscheinen, führt aber bei wachsender Ringlänge und Datenkapazität zu großen Fehlzeiten.

▼ Vgl. Abbildung 2.7 auf Seite 85.

FDDI II

Um den zuvor besprochenen Problemen von *FDDI*▲ begegnen zu können, wurde ein weiterer Industriestandard definiert: **FDDI II**. Die Grundidee hierbei war, das für variable Paketlängen konzipierte Verfahren *FDDI I* um eine getaktete Struktur zu erweitern. Kontinuierlich aufeinanderfolgende Rahmen fester Länge (*Slots*) werden mit Daten bestückt. So können zusätzlich zu normalen Datagramm-Daten auch per Leitungsvermittlung♦ *synchrone* und *isochrone* Daten ausgetauscht werden. Ziel war die Sprachübermittlung in Echtzeit, also beispielsweise eine Übertragung von ISDN-Telefongesprächen.

▲ Seither bezeichnet man das „alte" FDDI auch als FDDI I

♦ Vergleiche *verbindungslose- und verbindungsorientierte Dienste* auf Seite 86.

Die alte, variable Struktur blieb zusätzlich erhalten, so daß sich bei FDDI II getaktete und nicht getaktete Slots abwechseln. Man nennt das Verfahren *Hybrid Ring Control*. In diesem Zusammenhang wurden ebenfalls Mechanismen für die eindeutige Zuteilung von Bandbreite an synchron sendende Stationen integriert. Auch dies ist – wie wir bereits in Kapitel 2.1.3. beschrieben haben – eine wichtige Voraussetzung für die Integration der gleichzeitigen Sprach-, Daten- und Bildübertragung.

In FDDI II realisiert man den synchronen Zugang zum Medium über das *Timed Token Rotation Protocol*: Zeitgeber (Timer) auf jeder Netzwerkkarte synchronisieren mit Hilfe der Token-Rotationsdauer▼, die zuvor vom Netzwerkverwalter eingestellt wird, den Zugriff auf den Ring. Jede einzelne Zugriffszeit muß hierzu mit einem zentralen, dedizierten Rechner, dem *Cycle Master*, der mit einer entsprechenden Software ausgestattet ist, ausgehandelt werden. Dieses Verfahren stellt an die Netzwerkkarten die Forderung nach einem ausreichenden Hauptspeicher, um sowohl eine Warteschlange für den *synchronen* wie auch für den *asynchronen* Datenverkehr zu verwalten.

▼ Die Zeitdauer, die ein Token zu einem Ringumlauf benötigt.

Mit diesen neuen Möglichkeiten wäre FDDI II eigentlich in der Lage, in Bereiche wie z. B. den Weitverkehr einzudringen, die bislang anderen Technologien vorbehalten waren. Ein *Effizienz-Vergleich* mit ATM▲ bekräftigt diese Vermutung: Die ATM-Technik benötigt für die Übertragung von 48 Byte Nutzdaten einen Overhead von 5 Byte, also 9,4 %. Bei FDDI II werden durch eine Kontrollinformation von 28 Byte insgesamt 4.500 Byte Nutzdaten verwaltet, was einem Overhead von nur 0,62 % entspricht.

▲ Zur ATM-Technik siehe Kapitel 2.1.10.

FDDI II-Probleme

Der neue Standard hat jedoch seit seiner Veröffentlichung mit einigen Schwierigkeiten zu kämpfen, die wir im folgenden näher betrachten wollen.

- FDDI II ist inkompatibel zu FDDI I; eine schrittweise Umrüstung ist daher nicht möglich.
- Es berücksichtigt nicht ausreichend die Charakteristika und Bandbreite von ISDN-Nebenstellenanlagen. Verbindungen zum digitalen Telefonnetz sind nur über bis heute noch nicht standardisierte Gateways möglich.
- Bei Video-Konferenzen stößt FDDI II sehr schnell an seine Grenzen. Nicht nur eine ausreichende Bandbreite, sondern auch garantierte Antwortzeiten sind notwendig, um bewegte Bilder verzögerungsfrei aufbauen und Konferenzen ohne Rauschen übertragen zu können.
- Die Technik ist noch relativ teuer und hat Schwierigkeiten, den zeitlichen Vorsprung anderer Technologien aufzuholen.

Diese Nachteile haben bislang zu einer geringen Akzeptanz von FDDI II geführt, zumal seine potentiellen Einsatzgebiete weitgehend von DQDB und ATM abgedeckt werden. Wir werden beide Technologien in späteren Kapiteln kennenlernen▼.

▼ Ein aktuelles weiterführendes Buch ist [Bada94a].

2.1.8 X.25

In den vorhergehenden Kapiteln haben wir uns ausschließlich mit Technologien beschäftigt, die für den lokalen Netzwerk-Bereich vorgesehen sind, deren Ausdehnung sich also meist auf ein oder mehrere Gebäude oder einen Ort beschränkt.

Beginnend mit diesem Abschnitt soll zu **Wide Area Networks** (WAN) übergegangen werden. Sie verbinden mehrere Standorte über mehrere hundert oder sogar mehrere tausend Kilometer.

Die X.25-Architektur gehört hierbei zu den älteren und eher langsamen Technologien. Trotzdem hat sie weltweite Verbreitung gefunden und prägt bis heute den internationalen Datenverkehr.

Mit der **X.25**-Empfehlung beschreibt die CCITT▼ eine Schnittstelle zu *paketvermittelten* Netzen. In diesen werden – im Unterschied zu *leitungsvermittelten* Netzen – zur Datenübertragung keine Ende-zu-Ende-Verbindungen von Teilnehmer zu Teilnehmer geschaltet, sondern die Daten in Pakete unterteilt, die dann jeweils einzeln übertragen werden. X.25 ist also ein **verbindungsloser Dienst**.

▼ *Comité Consultatif International Télégraphique et Téléphonique*: Gremium, das verschiedene Empfehlungen für öffentliche Netze vergeben hat.

Jedes der genormten Datenpakete hat eine eigene Adresse und wird auf dem zum Übertragungszeitpunkt optimalen Weg durch das Netz transportiert. Hierbei kann es vorkommen, daß Pakete der gleichen Sendung auf verschiedenen Wegen ihr Ziel erreichen.

Innerhalb des Netzes führen Vermittlungsrechner (Knoten) des Netzbetreibers (in Deutschland die DBP Telekom) den eigentlichen Transport durch (vergleiche Kapitel 5.2.3. *Datex-P*).

Die Einordnung in das OSI-Modell

Wie Abbildung 2.19 zeigt, deckt das X.25-Protokoll die unteren drei Schichten des OSI-Modells ab. Das Protokoll stellt der Schicht 4 eine *virtuelle Verbindung* zur Verfügung. Virtuelle Verbindungen bestehen nicht wirklich, sondern erscheinen übergeordneten Schichten nur als solche. In Wirklichkeit wird der Datenstrom von den X.25-Schichten in Pakete zerlegt und innerhalb des Netzes von Knoten zu Knoten übertragen. Die eigentliche Ende-zu-Ende-Verbindung muß durch eine höhere Protokollebene gewährleistet werden.

Virtuelle Verbindung

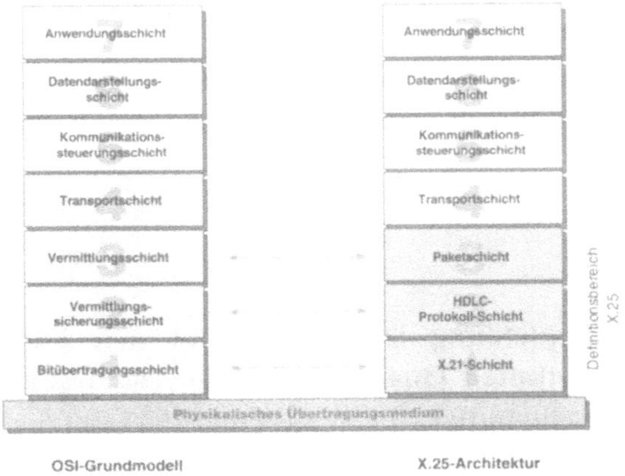

Abbildung 2.19: Die X.25-Architektur im OSI-Modell

Der physikalische Netzzugang wird durch die digitale Schnittstelle **X.21**- (oder übergangsweise X.21bis[18]-) Schnittstelle realisiert (siehe auch Kapitel 5.2.3.). In Ebene 2 wird die bitorientierte Übertragungsprozedur **HDLC** (*High-Level Data Link Control*) eingesetzt. Sie beschreibt einen Übertragungsmechanismus, der für die Sicherheit der Daten, die Synchronisation der beteiligten Übertragungsgeräte und den Verbindungsauf- und -abbau zuständig ist.

HDLC ist ein synchrones, bitorientiertes Protokoll, das den Datenverkehr zwischen der Datenendeinrichtung und der Datenübertragungseinrichtung regelt. Das Verpacken des Datenstroms in Pakete bzw. das Entpaketieren auf der Empfängerseite übernimmt die *Paketschicht*.

[18] bis: franz. nocheinmal, Wiederholung

Das X.25-Paketnetz ist das einzige Netz, das eine Geschwindigkeitsanpassung vornimmt. Diese ist notwendig, weil die Übertragungsgeschwindigkeiten der einzelnen Leitungsabschnitte, über die die Pakete der gleichen Sendung übertragen werden, unterschiedlich sein können. Am letzten Netzknoten vor der Zieladresse werden alle Pakete gesammelt und in der richtigen Reihenfolge an den Empfänger weitergegeben.

Obwohl diese Anpassung also im Grunde ihre Ursachen auf der Betreiberseite hat, bringt sie für den Anwender eine sinnvolle Ergänzung des Netzwerkdienstes, da es nun möglich ist, bei der Kommunikation unterschiedlich schnelle Endgeräte einzusetzen.

Das X.25-Protokoll wird in der Bundesrepublik im Telekom-Dienst *Datex-P* (siehe Kapitel 5.2.3.) eingesetzt.

2.1.9 DQDB

Die IEEE-Empfehlung 802.6 beschreibt den Doppelbus **DQDB (Distributed Queue Dual Bus)**. Die Topologie ist mit ihrer Geschwindigkeit von zwei mal 155 Mbit/s eindeutig dem Hochgeschwindigkeitsbereich zuzurechnen. Die lineare Struktur der beiden gegenläufigen Busse ist in der Regel als offener Ring ausgelegt (siehe Abbildung 2.21 auf Seite 117), um den Takt beider Ringe durch einen einzigen zentralen Controller leichter synchronisieren zu können.

Der Doppelbus (**Dual Bus**) erlaubt eine zellbasierte Datenübertragung mit LAN-Eigenschaften. Im Gegensatz zum Ethernet-Zugriffsverfahren *CSMA/CD* (siehe Kapitel 2.1.4.) arbeitet DQDB kollisionsfrei mit Voranmeldung. Jede angeschlossene Station hat über jeweils eine Sende- und eine Empfangsleitung Zugriff auf zwei Busse. Über beide wird die Kommunikation abgewickelt, wobei immer derjenige gewählt wird, der zur geplanten Empfangsstation führt (siehe Abbildung 2.21).

Diese technologische Besonderheit des *gerichteten* Datenverkehrs über *zwei verschiedene* Medien hebt DQDB eindeutig von allen anderen Technologien ab: Während eine

Station eine Nachricht zu einer anderen absetzt, kann die andere bereits zeitgleich antworten. Der Doppelbus ermöglicht also den **Voll-Duplex-Betrieb** (siehe Abbildung 2.20) auf der *untersten* Ebene – also direkt und einfach durch die Hardware. Gesendete Nachrichten werden außerdem nur von der Zielstation, für die die Daten bestimmt sind, gelesen und müssen nicht alle Stationen durchlaufen. Beide Eigenschaften führen zu Geschwindigkeits- und Sicherheitsvorteilen gegenüber anderen Verfahren.

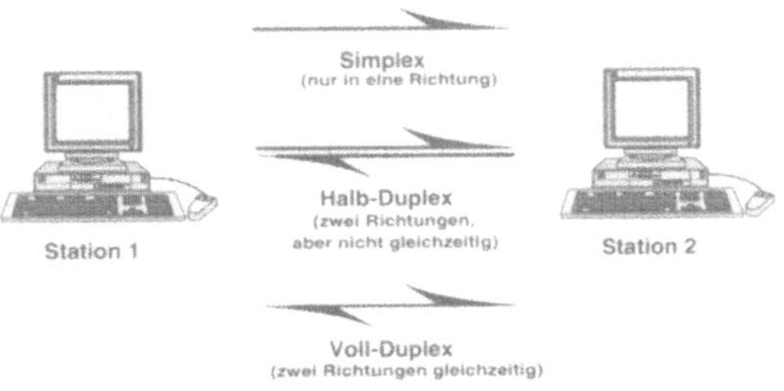

Abbildung 2.20: Simplex-, Halb-Duplex- und Voll-Duplex-Betrieb

DQDB bietet einen *verbindungslosen Paketdienst*, bei dem Datenströme in Pakete unterteilt und dann separat gesendet werden (vergleiche X.25 im vorherigen Kapitel). Vom Netzcontroller wird hierzu ein fester, synchroner▼ Takt erzeugt. Als Modell kann man sich vorstellen, daß der Controller kleine, leere „Container" produziert und diese in festen Zeitabständen auf den Bus gibt. Die Stationen können diese Container mit Daten füllen bzw. Daten aus den für sie gefüllten Containern lesen.

Man bezeichnet die Container als *Slots* (Zeitschlitze). Bei DQDB handelt es sich um Zellen mit einer festen Länge von 53 Byte[19], die zu Rahmen zusammengefaßt in einem Zeittakt von 125 Mikrosekunden auf den Bus gegeben werden. Die Anzahl der Zellen pro Rahmen ist unterschiedlich und hängt von der Bitrate des Busses ab. Auf diese Weise lassen sich – je nach Anforderung – Übertragungsraten von 34, 45 und 140 Mbit/s erreichen.

Das DQDB-MAC-Protokoll

Das MAC-Protokoll▼ beruht auf dem Aufbau einer *verteilten Warteschlange* (**Distributed Queue**) nach dem *FIFO*[20]-Prinzip, das heißt, daß Anforderungen in der Reihenfolge ihres Eintreffens bearbeitet werden (siehe Abbildung 2.21).

▼ *Medium Access Control*, die Subebene für den Medien-Zugriff. Vergleiche Kapitel 1.4.

19 Dies ist auch die Länge einer *ATM-Zelle* (vgl. Kapitel 2.1.10.).
20 FIFO steht für *First In First Out* („Wer zuerst kommt, mahlt zuerst")

Nachdem eine sendewillige Station (in Abbildung 2.21 wäre dies die Station 2) festgestellt hat, in welcher Richtung die Empfangsstation (Station 1) liegt, muß sie ihren Sendewunsch über den zu dieser Richtung gegenläufigen Bus den vor ihr liegenden Stationen anzeigen (Station 3).

Hierzu setzt sie in einem (auf Bus 2) vorbeikommenden Container das *Request-Bit*. Jede vor ihr liegende Station, die jeweils einen eigenen Wartezähler führt, muß diesen Sendewunsch registrieren und bei den eigenen Sendewünschen berücksichtigen. Die Zähler aller Stationen zusammengenommen bilden die *verteilte Warteschlange*.

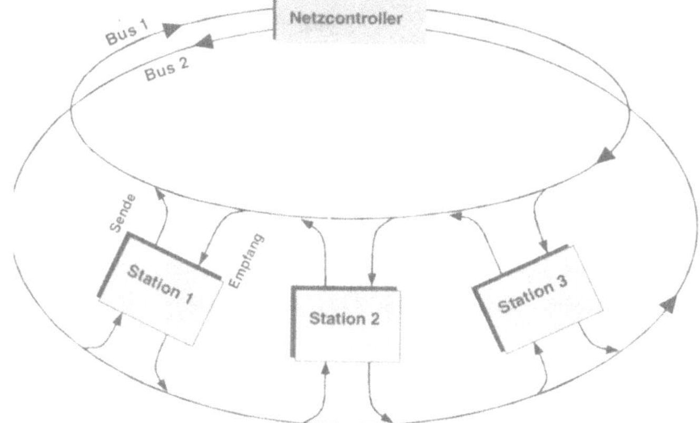

Abbildung 2.21: DQDB-Doppelbus Struktur mit sendewilliger Station 2

Wenn beispielsweise bei Station 3 der aktuelle Reservierungsstand von Bus 1 auf M=2 steht, liegen bereits zwei Übertragungswünsche von Stationen vor, die an Bus 1 nach ihr liegen. (d. h. die Stationen 1 und/ oder 2 wollen ebenfalls über Bus 1 senden). Daher muß sie zunächst zwei leere Container passieren lassen, bevor sie mit ihrer eigenen Sendung beginnen kann.

Dieses Verfahren zur Zuteilung von Senderechten führt vor allem bei sehr langen Bussen zu Unfairneß und schlechter Ausnutzung des Netzes. Daher sind weitere Mechanismen im Einsatz, um beispielsweise den Vorteil von Stationen auszugleichen, die am Busanfang liegen.

Das Zugriffsverfahren läßt sich auf verblüffend einfache Weise durch lediglich 2 Bits *Kontroll-Overhead* realisieren. Weil die eigentliche Koordination von jeder Station selbständig über die verteilte Warteschlange organisiert wird, muß jeder Slot nur ein Belegt- (*Busy*) und ein Sendeanforderungsbit (*Request*) enthalten.

Das DQDB-Schichtenmodell

Die DQDB-Technologie fügt sich in die unteren beiden Schichten des OSI-Modells▼ ein. Abbildung 2.22 zeigt das Modell, die DQDB-Schichten und ihren Bezug zu anderen LAN-Produkten. Die *DQDB-Bitübertragungsschicht* umfaßt Festlegungen bezüglich des physikalischen Medienzugriffs; die *DQDB-Anpassungsschicht* bildet eine einheitliche Schnittstelle für die darüber aufsetzenden Übertragungsdienste.

▼ Vgl. Kapitel 1.4.

Abbildung 2.22: Das DQDB-Schichtenmodell im Vergleich zu anderen 802-LANs

ISO-OSI

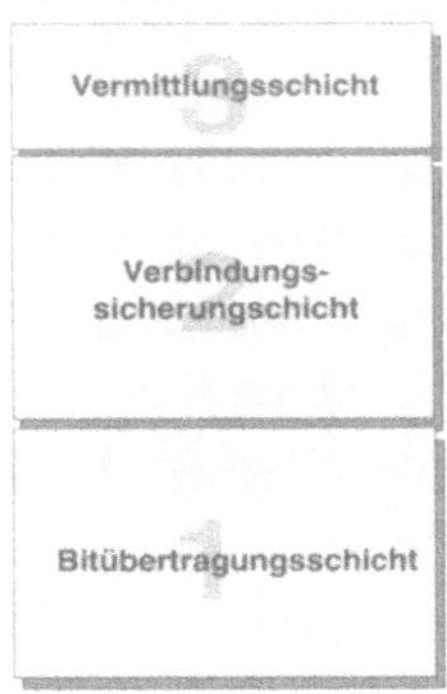

IEEE 802.3/4/5 und DQDB

LLC - Logical Link Control
verbindungs-
orientierte
Dienste
Isochrone
Dienste
MAC
IEEE-LANs
802.3/4/5
DQDB-MAC-Schicht
Allgemeine Funktionen
Physikalisches
Protokoll
IEEE LANs
802.3/4/5
DQDB
Anpassungsschicht
DQDB
Bitübertragungsschicht
Management
System

Die eigentlichen Hauptaufgaben aber fallen der *MAC-Schicht* zu: Hier werden die Warteschlangen verwaltet und Funktionen für die drei Betriebsarten

- *asynchrone*▲ (verbindungslose) LAN-Dienste,
- *asynchrone verbindungsorientierte* Dienste und
- *isochrone* Dienste (z. B. Sprache und Video)

bereitgestellt.

▲ Zu den Begriffen siehe Abbildung 2.7 auf Seite 85.

Das *Managementsystem*, das zum Beispiel für die Schleifenbildung bei einem Ringbruch verantwortlich ist, ist direkt in das DQDB-Protokoll integriert und über beide OSI-Schichten verteilt.

Den Abschluß nach oben bildet bei DQDB die OSI-Teilschicht *MAC*. Hierauf können sowohl herkömmliche LAN-Protokolle mit ihrer jeweiligen *LLC*◆ als auch die beiden anderen bereits erwähnten Dienste aufsetzen (siehe Abbildung 2.22).

◆ *Logical Link Control*, die OSI-Schicht 2b, vgl. Kapitel 2.1.2.

DQDB als Hochgeschwindigkeits-Technologie

Seinen Performance-Vorsprung erhält *DQDB* gegenüber dem CSMA/CD-Verfahren des *Ethernet* (siehe Kapitel 2.1.4.) durch die Kollisionsfreiheit; gegenüber dem Token-Zugriffsverfahren des *Token Ring* (siehe Kapitel 2.1.5.) verringert sich die Wartezeit für den Zugriff auf den Bus, da bei DQDB nicht nur mit *einem* umlaufenden Token sondern mit *vielen* Containern gearbeitet wird. Natürlich spielt seine weitaus höhere Übertragungsrate die entscheidende Rolle.

Sein relativ geringer Kontroll-Overhead von etwa 7% und die Möglichkeit der großen räumlichen Ausdehnung heben ihn weiter von den LAN-Technologien ab. Der flexible und schnelle DQDB-Standard wird vor allem im Weitverkehrsbereich in **MAN**-Strukturen (*Metropolitan Area Networks*) eingesetzt. Seine universelle Adaptionsfähigkeit machen ihn für diesen Anwendungsbereich sehr attraktiv. Dies wird in Kapitel 5.2.5. ausführlich diskutiert.▼

▼ Ein aktuelles weiterführendes Buch ist [Bada94a].

2.1.10 ATM

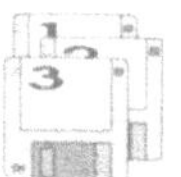

Sämtlichen heute verfügbaren LAN-Technologien ist eines gemeinsam: Alle angeschlossenen Stationen kommunizieren über das gleiche Medium (*Shared Medium*) und teilen sich die Gesamtbandbreite des LAN (*Shared Bandwidth*), so daß eine einzelne Station niemals in den Genuß der maximalen Netzwerkleistung kommt. Dies führt zu erheblichen Performance-Einschränkungen.

Während im Bereich der LAN die *Installation* und *Konfiguration* des Netzwerkes die meisten Kosten verursachen, ist im Weitverkehrsbereich, in dem öffentliche Anbieter das Netz bereitstellen, das eigentliche *Nutzen der Verbindung* der höchste Kostenfaktor. Aus diesen Gründen war man bemüht, ein Verfahren zu finden, das ein flexibles, effizientes und umfassendes Ausnutzen von Weitverkehrsverbindungen ermöglicht. Abbildung 2.23 auf der nächsten Seite veranschaulicht diese Beweggründe.

Es ist jedoch – wie bereits beschrieben – nicht nur die wachsende Menge an zu übertragenden Daten, die leistungsfähigere Technologien erfordert. Auch die Verschiedenartigkeit der Datenströme, die sich hinsichtlich ihrer Übertragungsraten wie auch ihrer Anforderungen an die Übertragungsqualität (*Qualities of Service*) unterscheiden, macht eine Veränderung unumgänglich, wenn man alle Signale mit der gleichen Technologie transportieren will.

1 Gigabyte von Hamburg nach München (ca. 800 km)			
	Übertragungsgeschwindigkeit	Kosten ca.	Zeit ca.
BTX	< 2,4 Kbit/s	190.000 DM	38,6 Tage
Datex-L	< 9,6 Kbit/s	33.000 DM	9,6 Tage
Datex-P	< 48,0 Kbit/s	15.000 DM	46,0 Stunden
Telefon (S-ISDN)	64,0 Kbit/s	2.400 DM	35,0 Stunden
B-ISDN	140,0 Mbit/s	230 DM	57,0 Sekunden

Abbildung 2.23: Vergleich verschiedener Übertragungsmöglichkeiten

Aus diesen Überlegungen ist der **Asynchronous Transfer Mode** (**ATM**) entstanden, der mittlerweile im Rahmen von *CCITT* und *ANSI* als Transportprotokoll für das zukünftige Breitband-ISDN vorgesehen ist (vergleiche Kapitel 5.2.7.). Im Jahre 1991 wurde ein Forum mit mehr als 100 Mitgliedern gegründet, das seither Definitionen und Spezifikationen erarbeitet, um die Verträglichkeit der Produkte verschiedener Hersteller zu fördern. Eine endgültige Standardisierung bis auf LAN-Ebene liegt augenblicklich (April '94) noch nicht vor.

ATM setzt ein eng vermaschtes Netzwerk voraus, dessen einzelne Verbindungen über Netzknoten (*Switches*) miteinander gekoppelt sind. Über die Netzknoten ermöglicht es allen angeschlossenen Teilnehmern, virtuelle Verbindungen aufzubauen, die auf Wunsch die gesamte Netzbandbreite zur Verfügung stellen können (*Dedicated Bandwidth*). Ähnlich dem X.25-Protokoll (siehe Kapitel 2.1.8.) arbeitet ATM mit einer verbindungslosen Paketvermittlung. Das Verfahren wird **Cell Relay** oder *Cell Switching* genannt, da nicht mehr verschiedenartige Pakete, sondern identische Zellen übermittelt werden. Insgesamt gesehen ist ATM tat-

Cell Relay
Cell Switching

sächlich eine Vereinfachung und Erweiterung des X.25-Konzepts.

Bandwidth on demand

Das grundlegend Neue der ATM-Technik ist die Möglichkeit, *Bandbreite nach Bedarf* zur Verfügung stellen zu können. Eine Verbindung belegt keine feste Bandbreite mehr, sondern nur soviel, wie es ihrem aktuellen Bedarf entspricht. Genau soviel wird natürlich auch nur vom Netzbetreiber in Rechnung gestellt.

Die ATM-Zellstruktur

▼ Vergleiche die DQDB-Zellen auf Seite 115.

ATM arbeitet mit einheitlichen Zellen, die alle eine feste Länge von 53 Byte haben; jeweils 48 Datenbytes werden mit 5 Steuerbytes versehen. Damit besteht jede Zelle aus **Nutzdaten**, der sogenannten *Payload*, und dem **Zellkopf** (*Header*) (siehe Abbildung 2.24). Die Zellstruktur wurde von der IEEE in der Empfehlung *802.6* standardisiert▼.

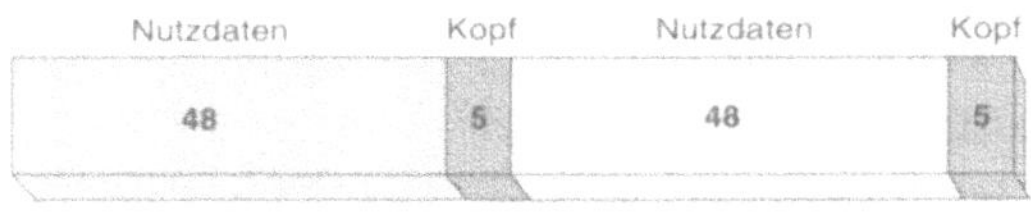

Abbildung 2.24: Die ATM-Zellstruktur

Jeder Kopf einer Zelle enthält die eindeutige Adresse des Zielgerätes oder eine Kanalnummer, die den Übertragungsweg über verschiedene Netzknoten festlegt. Außerdem werden Informationen zur Fehlererkennung und -korrektur sowie Prioritätenkennungen gespeichert. Der Nutzdatenteil kann neben den für Endgeräte bestimmten Signalisierungsinformationen die verschiedensten Daten enthalten: codierte Fernseh-, Video-, Audio- oder Datensignale.

Die asynchrone Technik mit ihren kleinen Zellen bringt mehrere Vorteile mit sich: Alle Datenströme, egal ob es nun normale LAN-Daten, Nachrichten aus einem Hochgeschwindigkeitsnetz oder gar Video-Sequenzen sind, werden im ATM-Netz zu einem gemeinsamen Zellstrom verbunden. Die Zellen werden hierbei mit dem Zeitmultiplexverfahren▲ hintereinander gesetzt. Die Technik erlaubt insbesondere das unregelmäßige Aufkommen von Daten, was der Natur der meisten Anwendungen entspricht: In der Regel arbeiten diese *asynchron*.

▲ Vergleiche die Multiplexverfahren auf Seite 83.

Switching

Die Zellen sind vor allem wegen des *Cell-Switching* (das Durchschalten in den Netzknoten) nur 53 Byte lang. Kleine Zellen bringen Vorteile hinsichtlich der Antwortzeiten und Übertragungskapazitäten bei ihrer Codierung, der Segmentierung und beim Switching. Man hat hier zugunsten der Performance den bereits zuvor erwähnten großen *Overhead* von rund 10 % in Kauf genommen.

Das ATM-Schichtenmodell

Das ATM-Übertragungsverfahren läßt sich in insgesamt drei Schichten einteilen (siehe Abbildung 2.25). Die **Physikalische Schicht** ist für die übertragungstechnischen Informationen zum Zelltransport, zu den Digitalsignalen und zum verwendeten Medium verantwortlich. Sie entspricht der *Bitübertragungsschicht* im OSI-Modell.

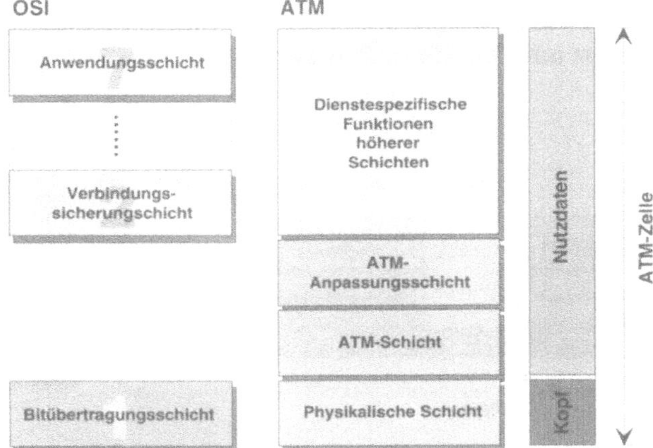

Abbildung 2.25: Die ATM-Schichten im OSI-Modell

Auf der zweiten Ebene befindet sich die **ATM-Schicht**, die die Hauptfunktionen der asynchronen Übertragung bereitstellt: Sie koordiniert den Zelltransport. Hierzu gehören die Verarbeitung von Adressen und Kanalnummern, also das *Routing*. Außerdem wird auf dieser Ebene der Zellkopf erzeugt (Sendeweg) und wieder entfernt (Empfangsweg). Schließlich koordiniert die ATM-Schicht das Multiplexen der verschiedenen virtuellen Verbindungen. Die *Physikali-*

sche und die *ATM-Schicht* zusammengenommen bilden die diensteunabhängigen Funktionen der Zellübermittlung, d. h. alle von höheren Schichten an sie übergebenen Datenbestände werden identisch behandelt – egal, ob es sich um 2 Mbit/s-Datenübertragungen oder um Videosignale mit hoher Übertragungsrate handelt.

Erst auf Ebene 3, der **ATM-Anpassungsschicht** (*ATM Adaption Layer, AAL*), befinden sich dienstespezifische Funktionen. Ihre Verwendung ist abhängig von den Leistungsmerkmalen der zu übertragenden Daten. Der Sendestrom wird in Datenblöcke zu jeweils 47 Byte (effektiv nutzbarer Teil) unterteilt; auf der Empfangsseite erfolgt die Wiederherstellung des kontinuierlichen Datenstroms. Hierzu sind auch Mechanismen zur Kompensation von Verzögerungen sowie zur Behandlung von verlorengegangenen oder fehlgeleiteten Zellen vorgesehen.

Die ATM-Ebenen 2 und 3 sind zwischen die OSI-Schichten 1 und 2 eingefügt. Die Übertragung mit einem ATM-Netz ist damit protokolltransparent, da Netzwerkprotokolle erst auf OSI-Ebene 3 aufsetzen.

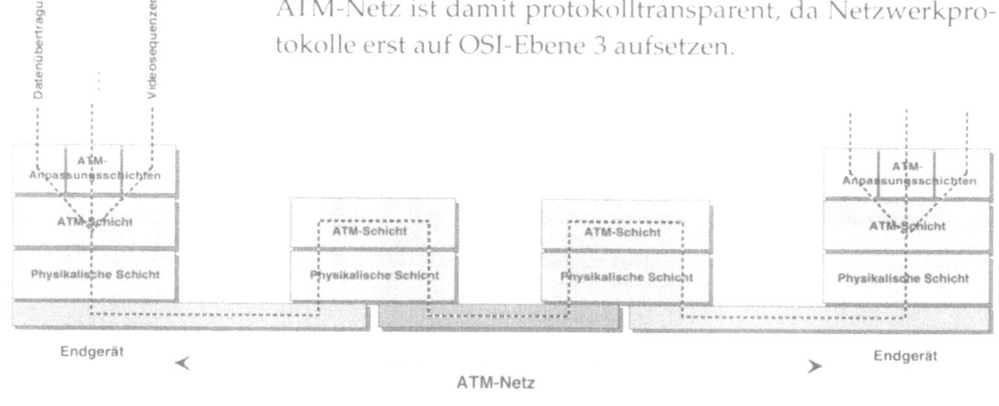

Abbildung 2.26: Funktionsschichten eines ATM-Netzes

Die *ATM-Anpassungsschicht* wird nur beim Netzein- und -ausstieg benötigt. Innerhalb des ATM-Netzes erfolgt die Vermittlung der Zellen entlang ihrer virtuellen Verbindungen auf der ATM-Schicht (siehe Abbildung 2.26). Das eigentliche *Switching* erfolgt nur auf der physikalischen Ebene: Lediglich die zwei logischen Zustände „0" und „1" müssen vermittelt werden, was direkt durch die Hardware erfolgen kann (siehe weiter unten in diesem Kapitel). Die Abbildung zeigt auch, daß zur Übertragung unterschiedlicher Dienste und Verkehrsformen jeweils spezielle Anpassungsschichten verwendet werden.

Qualities of Service

Die Unterstützung unterschiedlicher Anwendungen erfordert jedoch nicht nur mehrere Anpassungseinheiten, sondern auch die Möglichkeit, die der jeweiligen Verkehrsform adäquate Leistungsqualität (**Qualities of Service**) zur Verfügung zu stellen. Mit ATM ist es möglich, bestimmte Verbindungsarten automatisch zu erzeugen und zu überwachen. Kriterien für die Leistungsqualität können hierbei unter anderem sein:

- Fehlerwahrscheinlichkeit
- Verzögerung
- Überlastkontrolle
- Geschwindigkeit

ATM-Basisfunktionen

Man kann die **Basisfunktionen** eines ATM-Netzwerkes folgendermaßen zusammenfassen:

- Verpacken der Nutzdaten in Zellen bzw. Entpacken und Wiederherstellen des Datenstromes. Hierzu gehören auch eine geeignete Datenkompression und die zweckmäßige Nutzung von überschüssiger Bandbreite.
- Multiplexen der einzelnen Verbindungen (nach statistischer Verteilung und eventuellen Prioritäten)
- Überlastkontrolle und Fehlerkorrektur
- Routing und Switching
- Netzwerkmanagement

Es ist zu erwarten, daß ein zukünftiges, asynchrones Hochgeschwindigkeits-Netzwerk eine ATM-Basistechnologie umfassen wird, die mit verschiedenen Erweiterungen ausgebaut werden kann.

Das Switching im ATM-Netz

Switch

An den Knotenpunkten im vermaschten ATM-Netzwerk sind **Switches** eingesetzt. Dies sind leistungsfähige Rechner, die die virtuellen Verbindungen durchschalten. Der Switch führt ein virtuelles Mapping durch, indem er Zellen der

Eingangsseite über seine interne Verknüpfungsschaltung auf den richtigen Ausgangsport leitet.

Wegen des hohen Geschwindigkeitsanspruchs, dem ATM gerecht werden will, muß dieses Zellenrouting mit einer äußerst *geringen Verzögerung* vonstatten gehen. ATM-Switches bewältigen eine Durchschaltung in der Regel mit einer Verzögerung von 100 bis 1.000 Mikrosekunden. Zusätzlich wird wegen der Empfindlichkeit vieler Datenströme nur ein geringfügiger Zellenverlust toleriert.

An dieser Stelle liegt bei ATM ein bislang noch nicht vollständig gelöstes Problem: Was macht ein Switch, wenn er von Zellen überflutet wird und somit überlastet ist? Ansätze – etwa zum Verwerfen von Zellen und Neuanfordern – sind augenblicklich (April '94) in Arbeit. ATM-Switches sollten in der Lage sein, mit einer *Zellen-Verlustwahrscheinlichkeit* von nur 10^{-10} zu arbeiten[21].

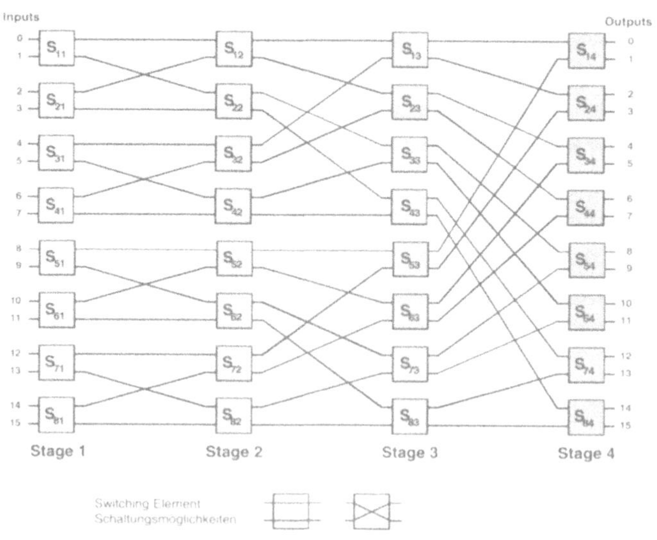

Abbildung 2.27: Das Innere eines ATM-Switch: Die *Banyan Switching Fabric*

Wegen der hohen Datenraten und der ebenso großen Mengen der zu übertragenden Daten müssen Switches schließlich über eine große *Vermittlungsbandbreite* verfügen. Bei den üblichen acht Ein- und Ausgängen ist eine Bandbreite von 8 mal 155 Mbit/s = 1,3 Gbit/s erforderlich.

[21] Durchschnittlich 10 Milliarden Zellen werden ordnungsgemäß geschaltet, ehe ein Fehler auftritt.

Zur internen Verschaltung wird eine mehrfach gestaffelte Matrixschaltung verwendet. Abbildung 2.27 zeigt die **Banyan Switching Fabric**, die eine von mehreren möglichen Matrixschaltungen ist. Die abgebildete Matrix stellt einen guten Kompromiß zwischen Schaltungsaufwand und Geschwindigkeit dar.

VPI

Bandbreite auf Verlangen wird bei ATM auf der Grundlage von virtuellen Verbindungen zur Verfügung gestellt. Je nach Anforderung können einer Verbindung unterschiedlich viele Zellen zuerkannt werden. Diese enthalten im Zellkopf neben der Zieladresse auch die Pfadnummer (**VPI**, **Virtual Path Identifier**) der virtuellen Verbindung, über die sie zum Empfänger gelangen. Anhand dieser Pfadnummer erfolgt in den Switches die Durchschaltung auf den richtigen Ausgang. Abbildung 2.28 zeigt, wie dies in einem einfachen Switch funktioniert[22]. Es wird der Pfad mit der VPI 10 geschaltet.

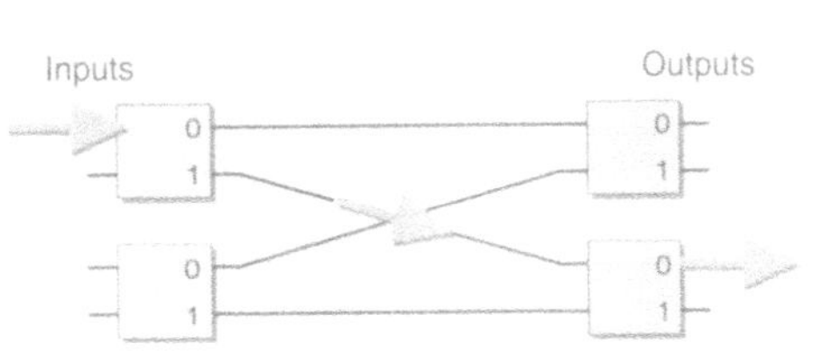

Abbildung 2.28: Beispiel für die ATM-Switching-Funktion

Das Neue, das ATM-Switches zu rasant schnellen Durchschaltern macht, ist die Idee, das Schalten nicht wie bei *Brücken* oder *Routern* von anspruchsvoller Software, sondern von einfacher und schneller Hardware durchführen zu lassen[23]. Das Routing auf *Ebene 3* findet ausschließlich in den Endknoten beim Eingang in das ATM-Netz statt. Innerhalb des Netzes dagegen wird nur auf *Ebene 2* geschaltet, was die Verzögerungszeiten auf ein Minimum reduziert.

Der *Switch* ist nach außen auch die Schnittstelle des ATM-Netzes zum Anwender. Als Bindeglied zwischen dem privaten Unternehmensnetz und dem ATM-Weitverkehrsnetz multiplext er die verschiedenen Teilnehmerdienste in das Netz. Die Zellen werden auf der *ATM-Anpassungsebene* erzeugt. Je nach Anforderung des zu übertragenden Dienstes werden mehr oder weniger viele Zellen in festen oder variablen Abständen belegt und an die ATM-Schicht weitergegeben. Abbildung 2.29 auf der nächsten Seite zeigt das Schema der Übertragung von drei Basisgeschwindigkeiten über einen Breitbandübertragungsweg.

[22] Dies ist eine stark vereinfachte Darstellung. Detaillierteres finden Sie z. B. in [Bada94].

[23] Der Einsatz neuer und schnellerer 8 Mbit-Chips ermöglicht die hohen ATM-Geschwindigkeiten.

Möglichkeiten von ATM

Auf ATM werden große Hoffnungen gesetzt. Es soll in naher Zukunft der führende Standard für die Weitverkehrstechnik werden, was angesichts der Fähigkeiten von ATM durchaus möglich erscheint.

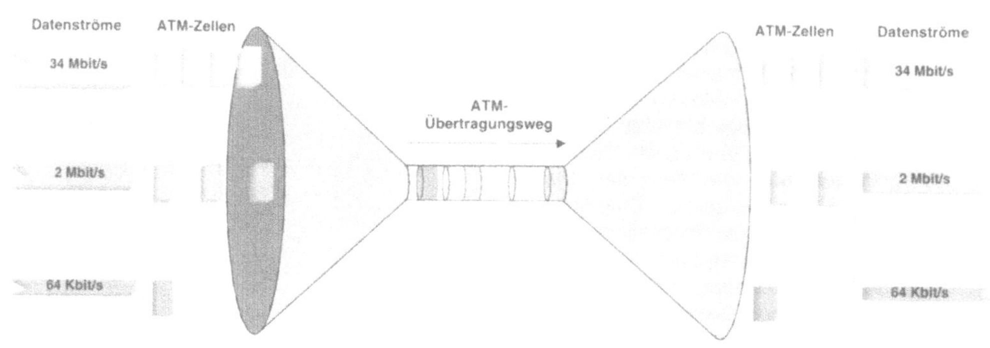

Abbildung 2.29: Asynchrones Zeitmultiplexen im ATM-Netz

ATM ist ein *globaler Ansatz*, der augenblicklich weltweit einheitlich entwickelt wird. Die Technik ist *transparent*, denn es können die verschiedensten Verkehrsströme ohne aufwendige Anpassungen übertragen werden. Zudem ist sie *adaptiv* einsetzbar: ATM kann beispielsweise problemlos mit vorhandenen LAN-Technologien kombiniert werden. Die *ATM-Anpassungsebene* konvertiert die unterschiedlichen Datenströme für die Zellenbildung.

▾ Zum Begriff *isochron* siehe Abbildung 2.7 auf Seite 85.

Eine Besonderheit von ATM ist die Möglichkeit, isochronen Datenverkehr▾ für die Echtzeitverarbeitung abzuwickeln. So lassen sich z. B. Videosequenzen verzögerungsfrei übertragen. Die einzelnen Graphikframes der bewegten Bilder müssen in bestimmten Zeitabständen aufeinander folgen, um ein flimmerfreies Bild zu gewährleisten. Außer ATM ist nur *FDDI II* ebenfalls in der Lage, diesen Verkehrsstrom adäquat zu übertragen.

Zu FDDI siehe Kapitel 2.1.7.

Anders als ATM benutzt *FDDI II* durch seine Technik bedingt dazu jedoch nur einen Unterkanal, der über eine eingeschränkte Bandbreite verfügt. ATM dagegen stellt jeder Anwendung mit seinem Zellenmechanismus auf Wunsch die volle Übertragungsbandbreite zur Verfügung. Die Übertragung in einzelnen Zellen ist sehr *flexibel*. Die

Zellstruktur paßt sich gut allen Datenströmen an und bietet daher ideale Integrationsmöglichkeiten.

Vorteile von ATM

Die **Vorteile** von ATM lassen sich wie folgt zusammenfassen:

- Nahtlose *Integration* verschiedenster Anwendungen wie Sprache, Daten, Bilder, Video und Audio
- *Interoperabilität* mit existierenden Netzwerktechnologien: Multiplex-Verfahren, Router und andere Weitverkehrsdienste wie z. B. X.25
- Voraussichtlich zukünftiger, *weltweiter* Standard für eine globale Netzwerkunterstützung
- Geringe Verzögerung und hohe *Performance*
- Eine Technologie, die nicht nur für den Weitverkehr, sondern zunehmend auch für lokale Bereiche interessant wird. Beide lassen sich damit unter derselben Technik integrieren.

Probleme von ATM

Diesen Vorteilen stehen bislang jedoch auch noch zwei gravierende **Probleme** gegenüber:

- Relativ geringe Ausfallsicherheit. Ein *Switch* ist ein *Single Point of Failure.*
- Es existiert noch kein Standard für ATM.
  Mit einem kompletten *herstellerübergreifenden* Produktspektrum wird nicht vor 1995/96 gerechnet. Alle bis dorthin erworbenen ATM-Geräte sind proprietäre▾ Lösungen, die im Nachhinein eventuell nicht dem Standard entsprechen und nur zu sich selbst kompatibel sind!

▾ Siehe auch Seite 81

Für die Zukunft jedenfalls scheint die Technologie gewappnet. Wird heute noch über eine Übertragungsrate von *155 Mbit/s* gesprochen, so werden es morgen *622 Mbit/s* sein. Auch an ein Übermorgen denkt man bereits: Geschwindigkeiten von *2,4 Gbit/s* sind in Planung. Mit ersten Preisdurchbrüchen wird bei ATM aber nicht vor 1996 gerechnet.

Die DBP-Telekom wird, wie viele andere Weitverkehrsanbieter auch, ein Breitbandnetz unter ATM betreiben. Der Dienst wird unter der Bezeichnung *B-ISDN* angeboten werden und in Kapitel 5.2.7. erläutert.

2.2. Standards und Empfehlungen

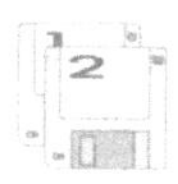

Bis in die 80er Jahre hinein versuchten die führenden Netzwerkhersteller, sich gegenseitig voneinander abzuschotten. Um den Kunden an die eigenen Produkte zu binden und diese Produkte untereinander kommunikationsfähig zu machen, wurden unterschiedliche Firmenstandards entwikkelt. Dies hatte zur Folge, daß die Rechner verschiedener Hersteller nicht in einem gemeinsamen Netzwerk verbunden werden konnten.

Proprietäre Strategien

Mächtige Hersteller wie *IBM* und *DEC* waren in der Lage, ihre Standards bis heute zu behaupten – wenn auch viele Firmen, wie wir im nun folgenden Kapitel sehen werden, Zugeständnisse machen mußten. Den proprietären (hersteller-internen) Standards stehen weitere gegenüber, die für offene Systeme konzipiert wurden und herstellerübergreifend Rechnersysteme verbinden können. Die Kapitel 2.2.1. und 2.2.2. beschreiben die beiden Ansätze für offene Systeme. Die darauf folgenden Kapitel sind dann den firmengebundenen Standards gewidmet.

De-facto- und De-jure-Standards

In Diskussionen um Standards taucht immer wieder der Begriff „**De-facto-Standard**" auf. De-facto (lat. *aufgrund der Tatsache*) bezeichnet den Umstand, daß ein Standard entstanden ist, ohne daß die Absicht zu einer expliziten Schaffung bestanden hätte. Allein eine breite Akzeptanz und weite Verbreitung des Produktes ließen es nachträglich zum Standard werden. TCP/IP ist hierfür ein typisches Beispiel. „Echte" Standards (**De-jure**, lat. *von Gesetzes wegen*) sind dagegen formale Normen, die von vornherein von eigens mit diesen Aufgaben betrauten Gremien (z. B. der ISO) entwickelt wurden.

2.2.1 TCP/IP

Die Abkürzung **TCP/IP** steht für die beiden ältesten und am weitesten verbreiteten Peer-to-Peer-Protokolle[24]. Sie sind der

[24] „Peer-to-Peer" bedeutet „zwischen gleichgestellten Partnern". Vergleiche Seite 37

grundlegende Bestandteil der DoD-Protokollfamilie, die vom amerikanischen Verteidigungsministerium (*Department of Defense, DoD*) zur Vereinheitlichung der Rechnerkommunikation entwickelt wurde. Das Ministerium machte eine Implementierung des Protokoll-Stapels zur Bedingung für alle unter seiner Obhut stehenden Software-Aufträge. Heute steht der Begriff TCP/IP nicht mehr nur für die beiden Protokolle TCP und IP, sondern für eine ganze Protokollfamilie.

Das **Transmission Control Protocol** (**TCP**) und das **Internet Protocol** (**IP**) haben sich bis heute zum führenden De-facto-Standard zur Kopplung heterogener Netze entwickelt. Nachdem sie zunächst auf dem *ARPAnet*▾, dem Vorläufer des *Internet*, eingesetzt wurden, haben sie in den letzten zehn Jahren Maßstäbe für die offenen Kommunikation gesetzt.

▾ Zu *ARPAnet* und *Internet* siehe Kapitel 5.3.2.

Der Protokollstapel ist für die Datenübertragung über die verschiedensten Übertragungsmedien, -netze und -systeme geeignet. Vor allem in heterogenen Internet-Umgebungen, in denen unterschiedliche Rechner und Netzwerke verschiedener Hersteller verbunden werden sollen, hat sich TCP/IP etabliert.

BSD Unix 4

TCP/IP ist integrativer Bestandteil des *BSD Unix* der *University of California, Berkeley* (seit Version 4), was enorm zu seiner weiteren Verbreitung beitrug. Netzwerke, die unter dem Betriebssystem Unix implementiert sind, bestehen meist aus dem Zusammenschluß vieler verschiedener Subnetze (LAN), die zu einem gemeinsamen Weitverkehrsnetz verbunden werden. Diese Art des Zusammenschlusses wird **Internetwork** genannt. Sie zeichnet sich durch ihre Vielschichtigkeit und Heterogenität aus und ist damit prädestiniert für den Einsatz von TCP/IP.

Internetwork

Die Protokolle der TCP/IP-Familie sind netzunabhängig, das heißt, sie können auf allen Netzwerk-Technologien aufsetzen. Heute gibt es Implementierungen für alle gängigen Typen. Selbst führende Hersteller wie IBM oder DEC mußten in ihrer rein proprietären Ausrichtung umdenken und sich dem Druck der Anwender beugen. Beide bieten mittlerweile verschiedene TCP/IP-konforme Produkte an.

Der untere Protokollstapel

TCP/IP bietet einen sicheren Prozeß-zu-Prozeß-Kommunikationsdienst für *Internetwork-Umgebungen*. Bei seiner Entwicklung hat man von vornherein an große Netzwerke gedacht und TCP/IP als Host-to-Host-Transportprotokoll ausgerichtet, das Verbindungen über mehrere Netzwerke zwischen zentralen Knotenpunkten realisiert. Aufwendige Sicherungs- und Routing-Mechanismen machen es eindeutig zu einem Protokoll, das mehrere Netzwerke miteinander verbindet. Für den Einsatz im lokalen Netzwerk ist es wegen seines geringeren Datendurchsatzes eher weniger geeignet.

▾ Siehe Kapitel 1.4.

Das DoD-Modell wurde vor dem OSI-Referenzmodell▾ entwickelt. Es ist viel einfacher gestaltet und kommt insgesamt mit weniger Schichten aus. Rund 250 verschiedene Protokolle und Dienste werden für die OSI-Ebenen 3 bis 7 definiert, von denen wir hier nur die wichtigsten behandeln wollen. Eine detailliertere Beschreibung finden Sie z. B. in [Come88].

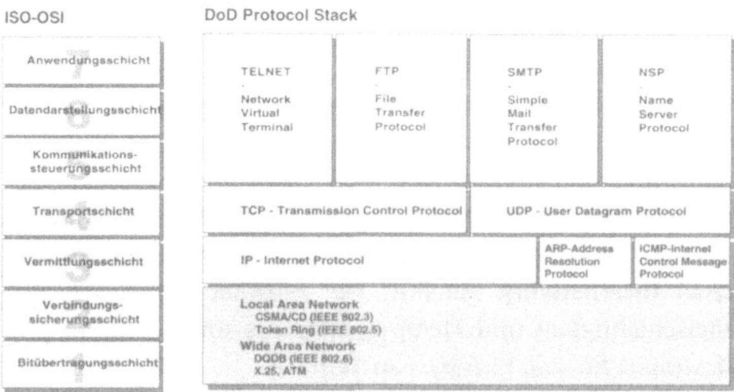

Abbildung 2.30: Die wichtigsten Protokolle des TCP/IP-Protokollstapels

Der TCP/IP-Stapel läßt sich weitgehend auf das OSI-Modell abbilden (siehe Abbildung 2.30), wenn auch die Funktionen der einzelnen Schichten etwas anders verteilt sind. Während die unteren Schichten der beiden Stapel nahezu identisch sind, ist ab OSI-Ebene 5 bei TCP/IP nur noch eine einzige Schicht vorgesehen. Als Transportprotokolle auf Schicht 4 werden nur zwei verschiedene verwendet:

- *TCP* für einen verbindungsorientierten und
- *UDP* für einen verbindungslosen Dienst.

Die Netzwerkverbindung auf Schicht 3 übernimmt das Internet-Protocol IP. Im folgenden soll kurz auf die wichtigsten Protokolle der TCP/IP-Familie eingegangen werden.

Das Vermittlungsprotokoll IP (Internet Protocol)

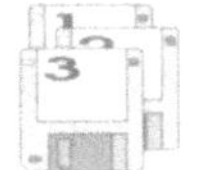

Direkt über der eigentlichen Netzwerk-Technologie der Schichten 1 und 2 wird das *Internet-Protocol* als Vermittlungsprotokoll eingesetzt. Es liefert den über ihm liegenden Schichten einen unzuverlässigen (unkontrollierten) und verbindungslosen Datagramm-Dienst.

Daten werden in Form von Datenblöcken (*IP- oder Internet-Pakete*, siehe Abbildung 2.31 auf Seite 132) in verbindungsloser Kommunikation übermittelt. Außerdem übernimmt das Protokoll die Adressierung und die Wegewahl (*Routing*) über Gateways und Router, die in einem Internetwork die einzelnen Netze untereinander verbinden.

Unter *IP* kann jeder Netzknoten direkt mit jedem anderen kommunizieren. Ein hierarchisches Konzept, wie es etwa *SNA*▼ vorsieht, gibt es unter *IP* also nicht. Da eine der Leitideen des DoD-Modells die Verknüpfung mehrerer Netzwerke war, hat man vor allem auf eine offene allgemeine Erreichbarkeit und Verbindung Wert gelegt. Die bedeutendste Anwendung von TCP/IP findet im Rahmen des weltweiten Wissenschaftsnetzes *Internet*▲ statt, in dem die größte Anzahl von LAN und WAN verbunden ist.

▼ Siehe Kapitel 2.2.3.

▲ Siehe Kapitel 5.3.2.

Kontroll- und Koordinationsprotokolle

- **ICMP (Internet Control Message Protocol)**
  Das Internet Protocol bietet nur den verbindungslosen Datagramm-Dienst, der keinerlei Kontroll- und Sicherheitsfunktionen umfaßt. Daher spricht man von einem *unzuverlässigen* Dienst und setzt in Ergänzung zum IP das Kontroll- und Nachrichtenprotokoll *ICMP* zum

Senden von Kontrollmeldungen in der Vermittlungsschicht ein.

Ist z. B. ein Adressat, für den Datenpakete vorgesehen sind, gar nicht vorhanden, so werden die Pakete nicht nur vernichtet, sondern es wird auch über *ICMP* an den Absender eine Nachricht geschickt, damit dieser keine weiteren Sendungen vornimmt.

- **ARP (Adress Resolution Protocol)**
  ARP dient der Umsetzung der logischen Internet-Adressen in die eigentlichen Hardware-Adressen der entsprechenden Rechner bzw. deren Netzwerkkarten▾.

▾ Zu den Adressierungsmechanismen vergleiche Kapitel 1.6.

Das Transportprotokoll TCP (Transmission Control Protocol)

Das Transportprotokoll setzt auf dem Internet-Protokoll auf und arbeitet auf OSI-Ebene 4. Es stellt eine verbindungsorientierte Kopplung der beiden Kommunikationspartner her und ist für die Ende-zu-Ende-Kontrolle verantwortlich.

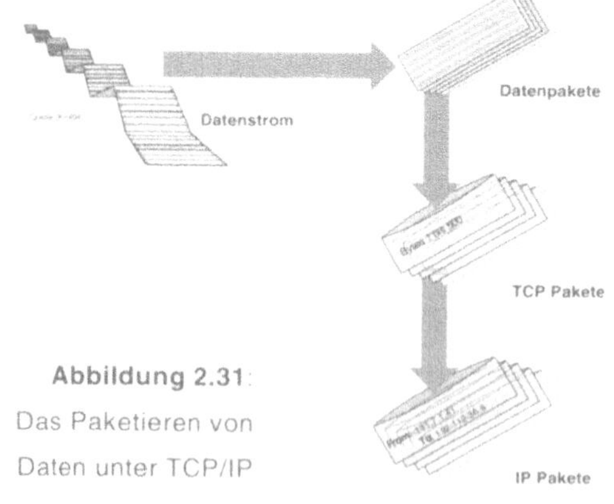

Abbildung 2.31: Das Paketieren von Daten unter TCP/IP

Die aus den oberen Schichten von den Anwendungen kommenden kontinuierlichen Datenströme werden in Segmente zerlegt und an das *Internet-Protocol* weitergegeben (siehe Abbildung 2.31).

Die Größe der Segmente hängt dabei von den zur Verfügung stehenden Ressourcen von Sender und Empfänger, der verwendeten Netzwerk-Hardware u. a. ab. Es findet also eine Anpassung an die zur Verfügung stehende Leistung statt. Dieses Vorgehen macht das Verfahren sehr flexibel und offen.

Das Transportprotokoll ist außerdem für die Absicherung der Daten zuständig. Ihm obliegt

- die Flußkontrolle und Zeitüberwachung einer Verbindung,

- die Überwachung der richtigen Reihenfolge der Datenpakete, so daß sie beim Empfänger wieder in den kontinuierlichen Datenstrom umgewandelt werden können,
- die Zuverlässigkeit und Sicherheit einer Verbindung und
- die Steuerung der Prioritäten von Vorrangdaten.

Das Transportprotokoll UDP (User Datagram Protocol)

UDP ist ein Alternativprotokoll zu *TCP*. Wenn keine oder nur geringe Anforderungen an die Zuverlässigkeit einer Verbindung gestellt werden, wird häufig *UDP* eingesetzt. Es bietet im Unterschied zu *TCP* den verbindungslosen Datagramm-Dienst.

UDP ist viel einfacher aufgebaut als *TCP* und hat den Vorteil eines viel geringeren Kontroll-Overheads: Während TCP 20 Byte vorsieht, kommt UDP mit nur 8 Byte aus.

Anwendungsdienste

Das DoD-Konzept sieht auf der Anwendungsebene eine Vielzahl von Diensten vor. Im folgenden sollen die drei wichtigsten Anwendungsprotokolle näher betrachtet werden (siehe Abbildung 2.30 auf Seite 130):

Vergleiche hierzu auch Kapitel 1.3.

- **SMTP (Simple Mail Transfer Protocol)**
  SMTP ist ein einfaches Protokoll für den Austausch von *Electronic Mail*. Es baut eine bidirektionale Verbindung zum nächsten Übermittlungsrechner auf, der die Mail entgegennimmt und weiterleitet. Eine Bestätigung über die Annahme der Mail ist nur von diesem ersten Übermittlungsrechner – nicht aber vom eigentlichen Empfänger – erhältlich.

E-Mail

- **FTP (File Transfer Protocol)**
  FTP steuert den Dateitransfer über *TCP* und ist für den benutzergesteuerten Datenaustausch vorgesehen. Zu seinen Funktionen gehört der Verbindungsaufbau, das

Filetransfer

Bereitstellen von Kopier- und Übertragungsdiensten und der Verbindungsabbau am Ende einer Sitzung. Es werden verschiedene Darstellungsarten (wie z.B. binär oder ASCII) unterstützt, so daß Dateiübertragungen zwischen verschiedenen Rechnerwelten wie PC und Mainframe problemlos möglich sind[25].

Remote Login

- **TELNET**
  TELNET ist das Standardprotokoll unter TCP/IP für den entfernten Terminalanschluß (*Remote Login*). Es nutzt die von TCP angebotenen Dienste, um eine Sitzung auf einem entfernten Rechner zu realisieren. Durch die Anmeldung auf dem Zielrechner (Server) werden dem Benutzer vorbestimmte Privilegien und Rechte eingeräumt. Standardmäßig wird 7-Bit ASCII-Format übertragen.

Neben diesen drei Basisdiensten gibt es noch eine Reihe weiterer Anwendungen, die ausführlich z. B. in [Sche94] beschrieben werden.

TCP/IP war in vielen Punkten Vorbild für das später entwickelte OSI-Referenzmodell. Daher richtet sich der Protokollstapel nicht nach den Maßstäben der OSI. Basierend auf TCP/IP werden bereits seit langem kommunikationstechnische Lösungen dort angeboten, wo entsprechende OSI-konforme Produkte noch nicht verfügbar sind. Im folgenden Kapitel sollen die entsprechenden De-jure-Standards von CCITT und ISO zur Sprache kommen.

2.2.2 CCITT-OSI

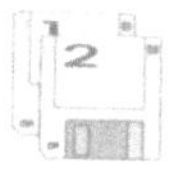

▼ Siehe auch Kapitel 1.4.

Geht es um „echte“ De-jure-Standards, so zeichnen vor allem zwei Gremien verantwortlich: das *CCITT* (Comité Consultatif International Télégraphique et Téléphonique) und die schon mehrfach erwähnte *ISO* (International Organization for Standardization)▼.

[25] **TFTP** (Trivial File Transfer Protocol) ist ein weiteres gebräuchliches Übertragungsprotokoll, das jedoch auf *UDP* basiert und nicht die Kommandovielfalt von *FTP* bietet.

CCITT

Das **CCITT** wurde 1865 als ein internationales Komitee von Fernmeldeverwaltungen und -betreibern gegründet und hat bis heute Mitglieder aus über 150 Staaten. Die Betreiber der Fernmeldeeinrichtungen dieser Staaten haben sich zusammengeschlossen, um ihre Fernmeldenetze und Fermeldedienstleistungen zu vereinheitlichen und eine weltweite Kommunikation zu ermöglichen. Die Empfehlungen lassen sich in zwei Gruppen einteilen:

- **V-Empfehlungen** für Fernsprechnetze
  Ein Beispiel ist die serielle Schnittstelle *V.24* (meist wird sie mit ihrem zweiten Namen *RS 232* bezeichnet).
- **X-Empfehlungen** für öffentliche Datennetze
  Das bekannteste Beispiel ist die Norm für Datenpaketnetze *X.25* (siehe Kapitel 2.1.8.).

ISO

Die **ISO** besteht seit 1946. Bis heute umfaßt sie 89 Staaten. Die Mitglieder sind die jeweiligen nationalen Normungsgremien der beteiligten Staaten: z. B. für die USA das *American National Standards Institute* (*ANSI*), für die Bundesrepublik das *Deutsche Institut für Normung* (*DIN*).

Sowohl die ISO als auch das CCITT setzen sich für die Standardisierung und Vereinheitlichung der Kommunikationstechnik und der eingesetzten Verfahren ein – allerdings jeweils aus einer anderen Blickrichtung (siehe Abbildung 2.32):

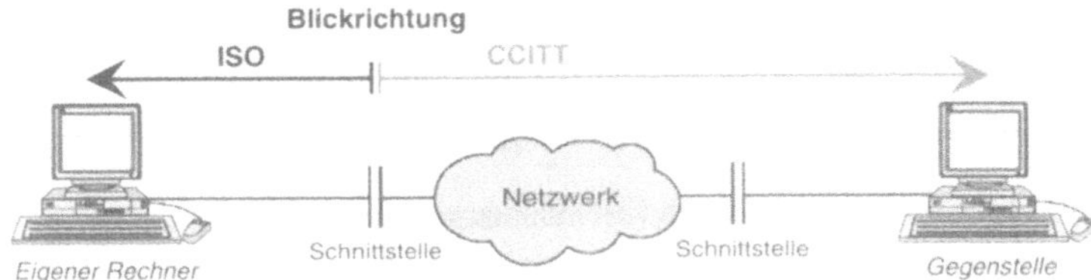

Abbildung 2.32: Die Blickrichtungen von CCITT und ISO

- Das *CCITT* blickt bei ihren Empfehlungen von der Schnittstelle des betrachteten Rechners über das Netz hinweg zum Kommunikationspartner. Das Verhalten des betrachteten Endgerätes wird damit anhand des gewünschten Verhaltens des Partners auf der Gegenseite beschrieben.
  Eine CCITT-Empfehlung charakterisiert also unmittelbar das Netz und nur mittelbar die Kommunikations-

rechner. Dies läßt sich darauf zurückführen, daß das CCITT ein Gremium von Netzwerkbetreibern ist, die sich in erster Linie für das Verhalten des Netzwerkes interessieren.

- Die Blickrichtung der *ISO* ist dem entgegengesetzt. Von der Schnittstelle des betrachteten Gerätes aus orientiert sich eine ISO-Norm in Richtung des Endgerätes und beschreibt damit dessen Verhalten aus Sicht der Schnittstelle dieses Endgerätes. Beide Gremien beschreiben also die gleiche Schnittstelle und das gleiche Protokollverhalten – nur aus anderen Blickwinkeln.

▾ Siehe Kapitel 1.4.

Die ISO setzt mit ihrem Referenzmodell▾, das sämtliche Basiselemente der Kommunikation beschreibt, den Grundbaustein aller weiteren Empfehlungen und Normen. Das Modell, das das CCITT direkt in seine Empfehlung *X.200* übernommen hat, wird durch diverse schichtenspezifische Standards ergänzt.

OSI-Schicht	Norm	Beschreibung
1 – 7	ISO 7498	ISO OSI-Referenzmodell
7	ISO 8571 ISO 8572	Dienst und Protokoll für Dateitransfer, -zugriff und Bearbeitung (FTAM)
	ISO 8831 ISO 8832	Dienst und Protokoll für Jobtransfer und -behandlung (JTM)
	ISO 9040 ISO 9041	Dienst und Protokoll des virtuellen Terminals (VTP)
	CCITT X.400	Nachrichtenbehandlung (elektronische Post) (MOTIS)
6	ISO 8822 ISO 8823	Dienst und Protokoll für die verbindungsorientierte Darstellung
5	ISO 8326 ISO 8327	Dienst und Protokoll für die verbindungsorientierte Sitzung
4	ISO 8072 ISO 8073	Dienst und Protokoll für den verbindungsorientierten Transport

Abbildung 2.33: Einige ISO- und CCITT-Netzwerknormen

Öffentliche Netzwerke sind intern fast immer unterschiedlich aufgebaut. Trotzdem richten sich die meisten nach dem OSI-Modell und den CCITT-Normen. Die Standards der unteren Transportschichten werden in späteren Kapiteln zur Sprache kommen (siehe Kapitel 2.1.). An dieser Stelle wollen wir uns losgelöst von den unteren netzwerknahen Schichten zunächst nur mit den oberen Schichten des OSI-Modells befassen. Diese sollen – analog zum vorhergehenden Kapitel über TCP/IP – ab der Transportschicht (4) betrachtet werden. Die Tabelle in Abbildung 2.33 listet die wesentlichen ISO- und CCITT-Normen auf.

Auf Ebene 4 sieht die ISO einen verbindungslosen Transportdienst und ein ebensolches Transportprotokoll vor. Das Protokoll ist in seiner Funktion *TCP* sehr ähnlich, denn es realisiert ebenfalls einen zuverlässigen, verbindungsorientierten Ende-zu-Ende-Transportdienst auf einem unzuverlässigen Vermittlungsdienst, wie er von der Netzwerkschicht bereitgestellt wird.

Neben einigen anderen Details unterscheidet sich die ISO-Norm von *TCP* vor allem im geforderten Adreßformat: Während *TCP* 32-Bit-Adressen vorschreibt, ist in der ISO-Norm kein explizites Format vorgesehen▼. Dies hat zur Folge, daß Netzwerke der beiden Typen nur über ein Gateway auf daüber liegenden Ebenen verbunden werden können. Die ISO-Norm für die Schicht 4 unterscheidet insgesamt fünf verschiedene Varianten, die z. B. in [Tane92] genauer beschrieben sind.

▼ Vgl. Kapitel 1.6.

Auch für die Sitzungs- und die Darstellungsschicht wurden von der ISO mehrere Normen verabschiedet, die jedoch einen eher technischen Charakter haben, weshalb sie hier nicht weiter behandelt werden sollen. Wir wollen uns auf die für den Benutzer wichtigen drei Protokolle der *Anwendungsebene* konzentrieren (siehe Abbildung 2.34):

Abbildung 2.34: Der CCITT / ISO - Protokoll-Stapel

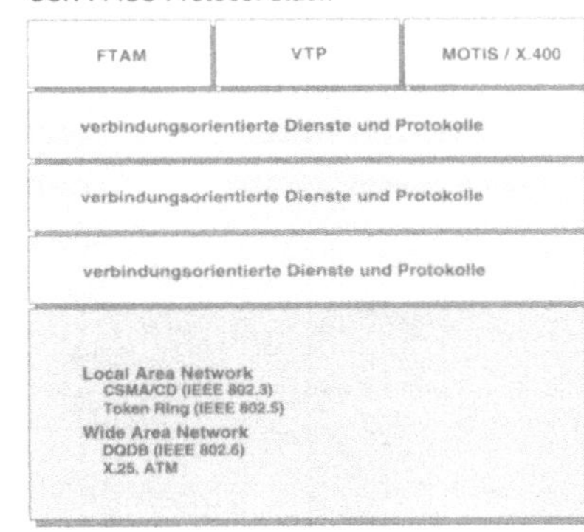

- **MOTIS**
  (Message-Oriented Text Interchange System) und sein CCITT-Pendant **X.400** dienen dem E-Mailing.
- **FTAM**
  (File Access, Transport and Management) ist für die Übertragung und Handhabung rechnerferner Dateien verantwortlich.
- **VTP**
  (Virtual Terminal Protocol) steht für das entfernte Arbeiten (*Remote Login*) auf einem Rechner zur Verfügung.

Das *Message Handling System* (*MHS*) ist das genormte Gegenstück zu SMTP des DoD-Protokollstapels. Während die CCITT ihre Empfehlung für die Elektronische Post unter dem Namen **X.400** entwickelte, entstand parallel dazu bei der ISO das MHS **MOTIS**. Nach einem Abgleich im Jahre 1988 sind die beiden Standards nahezu identisch.

X.400/MOTIS bilden eine Kommunikationsbasis für Mail-Systeme und Applikationen, so daß plattformunabhängig Programme unterschiedlicher Hersteller miteinander in Verbindung treten und elektronische Nachrichten austauschen können. Der Standard bietet für die Anwendungsprogrammierer eine breite Basis mit hoher Funktionalität. Festgelegt werden die Art der Darstellung einer Nachricht und verschiedene Protokolle zur Weitergabe dieser Nachricht über das Netzwerk. Die Benutzerschnittstelle selbst wird jedoch nicht vorgegeben. Hersteller von Mail-Programmen können sich das MHS zunutze machen und ihr Programm (das *Benutzer-Front-End*) darauf aufbauen. Der Dokumentenaustausch unter MHS-kompatiblen Produkten ist problemlos möglich.

User Agent
Message Transfer Agent

Abbildung 2.35: Das CCITT-Nachrichtensystem X.400

Ein *Messages Handling System* besteht im wesentlichen aus zwei Einheiten (siehe auch Abbildung 2.35):

- Der **User Agent** (**UA**) ist ein Software-Programm, das das Bindeglied zwischen dem Anwender und dem Nachrichtensystem bildet. Es führt den direkten Dialog mit dem Benutzer und kommuniziert mit dem (nachfolgend beschriebenen) Transfersystem über Annahme und Versand einer Nachricht. Zu seinen Aufgaben gehören
    - das Realisieren der Benutzerschnittstelle,
    - das Erzeugen und Empfangen von Nachrichten und
    - die Organisation der Mailbox, dem Posteingangsfach. Er koordiniert das Verwalten der Box und der eingegangenen Nachrichten (Lesen, Sortieren und Löschen).
- Der **Message Transfer Agent** (**MTA**) ist – zusammen mit vielen anderen MTAs des Netzwerks – für die ei-

gentliche Beförderung der Nachricht verantwortlich. Außerdem übernimmt er die Konvertierung auf andere Nachrichtenformate, wenn zwei verschiedenartige Systeme miteinander in Kontakt treten.

Der Transport erfolgt auf der Basis eines *„Store-and-Forward-Mechanismus"*. Somit bestehen also – genauso wie bei SMTP▾– immer nur Verbindungen über Teilstrecken und niemals von Ende zu Ende.

▾ Siehe Kapitel 2.2.1.

Da das Verwalten und Versenden von elektronischer Post vor allem in größeren Unternehmen sehr aufwendig ist, wird meist ein dedizierter Rechner (Mail-Server) eingesetzt, der die Nachrichten zwischenspeichert und für den Benutzer transparent verteilt. Diese Aufgabe kann aber auch direkt vom eigenen Gerät wahrgenommen werden. Ein Mail-Server kommt mit wenigen Ressourcen aus, bietet eine relativ einfache Programmierschnittstelle (API[26]) und unterstützt sogar Hayes-Kommandos, mit denen Modems angesprochen werden können, so daß Elektronische Post auch über das Telefonnetz übertragen werden kann. Auf Modems und das Telefonnetz kommen wir in Kapitel 5.2.1. zurück.

Wie wir bereits in Kapitel 1.6. gesehen haben, ist das Adreßformat von X.400 ein vollkommen anderes als das von TCP/IP. Eine Adresse ist hier eine Kette von Attributen, die den Teilnehmer näher beschreiben.

X.400/MOTIS bieten einen mächtigen und durchdachten Standard für den weltweiten elektronischen Datenaustausch. Obwohl es bereits zahlreiche Implementierungen gibt, läßt die breite Akzeptanz noch zu wünschen übrig.

File-Transfer

Innerhalb von Netzwerken sind der Zugriff und die Übertragung von Dateien die beiden häufigsten Vorgänge. Arbeiten beispielsweise mehrere Anwender an demselben Pro-

[26] Das *Application Programming Interface* (API) stellt dem Anwendungsprogrammierer alle verwendbaren Funktionen zur Verfügung.

jekt, so müssen sie häufig auf die gleichen Datenbestände zugreifen und Dateien austauschen.

FTAM ist der ISO-Standard für die Dateiübertragung und den Zugriff auf Inhalte und Attribute einer Datei über ein Netzwerk. Genauso wie X.400/MOTIS bietet auch FTAM dem Programmierer seine Dienste an, die dieser dann aus seinen Programmen heraus aufrufen kann.

In der elektronischen Datenverarbeitung haben sich bis heute viele Betriebs- und Verwaltungssysteme etabliert, die alle über ihr eigenes Dateiformat und -management verfügen. Denkt man zum Beispiel an das DOS-Dateinamenformat von elf Zeichen▼ und vergleicht dies mit dem von Unix, in dem beliebig lange Namen erlaubt sind, so werden die Unterschiede deutlich. Damit solche Systeme trotzdem kommunizieren und Datenbestände austauschen können, ist eine Konvertierung in das jeweilige andere Format notwendig. Dieser Aufgabe hat man sich bei der ISO mit dem FTAM-Standard gewidmet.

▼ Dateinamen bestehen aus acht Zeichen und einer Erweiterung von dreien.

Die Idee, die hinter dem Konzept von FTAM steht, ist ein *virtuelles*▲ *System*, das vor das eigentliche reale Dateisystem geschaltet wird und für alle Anwendungen einheitlich ist. Über dieses virtuelle System kann von Netzwerkseite her auf das reale Dateisystem unabhängig von dessen jeweiliger Implementierung zugegriffen werden (siehe Abbildung 2.36). FTAM bietet nach außen hin also eine abstrakte, einheitliche Schnittstelle.

▲ Ein virtuelles System existiert nur scheinbar.

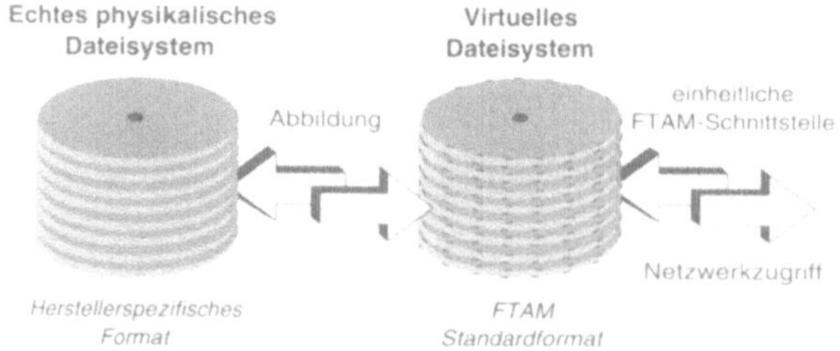

Abbildung 2.36: Prinizip des Dateizugriffs unter FTAM

Der Hersteller des Dateisystems muß dann dafür sorgen, daß die in der Schnittstelle zur Verfügung gestellten Kommandos auf das eigene, spezifische Dateisystem abgebildet werden. Der Zugriff auf den tatsächlichen Dateispeicher wird somit von ihm durch ein Software-Programm realisiert und braucht den von außen Zugreifenden nicht zu interessieren (siehe Abbildung 2.36).

Die tatsächliche Manipulation der Dateien erledigt das Dateisystem verborgen vom Anwender im Hintergrund.

Hier werden Konvertierungen und Anpassungen vorgenommen und die Verarbeitung koordiniert. Für den Anwender, der ein FTAM-Programm verwendet, ist damit das Arbeiten mit Datenbeständen über das Netzwerk transparent. Wo und in welcher Form die Dateien vorliegen, bleibt für ihn egal.

FTAM ist jedoch nicht nur für die Standardschnittstelle verantwortlich, sondern erfüllt auch noch weitergehende Aufgaben, die bei der Dateiverarbeitung in Netzwerken wichtig sind:

- *Zugriffskoordination* durch Sperrmechanismen oder Transaktionen[27]
- *Mehrfachdateiverwaltung* von verteilten und doppelten Datenbeständen
- *Zugriffskontrolle* und *Datenschutz*

Viele Hersteller unterstützen in ihren Systemen mittlerweile den umfangreichen und komplizierten FTAM-Standard, so daß ein herstellerübergreifender Datenaustausch möglich wird. Unterschiedlich jedoch ist der Funktionsumfang, der jeweils in den Produkten implementiert wird. Häufig stehen in einem Netzwerk nicht alle FTAM-Dienste zur Verfügung, weil ein Hersteller nicht alle Funktionen in sein Programm integriert hat.

Remote Login

Genauso wie es verschiedenste Dateisysteme gibt, besteht auch bei den Terminals eine große Vielfalt im Einsatz. Alle sind uneinheitlich und werden über verschiedene Befehlssequenzen gesteuert. Um sich trotzdem über ein Netzwerk bei verschiedenartigen Rechnern anmelden zu können, hat die ISO das **Virtual Terminal Protocol (VTP)** entwickelt.

Ähnlich dem Konzept von FTAM sieht auch VTP eine virtuelle Umgebung vor, mit der an Stelle der wirklichen

[27] *Transaktionen* sind unteilbare Aktionen, die nur im Ganzen ablaufen können; Beispiel: Öffnen, Ändern und Schließen einer Datei.

Struktur gearbeitet werden kann. Diese virtuellen Terminals umfassen die Eigenschaften der realen Terminals und sind wiederum über standardisierte Schnittstellen erreichbar (vergleiche Abbildung 2.36). Die konkrete physische Realisierung und das Abbilden auf das echte Terminal bleiben dem Anwender verborgen.

Ein virtuelles Terminal ist eine Datenstruktur, die einen abstrakten Zustand eines echten Terminals darstellt und über die Tastatur (des *Client*) und den Rechner (*Server*) bearbeitet wird. Der aktuelle Zustand der Datenstruktur wird dann jeweils auf dem Monitor dargestellt.

Terminal-Arten

VTP unterstützt alle gängigen Terminal-Arten:

- Terminals ohne eigene Verarbeitungskapazität, die über eine serielle Schnittstelle (*RS232*) und eine Anpaßeinheit (*PAD*, vergleiche Abbildung 5.8 auf Seite 259) mit dem Netzwerk in einem Standardprotokoll kommunizieren.
- Terminals mit *Bilddurchlaufmodus*, bei denen einzelne Zeichen und Zeilen übertragen werden. Diese Geräte unterstützen in der Regel nur den Befehlszeilenmodus, bei dem immer nur in der untersten Bildschirmzeile Befehle eingegeben werden können.
- Terminals mit *Seitenmodus*, bei denen immer die gesamte Bildschirmseite übertragen wird. Auf diesen Terminals kann mit dem Cursor der gesamte Bildschirmbereich bearbeitet werden.
- Terminals mit *Formularmodus* und Eigenintelligenz. Der interne Prozessor überträgt jeweils den geänderten Teil des Bildschirmformulars an den Host.

Triple-X

Im Zusammenhang mit der Terminalemulation sind außerdem weitere drei CCITT-Empfehlungen relevant (vergleiche wiederum Abbildung 5.8 auf Seite 259):

- *X.3* beschreibt die Parameter der Anpassungseinheit PAD.
- *X.28* definiert die Schnittstelle zwischen dem Terminal und der Anpassungseinheit.
- *X.29* schließlich charakterisiert die Schnittstelle zwischen der Anpassungseinheit und dem entfernten Host-Rechner.

Die drei Empfehlungen werden oft unter der Bezeichnung *Triple-X* subsumiert. Wir werden in Kapitel 5.2.3. darauf zurückkommen.

Verzeichnisdienst X.500

Wie wir in Kapitel 1.6. gesehen haben, hat jeder Teilnehmer und jedes Gerät eines Netzwerks seine eigene, individuelle Adreßkennung. Ohne diese Adresse zu kennen, ist keine Kommunikation möglich. Mit der Expansion weltweiter Netzwerke haben die Schwierigkeiten zugenommen, die Adresse eines bestimmten Teilnehmers herauszufinden. Die CCITT hat sich diesem Problem angenommen und den *Verzeichnisdienst* (*Directory Service*) *X.500* entwickelt.

Verzeichnisdienst, das Telefonbuch eines Netzwerks

X.500 erfaßt alle Netzwerkteilnehmer und deren Eigenschaften. Damit ähnelt der Verzeichnisdienst einem herkömmlichen Telefonbuch: Der Anwender soll ermitteln können, auf welche Weise ein anderer Teilnehmer zu erreichen ist.

Adressen sind in der ISO-Welt hierarchisch aufgebaut. Von Oberklassen werden weitere Klassen abgeleitet, die jeweils durch eine Verfeinerung der übergeordneten Klasse entstehen. Auf diese Weise entsteht eine Baumstruktur (*Directory Information Tree*), an deren Enden (*Blätter*) die Teilnehmerinformationen zu finden sind. Die Struktur des Baumes ist für den Anwender nicht von Bedeutung.

X.500 erlaubt den Zugriff auf diesen Baum über ein Hilfsmittel, den *Directory User Agent*. Er ist in der Lage, einen bestimmten Namen anhand einiger Attribute (wie z. B. dem Land, der Stadt und der Firma) zu finden. Hierzu bietet er einen besonderen Abfragedienst, der mit Hilfe von Querverweisen und Referenzen innerhalb des Baumes die Suche unterstützt. Es werden die beiden gängigen Suchformen angeboten:

- Die *direkte* Suche nach einem bestimmen Namen, der nach dem Telefonbuch benannte *White Pages Request*.
- Die *indirekte* Suche über Gruppen; nach dem Branchenverzeichnis *Yellow Pages Request* genannt.

Verteilte Datenbank

Die Daten, die X.500 für seinen Verzeichnisdienst benötigt, sind nicht in einer zentralen Datenbank gespeichert. Vielmehr beruht es auf dem Prinzip der verteilten Datenbank. Die verschiedenen Verzeichnisse sind auf viele Rechner verteilt. Jedes Verzeichnis wird lokal gepflegt und kann deshalb immer wieder auf einfache Weise den lokalen Ansprüchen angepaßt werden. Bei einer Anfrage werden die Daten von den verschiedenen Datenbanken geholt und dem Anwender zur Verfügung gestellt.

X.500 stellt nur ein Protokoll für die Abfrage und das Ändern dieser Datenbestände zur Verfügung. Abfrageprogramme, die auf dem Standard aufsetzen, müssen wiederum separat programmiert werden. Ein gutes Beispiel hierfür ist der *Gopher*-Dienst, über den der Verzeichnisdienst genutzt werden kann. Wir kommen darauf in Kapitel 4.1.4. zurück.

Vorteil

Der große Vorteil von X.500 ist die Fähigkeit, selbst größte Mengen an Eintragungen handhaben zu können. Der Verzeichnisdienst wächst dynamisch mit der Netzvergrößerung. Diese Eigenschaft macht ihn auch für zukünftige Anwendungen interessant.

2.2.3. IBM: SNA

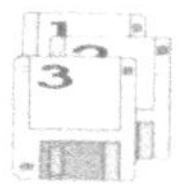

Nachdem in den vorangegangenen Kapiteln die offenen herstellerunabhängigen Normen beschrieben wurden, sollen in den nun folgenden noch zwei der wichtigsten proprietären Standards zur Sprache kommen. Wegen ihrer großen Verbreitung führt an *SNA* von *IBM* und dem *DECnet* von *DEC* noch immer kein Weg vorbei. Beide Standards beinhalten umfangreiche Richtlinien, von denen hier nur die wesentlichen kurz und abstrakt dargestellt werden sollen.

SNA steht für **Systems Network Architecture** und bezeichnet die Netzwerkarchitektur, wie sie von *IBM* im Jahre 1974 in einer ersten Version definiert wurde. Auf Druck des eigenen Kundenkreises entschloß man sich zu einem Firmenstandard, der die Gewähr bieten sollte, die über 100 verschiedenen Produkte der IBM in einem gemeinsamen Netz betreiben zu können.

Seither hat SNA mehrere Modifikationen erfahren und wird ständig weiterentwickelt, um mit neusten Entwicklungen Schritt halten zu können. Die Architektur ist heute fester Bestandteil der IBM-Strategie **SAA**▼, mit der die Firma versucht, eigene und fremde Systeme in Funktion und Struktur zu vereinheitlichen. Das zu einem späteren Zeitpunkt entstandene OSI-Referenzmodell▲ wurde bezüglich des Schichtenkonzepts, der Anzahl der Schichten und ihrer Funktionen in weiten Teilen nach dem SNA-Vorbild entwickelt.

▼ Die *Systems Application Architecture* ist ein offener Standardvorschlag der IBM.

▲ Siehe Kapitel 1.4.

In vielen Teilen ist SNA komplizierter aufgebaut, als dies eigentlich notwendig wäre. Die Architektur trägt damit dem Bestreben Rechnung, zu allen alten Lösungen kompatibel sein zu wollen. Entstanden in einer Zentralrechner-orientierten Zeit schleppt SNA viele Altlasten mit.

Außerdem umfaßt SNA eine Reihe weiterer Funktionen, die in anderen Architekturen in dieser Form nicht zu finden sind. Wegen der hohen Verbreitung der Produkte und IBM's Machtposition auf dem DV-Markt konnte sich die Architektur jedoch bis heute behaupten.

Die SNA-Struktur

Entwicklung der Architektur

Die IBM-Netzwerkarchitektur beschreibt den Aufbau eines großen Kommunikationsnetzes und legt die funktionalen Verantwortlichkeiten der einzelnen Komponenten fest. Bei seiner Entstehung war SNA zunächst zentralistisch ausgerichtet und auf die Steuerung durch einen oder mehrere *Host* (Großrechner) fixiert. Ziel war das strukturierte Verbinden dieser Großrechner und anderer IBM-Geräte in einem unternehmensweiten Netz.

Seit 1985 können beliebige Host-Topologien und lokale Netze eingebunden werden. Mittlerweile gibt es auch für Fremdhersteller vielfache Integrationsmöglichkeiten, so daß auch heterogene Strukturen mit verschiedenartigen LAN und WAN möglich geworden sind.

Die SNA-Struktur folgt einer hierarchischen Gliederung, in der Hosts, denen die Kontrolle und Steuerung des Netzwerks obliegt, und andere Rechner und Geräte Platz finden. Alle logischen Einheiten werden allgemein als *Netzknoten* (*Nodes*) bezeichnet. Die einzelnen Funktionen und Spezifikationen der Architektur sind in einem Schichtenmodell[▼] zusammengefaßt worden. An diesem hat sich die ISO in einigen Ansätzen bei der Entwicklung des Referenzmodells orientiert (vergleiche Kapitel 1.4.).

▼ Zur Theorie von Schichtenmodellen siehe Seite 37.

Das SNA-Schichtenmodell

Ähnlich dem OSI-Referenzmodell sieht auch SNA sieben Schichten vor: Fünf werden im Standard beschrieben und durch zwei weitere oben und unten im Modell ergänzt (siehe Abbildung 2.37). Wenn auch die beiden Modelle rein äußerlich relativ gut übereinstimmen, entsprechen sich die Funktionen der einzelnen Schichten nur teilweise. Wir wollen im folgenden zunächst das fünfschichtige Basismodell näher betrachten und im Anschluß auf die verbleibenden zwei Zusatzschichten eingehen.

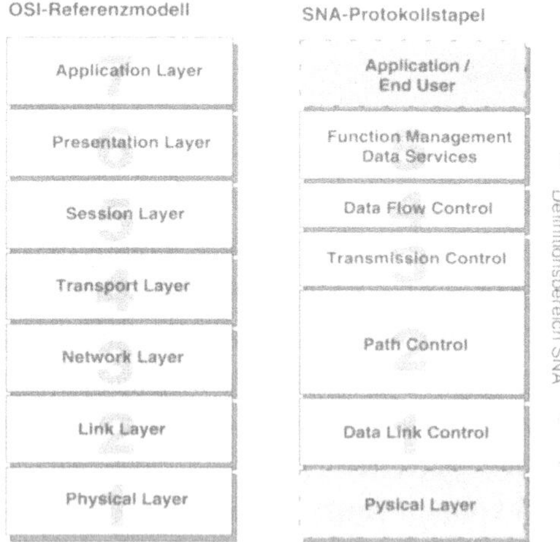

Abbildung 2.37: Das SNA-Schichtenmodell

Die SNA-Schichten im Einzelnen

5. Function Management

Die oberste Schicht von SNA ist sehr komplex und mit vielen Funktionen gefüllt. Daher wird sie in zwei weitere Unterschichten aufgeteilt:

- *NAU Services Manager*
  Netzwerkanschlußpunkte (*Network Addressable Units, NAUs*) sind in der SNA-Welt die Netzwerkbetriebsmittel, die vom Übertragungssystem verwaltet werden.

Jeder Knoten enthält einen oder mehrere dieser Anschlußpunkte, die er Prozessen, die das Netzwerk nutzen wollen, zum Netzzugang bereitstellt▼. Zwischen den NAUs werden über das SNA-Netzwerk logische Verbindungen aufgebaut, über die dann der eigentliche Datenaustausch abgewickelt werden kann.

▼ Siehe auch Abbildung 2.40 auf Seite 151

Der *NAU Services Manager* stellt die Anschlußpunkte zu Darstellungs-, Sitzungs- und Netzwerkdiensten zur Verfügung.

- *Function Management Data Services*

  Die zweite Unterschicht ist für die Koordination der Schnittstelle zwischen Anwender und Netzwerk verantwortlich. Sie präsentiert dem Anwender die empfangenen Informationen und setzt dessen Eingaben für das Netz um.

  Ein *End-User* muß in der Terminologie von SNA nicht zwingend ein Anwender sein. Auch selbständige Rechenprozesse gelten als solche. Bei der in einem solchen Fall vorherrschenden direkten Programmkommunikation regelt diese Unterschicht außerdem die Verteilung der zur Verfügung stehenden Ressourcen.

4. Data Flow Control

Schicht 4 nimmt die Datenflußsteuerung vor. Hierzu gehören die Koordination der parallelen Kommunikation mehrerer Teilnehmer, die Wahl des jeweiligen Übertragungsmodus und die Fehlerbehandlung. Zudem können logisch zusammengehörige Daten in Schicht 4 zusammengefaßt und gemeinsam übertragen werden.

3. Transmission Control

Die dritte Schicht übernimmt die Übertragungssteuerung. Kommunikation findet in einer SNA-Umgebung immer in Form von *Sitzungen* (*Sessions*) statt. Die Transmission Control-Schicht baut über *virtuelle Leitwege*, die ihr von der unter ihr liegenden Schicht 2 bereitgestellt werden, eine oder mehrere Sessions zwischen den NAUs auf. Sie überwacht die logische Verbindung zwischen den Endpunkten und realisiert für die oberen Schichten Netzwerk-unabhängige Verbindungen.

2. Path Control

Hier findet die Wegewahl von einem Knoten zu einem entlang des Übertragungspfades gelegenen, nächsten Knoten statt. SNA-Netze sind in Teilbereiche (*Subareas*) eingeteilt, die voneinander durch Gateway-artige Rechner getrennt sind, so daß hierarchisch aufgebaute Subnetze entstehen.

Von oben gesehen werden Daten über *virtuelle Leitwege* (*Virtual Routes*) vom Quell- zum Zielbereich übermittelt. Die tatsächliche Übertragung erfolgt im unteren Teil der Schicht über den *expliziten Leitweg* (*Explicit Route*). Die Wegewahl erfolgt in Schicht 2 in Abhängigkeit von Kosten und Auslastung des Netzes.

Virtual Routes
Explicit Routes

1. Data Link Control

Die unterste Schicht der SNA-Definition wickelt die Leitungssteuerung ab. Sie ist verantwortlich für die Datenübertragung zwischen zwei Knoten und kontrolliert dazu die physikalischen Verbindungswege zwischen den einzelnen Komponenten.

Insoweit ist die Schicht vergleichbar mit der OSI-Schicht 2, die ja ebenfalls nur eine virtuelle Verbindung bis zum nächsten Übergang und nicht etwa bis zur Endstelle unterhält▼. Zusätzlich gehören das Sichern der Verbindung sowie die Rahmensteuerung und Fehlerkorrektur in den Aufgabenbereich von Data Link Control.

▼ Vgl. Kapitel 1.4.

Als Datenkommunikationsprotokoll wird *SDLC* (*Synchronous Data Link Control*) eingesetzt, das ein Vorreiter von *HDLC* (dem Protokoll der *X.25*-Definition▲) war. Natürlich wird durch diese Schicht explizit auch das IBM-LAN *Token Ring*■ unterstützt.

▲ Siehe Kapitel 2.1.8.

■ Siehe Kapitel 2.1.5.

Zu diesen fünf Basisschichten werden meist noch zwei weitere gerechnet, die das SNA-Modell nach oben und nach unten ergänzen. Bewußt sind sie nicht in den Standard integriert worden, um auf diesen Ebenen flexibel zu bleiben.

Anwendungsschicht

Nach oben schließt sich die *Anwendungsschicht* an, die genauso wie beim OSI-Modell für das Anwendungsprogramm und den Anwender steht. Sie ist der Sender bzw. Empfänger von Informationen. Ein End-User kann – wie bereits erwähnt – ein Anwender, ein Programm oder eine andere logische Einheit sein.

Physikalische Schicht

Den Abschluß nach unten bildet die *Physikalische Schicht*. Sie stellt eine ungesicherte Verbindung her. Nachdem zunächst nur an X.25 gedacht worden war, können heute auch alle anderen üblichen IEEE-LAN-Standards▼ sowie andere Technologien wie Telefon- oder Satellitenverbindungen eingesetzt werden.

▼ Siehe Kapitel 2.1.2.

Network Addressable Units

SSCP

NAUs sind in der SNA-Schicht 5 beheimatet. Jeder Knoten stellt den Anwendungsprozessen diese Netzwerkdienste, von denen es mehrere Arten gibt, zur Verfügung. Eine besondere Stellung nimmt die Unit *SSCP* (*System Service Control Point*) ein. Pro eingesetztem Host ist eine solche Unit vorhanden. Mit ihr werden sämtliche Knoten einer *Domäne* (*Domain*) im SNA-Netzwerk gesteuert.

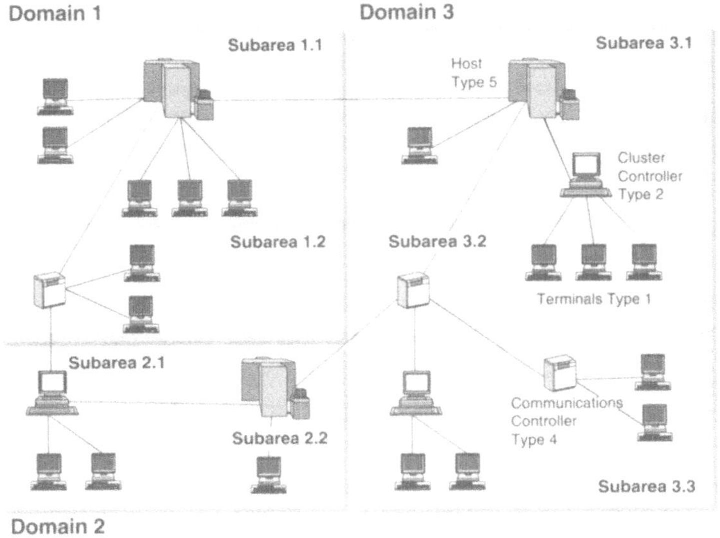

Abbildung 2.38: SNA-Domains und -Subareas

Die gesamte Sammlung von Hard- und Software, die von einer SSCP gesteuert wird, heißt **Domain**. Ein SNA-Netz kann aus einer oder mehreren Domains bestehen (siehe Abbildung 2.38 auf der Vorseite). Jede Domain ist gleichzeitig auch eine **Subarea**, die von einem Knotenpunkt bedient wird. Sie kann jedoch auch in mehrere Subareas eingeteilt sein. Die Kommunikation aus einer solchen Subarea nach außen war zunächst nur über den *Subarea-Knoten* möglich (*hierarchisches Konzept*). Mittlerweile wird dies weniger restriktiv gehandhabt. Durch die Einbeziehung verschiedener LAN und externer Kommunikationsverbindungen wird auch eine direkte Knotenkommunikation möglich.

PU

Die *Physical Unit* (*PU*) ist die zweite NAU-Art. Sie repräsentiert ein echtes Endgerät und dient dem Auf- und Abbau von SNA-Verbindungen. Genaugenommen ist die PU der Systemanschlußpunkt eines Endgerätes, über den

Typ	Bezeichnung	Beschreibung und Beispiel
PU 1	Terminal Nodes	Zeichenorientierte Ein- und Ausgabegeräte zur Datenerfassung, Programmentwicklung und Datenbankverwaltung Bsp. Dialogsysteme IBM 3170/3270 und 5250
PU 2	Cluster Controller Nodes	Rechner mit erweiterter Funktionalität zur Steuerung und Überwachung von Peripheriegeräten und Terminals Bsp. IBM Personal System/2
PU 2.1	Cluster Controller Nodes mit APPC[28]-Funktionalität	Systeme mit Betriebssystem-basierter Intelligenz Bsp. IBM RS/6000 und AS/400
PU 4	Communication Controller Node	Front-End-Processor zur Entlastung des Host, zur Verbindungsüberwachung Pfadkontrolle und anderen Netzfunktionen. Sie unterstützen die Zentraleinheiten bei der Kommunikation
PU 5	Haupt-Host	Mainframe mit SSCP Bsp. IBM 30xx, System/36 und /38

Abbildung 2.39: Die Physical Unit-Typen in SNA

das Gerät im Netz angesprochen werden kann. Sie ist also nicht das Gerät selbst, sondern ein Teil eines Kontrollprogramms. Die IBM-Architektur sieht verschiedene Typen vor, die in der Tabelle in Abbildung 2.39 aufgelistet sind (siehe auch Abbildung 2.38).

[28] Zur *Advanced Program-to-Program Communication* siehe Seite 21.

LU

Logical Units (*LU*) schließlich sind die logischen Endgeräte zur Steuerung der Benutzeraktivitäten. Sie kommunizieren mit dem Host über eine *Session* und sind der direkte Anschlußpunkt für den Anwender, indem sie ihm Netzwerkfunktionen und -dienste zur Verfügung stellen. Pro *Physical Unit* kann es eine oder mehrere *Logical Units* geben – je nachdem, wie leistungsfähig das jeweilige Gerät ist (siehe Abbildung 2.40). Die Aufgabe einer LU ist ganz allgemein die Datenaufbereitung für das Anwendungsprogramm bzw. das Netzwerk.

Trends und Aussichten von SNA

In den 80er Jahren begann die IBM, ihre Netzwerkarchitektur für den *Token Ring* aufzubrechen. Inzwischen ist auch die Integration vieler anderer LAN und WAN möglich. Lokale Netzwerke wurden jedoch zunächst nur als *Bridges* zwischen verschiedenen SNA-Domains eingesetzt.

Heute – in einer Zeit der nicht mehr zentralisierten, sondern *verteilten Rechnerintelligenz* – werden zunehmend PCs als Benutzer-Front-End verwendet. Über die *APPC-Schnittstelle* können diese lokalen Systeme direkt miteinander kommunizieren. Dabei ist der Datenaustausch zwischen Anwendungsprogrammen unterschiedlicher Systeme (z. B. zwischen *PC* und *AS/400*) ohne weiteres gewährleistet. Auch der Anschluß von Nicht-SNA-Geräten ist möglich geworden.

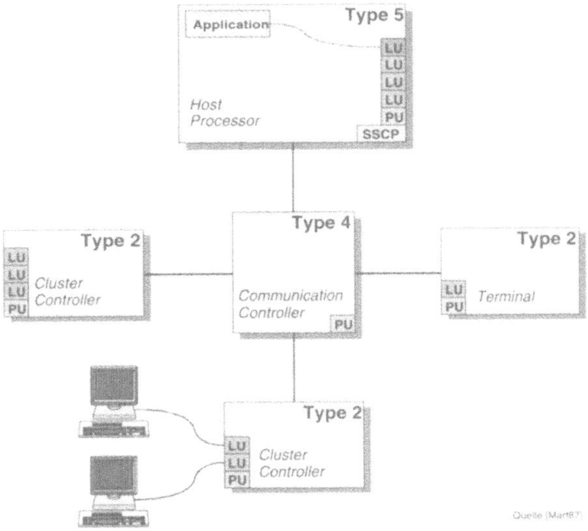

Quelle [Mart87]

Abbildung 2.40: Einfaches SNA-Netz mit NAUs

Die IBM zielt auf eine einheitliche Oberfläche aller Systeme (*SAA*▼) und die Öffnung von SNA in Richtung internationaler Standards wie z. B. *TCP/IP* oder *OSI*. Die IBM bietet bereits verschiedene Produkte zur Anbindung an die

▼ Vergleiche Seite 145

OSI-Welt und diverse TCP/IP-Implementierungen an. Geht man den Weg des Sich-Öffnens bei der Entwicklung von SNA auch in Zukunft weiter, so wird sich die Architektur unter dem Druck des Marktgiganten IBM sicher weiterhin etablieren.

SNA ist ein komplexes und umfangreiches Themengebiet, das hier nur in Kürze dargestellt werden konnte. Ein gutes weiterführendes Buch ist [Mart87].

2.2.4 DEC: DNA

Die *Digital Equipment Corporation* (*DEC*) war einer der ersten Hersteller und Anwender von lokalen Netzwerken. Die Firma hat – zunächst nur für den Eigenbedarf und um eigene Rechner zu vernetzen – ebenfalls ein homogenes, proprietäres Netzwerksystem entwickelt. **DECnet**, das 1975 erstmals vorgestellt wurde, ist eine Sammlung von Hard- und Software für DEC-Rechner, die unter DEC-Betriebssystemen nicht nur untereinander verbunden werden können, sondern die auch die äußere Anbindung (z. B. an WAN oder IBM's *SNA*) vorsieht.

Area und Knoten

DECnet-Netzwerke sind eingeteilt in verschiedene Bereiche (*Areas*), die ihrerseits Geräte und Rechner (*Knoten*) enthalten. Im Gegensatz zu *SNA* (siehe voriges Kapitel) sind alle Knoten gleichberechtigt. Jeder kann mit jedem kommunizieren, ohne zuvor über eine zentrale Einheit gehen zu müssen. So sind sämtliche Knoten prinzipiell für alle Benutzeranforderungen empfänglich. In der Praxis wird dieses Prinzip meist jedoch manuell eingeschränkt, um die Netzlast steuern zu können. Das Netzwerk ist relativ einfach strukturierbar.

Unterstützung verschiedener Verbindungsarten

Innerhalb eines *DECnet* können verschiedene Übertragungstechnologien verwendet werden. *DEC* sieht die Integration von X.25, Satellitenverbindungen und die LAN-Technologie Ethernet vor. Die Benutzung von LAN- oder WAN-Verbindungen ist dabei für den Anwender transparent. Allein der Geschwindigkeitsunterschied macht sich im Weitverkehrsbereich für ihn bemerkbar.

Möglichkeiten

DECnet bietet ein großes Arsenal an mächtigen Datenaustauschmöglichkeiten, die sogar über verschiedenartige Betriebssysteme und mehrere Knoten hinweg einsetzbar sind. Die Zugriffskontrolle und Synchronisation von Dateizugriffen wird von jedem Knoten überwacht, so daß Zugriffskonflikte vermieden werden können. Selbst an den Zugang zu IBM's *SNA* hat man mit mehreren Implementationen gedacht. Hervorzuheben sind schließlich noch die leistungsfähigen und umfangreichen Management-Funktionen, die die Planung, Konfigurierung und Wartung des Netzwerks erleichtern.

Die DNA Architektur

DECnet ist das Protokoll, mit dem das Netzwerk betrieben wird. Es basiert auf der DEC-Architektur **DNA (Digital Network Architecture)**, die dem späteren OSI-Modell▾ sehr ähnelt. Die Architektur folgt ebenfalls einem Schichtenmodell mit sieben Ebenen (siehe Abbildung 2.41), die im folgenden kurz dargestellt werden sollen:

▾ Siehe Kapitel 1.4.

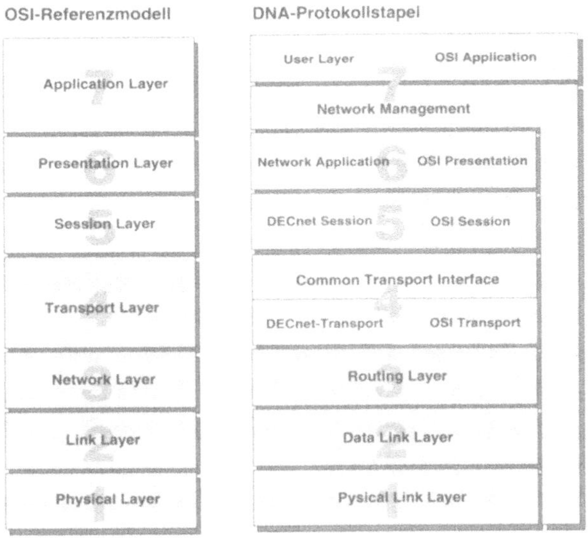

OSI-Referenzmodell
Application Layer
Presentation Layer
Session Layer
Transport Layer
Network Layer
Link Layer
Physical Layer

DNA-Protokollstapel
User Layer | OSI Application
Network Management
Network Application | OSI Presentation
DECnet Session | OSI Session
Common Transport Interface
DECnet-Transport | OSI Transport
Routing Layer
Data Link Layer
Pysical Link Layer

Abbildung 2.41: Das DEC-Netzwerkkonzept *DNA* (modifiziert nach *Phase V*)

- **User Layer**
  In der obersten Schicht sind sowohl DEC-Benutzerprogramme als auch (ab *DECnet Phase V*) OSI-Anwendun-

gen angesiedelt. Hier werden Anwendungsdienste für den Netzwerkzugriff und weitere Dienste bereitgestellt, die für die unmittelbare Benutzer- und Anwendungsunterstützung notwendig sind.

Basierend auf der direkt darunter liegenden Schicht, findet auf dem *User Layer* auch das globale Systemmanagement statt.

Das DECnet wartet mit einem reichhaltigen Diensteangebot für die Programm- und Anwenderkommunikation auf. Es entspricht (mit einigen Erweiterungen) im wesentlichen den in Kapitel 1.3. erläuterten Basisdiensten und soll daher hier nicht weiter ausgeführt werden.

- **Network Management Layer**

  Die Managementschicht bietet dem Systemadministrator leistungsfähige Funktionen zur Planung, Wartung und Kontrolle des Netzwerkes. Da die Schicht in direkter Kooperation mit den unteren Schichten steht, um Management-relevante Informationen zu erhalten und Parameter zu steuern, erstreckt sie sich in Abbildung 2.41 bis hinunter zum physikalischen Übertragungsmedium.

- **Network Application Layer**

  Die Schicht erfüllt im wesentlichen die Funktionen der OSI-Präsentations- und Anwendungsschicht und organisiert die DEC-Basisdienste *Remote File Access, File Transfer* und *Remote Terminal Capability*, die den von uns in Kapitel 1.3. besprochenen Diensten entsprechen. Außerdem sind auf dieser Ebene Zugriffe auf X.25- und SNA-Schnittstellen möglich.

  DEC definiert auf dieser Schicht eine universelle Ein- und Ausgabesprache, mit der sich das Ressourcen-Sharing in heterogenen Systemen bewerkstelligen läßt.

- **Session Control Layer**

  Die *Session Control-Schicht* definiert systemabhängige Aspekte der Prozeß-zu-Prozeß-Kommunikation und ist für die Umsetzung symbolischer Adressen und die Netzwerk-Zugangskontrolle verantwortlich.

- **End-to-End Communication Layer**
  Die Schicht bildet die Schnittstelle zum Transportsystem. Zur Angleichung an die OSI-Welt werden sowohl der *DECnet-* als auch der *OSI*-Transport unterstützt.
  Die Schicht realisiert die systemunabhängigen Aspekte der Kommunikation: das Verbindungsmanagement, die Flußkontrolle und die Ende-zu-Ende-Fehlerkontrolle.
- **Routing Layer**
  Genauso wie im OSI-Modell findet auf dieser Ebene die Wegewahl durch das Netzwerk statt. *DECnet* unterstützt einerseits ein adaptives, dynamisches Routing und andererseits ab *Phase V* die ISO-Routing-Funktionen.

  Routing im DECnet

  Im DECnet wird auf zwei verschiedenen Ebenen geroutet:
  - *Level 1 Router* können Pakete nur innerhalb der eigenen Area weiterleiten, weil sie keine netzwerkweiten Adreßinformationen besitzen.
  - *Level 2 Router* sind für die Wegewahl zwischen den Areas vorgesehen.

  Anhand der Paketadresse ist ersichtlich, ob auf Level 1 oder 2 geroutet werden muß. Der Router wählt den jeweils kosten- und leistungsgünstigsten Weg für die Übertragung aus. Außerdem ist er in der Lage, ausgefallene Verbindungswege automatisch zu umgehen, wenn entsprechende Ersatzwege verfügbar sind.
  Waren zunächst Zentralrechner mit Routing-Aufgaben betraut, wird heute auch im DECnet zunehmend mit dedizierten Rechnern gearbeitet, um die Host-Systeme zu entlasten.
- **Data Link Layer**
  Die *Data Link*-Schicht übernimmt den Verbindungsaufbau zum nächsten Knoten und stellt Mechanismen zur Sicherung eines fehlerfreien Kommunikationsweges bereit. Es werden verschiedene Protokolle (*Ethernet 2.0, X.25, HDLC*▼ und weitere DEC-spezifische Protokolle) unterstützt.

  ▼ Siehe Kapitel 2.1.8.
- **Physical Layer**
  Die physikalische Schicht dient der Spezifikation von

Gerätetreibern und der Kommunikations-Hardware. Genauso wie die entsprechende OSI-Schicht übernimmt der Physical Layer die elektrische Übertragung und die Synchronisation der Knoten.

Beim Anwender ist heute in der Regel immer noch *DECnet Phase IV* implementiert. Die neue und stark erweiterte Version *Phase V* ist seit 1987 in Planung. Sie ist vor allem auf die Möglichkeit ausgerichtet, OSI-konforme Produkte einzusetzen.

Außerdem unterstützt *Phase V* das Ethernet-Zugriffsverfahren *CSMA/CD*▲ und umfaßt Autokonfigurationsmechanismen, die die Netzwerkverwaltung und das Management wesentlich erleichtern. Die Integration von *TCP/IP*-Funktionalität hat ein eher geringes Gewicht.

▲ Ein LAN-Zugriffsverfahren, siehe Kapitel 2.1.4.

Konzepte

„Die Urheber und Vermittler von Informationen sind funktionierende und wohlhabende Teile einer grenzenlosen Welt geworden ..."
Paul Kennedy

Die Entwicklung der elektronischen Informationsverarbeitung hat – genauso wie viele andere moderne Errungenschaften auch – auf beide Teile der Erdbevölkerung ihre Auswirkungen gehabt: Die wohlhabenden Urheber und Vermittler von Informationen sind in einer grenzenlosen Welt zusammengewachsen. Paul Kennedy sieht jedoch mit Sorge auch denjenigen Teil der Bevölkerung, an dem auch diese Entwicklung wieder vorbeiging und daher hauptsächlich negative Auswirkungen hat. Dieser Teil der Welt sollte bei aller Euphorie nicht vergessen werden!

Wir wollen in diesem Kapitel auf einige Konzepte eingehen, die das Vermitteln von Informationen in einer grenzenlosen Welt, aber auch im lokalen Bereich ermöglichen.

Überblick

Eher im Hintergrund sorgt die Netzwerkverwaltung dafür, daß der Netzwerkbetrieb reibungslos abläuft. Für den Anwender wird sie meist erst dann sichtbar, wenn Funktionen beeinträchtigt sind. Um auf diese Situationen vorbereitet zu sein bzw. sie von vornherein zu verhindern, wurden einige Konzepte entwickelt, die unter dem Begriff *Netzwerkmanagement* zusammengefaßt werden und in Kapitel 3.1. vorgestellt werden.

In den Kapiteln 3.2. und 3.3. geht es um Konzepte, die auf funktionierende Netzwerke aufsetzen. Die *verteilte Datenhaltung* und das *verteilte Arbeiten* sind grundlegende

Funktionen eines Netzwerks, die anhand einiger wichtiger Standards erläutert werden sollen.

3.1 Aufgaben der Netzwerkverwaltung

Das Vordringen der Informationsverarbeitung in immer mehr Unternehmensbereiche hat zu einer wachsenden Abhängigkeit von dieser Technologie geführt. Während zunächst einfach überschaubare, hierarchische Konzepte Anwendung fanden, wird heute mit vielschichtigen, verteilten und offenen Netzwerken gearbeitet. Entsprechend ihrer zentralen Bedeutung ist es notwendig, einen professionellen und ausfallsicheren Kommunikationsverkehr zu gewährleisten, da es sonst durch Störungen sehr schnell zu großen Schäden im Unternehmen kommen kann.

Einen störungsfreien Betrieb aufrechtzuerhalten und ein komplexes Netzsystem zu organisieren, ist Aufgabe der *Netzwerkverwaltung*. Wiewohl der eigentliche Anwender von diesen Aufgaben in der Regel nicht behelligt wird, wollen wir dennoch in diesem Kapitel einen kurzen Überblick über die Verwaltung eines komplexen, heterogenen Netzes geben.

Im ersten Teil werden die *allgemeinen Aufgaben* des Netzwerkmanagements zusammengefaßt. Die weiteren Abschnitte gehen näher auf die *Datensicherung* und den *Datenschutz* als zentrale Aufgabe der Netzwerkverwaltung ein.

3.1.1 Netzwerkmanagement

Netzwerkmanagement dient ganz allgemein dazu, die Verfügbarkeit von Ressourcen innerhalb des Netzwerkes zu erhalten und zu erhöhen. Hierzu ist eine kontinuierliche Überwachung des Netzwerkbetriebs erforderlich, denn Ziel eines erfolgreichen Managements ist ein möglichst frühzeitiges Eingreifen, bevor der Anwender Grund und Gelegenheit hat, sich zu beschweren. Sind bereits Störungen eingetreten, sollte ein unmittelbares Eingreifen den Fehler schnell und gezielt beseitigen. Die Störung des zentralen Kommunikationssystems kann in einem Unternehmen zu hohen betriebswirtschaftlichen Folgekosten führen (z. B. durch den Ausfall von Maschinen in der Fertigung). Das Netzwerkmanagement ist dafür verantwortlich, diese Kosten zu vermeiden bzw. zu begrenzen.

Abbildung 3.1 zeigt die Verteilung von verschiedenen Fehlersituationen auf die Schichten des OSI-Modells und nennt mögliche Ursachen. Ein Netzwerk bietet eine verhältnismäßig große Angriffsfläche für mögliche Fehlersituationen. Das Netzmanagement setzt sich daher aus vielen Teilbereichen zusammen, die von den verschiedenen Herstellern unterschiedlich gewichtet werden.

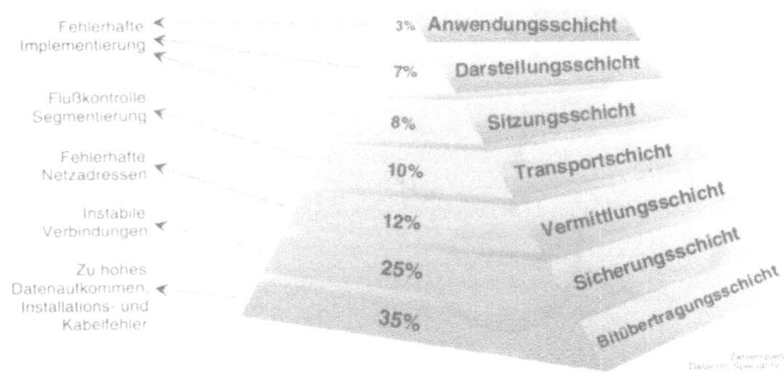

Abbildung 3.1: Netzwerkprobleme und ihre häufigsten Ursachen

Obwohl bereits seit geraumer Zeit vielschichtige und heterogene Netzwerke das Anwendungsbild prägen, gibt es bis heute kein einheitliches, allumfassendes Managementsystem, mit dem eine unternehmensweite Verwaltung des gesamten Netzwerkes möglich wäre. Zwar liefern die Hersteller eine Vielzahl unterschiedlicher Werkzeuge; diese erlauben jedoch häufig nur das Management eines spezifischen Produktes. Die Werkzeuge sind nicht auf die Gesamtstruktur des Netzes, sondern nur auf seine einzelnen Komponenten ausgerichtet. Das zentrale Management von einer einzigen Arbeitsstation aus und unter einer einheitlichen Oberfläche ist meist nicht möglich.

In der Praxis erfordert jede Komponente ihr eigenes Managementsystem. In heterogenen Netzen (Multivendorumgebungen) muß ein einheitliches Managementprotokoll vorhanden sein, das den Informationsaustausch zwischen den zu steuernden Geräten und der Management-Station erlaubt. Nur so wird eine zentrale Fehlerlokalisation und -identifikation sowie eine (vielleicht sogar automatisch gesteuerte) Behebung oder Umgehung des Fehlers möglich.

Die OSI-Managementfunktionen

Die OSI hat sich im Rahmen ihrer Standardisierungsbemühungen auch dem Netzwerkmanagement angenommen und fünf Basisfunktionen definiert (siehe Abbildung 3.2):

Abbildung 3.2: Die Basisfunktionen des OSI-Management

- **Konfigurations-Management**
  Es kann die Konfiguration aller Netzwerkgeräte (Brücken, Router, Hubs, Endstationen, u.a.) von einer zentralen Stelle aus überwachen und hält dazu eine Datenbank, in der Informationen über das Netzwerk gespeichert werden. Konfigurationsänderungen zur Last- oder Bedürfnisanpassung werden von hier aus vorgenommen und kontrolliert.
- **Fehler-Management**
  Es dient primär der Feststellung, Diagnose und Behebung von Netzwerkfehlern. Hierzu werden Meldungen anderer Geräte ausgewertet und der laufende Datenfluß kontrolliert. Möglichst sollte sogar – aufgrund von Erfahrungswerten – eine vorausschauende Fehlerprognose und -bekämpfung vorgesehen sein. Hierzu wird der gesamte Datendurchsatz und eventuelle Fehlerraten des Netzwerkes erfaßt, analysiert und in einer Datenbank gespeichert. Ziel des Fehlermanagements ist eine möglichst hohe Verfügbarkeit des Netzwerks und eine schnelle Fehlerkorrektur.
- **Performance-Management**
  Mit Hilfe von Auslastungsprüfungen (*Monitoring*) versucht das *Performance-Management* Problemsituationen frühzeitig zu erkennen und zu korrigieren, bevor durch Überlastung Engpässe und Fehler entstehen können. Außerdem wird das Ziel verfolgt, die zur Verfügung stehenden Kapazitäten optimal auszunutzen. Hierzu werden laufend Daten über Antwortzeiten und den allgemeinen Datendurchsatz gesammelt.
- **Accounting-Management**
  Es erlaubt dem Betreiber die von ihm bereitgestellten Leistungen abzurechnen, indem eine Erfassung der quantitativen und qualitativen Nutzung von Diensten

vorgenommen wird. Die gleichzeitige Dokumentation dieser Daten gestattet eine nachträgliche Kostenfeststellung und -umlage und ist ein wichtiges Instrument für die strategische Netzwerkplanung.

- **Sicherheits-Management**
  Um Sicherheitsrisiken zu mindern und das Netzwerk vor unberechtigtem Zugang zu schützen, sollten umfangreiche Sicherheitsmaßnahmen implementiert sein. Möglichkeiten hierzu sind eine Zugangskontrolle, der Passwortschutz, die Unterteilung des Gesamtnetzes in Subnetze, die Verschlüsselung von Daten und das Führen eines Sicherheitsprotokolls (Logbuch). Zum Thema *Datenschutz* und *Datensicherheit* siehe die beiden folgenden Kapitel.

SNMP

Das *Simple Network Management Protocol* (*SNMP*) ist seit 1988 Bestandteil von *TCP/IP*▾. Obwohl es eigentlich als Vorstufe zum OSI-Standard für Managementsysteme gedacht war, fand es sehr schnell großen Anklang, was vor allem an seinem einfachen Aufbau und den Verzögerungen bei der Fertigstellung von OSI lag. Ursprünglich nur für TCP/IP-Netze gedacht, hat sich SNMP heute auch in anderen Umgebungen gut etabliert.

▾ Siehe Kapitel 2.2.1.

Die prinzipielle Arbeitsweise von SNMP soll hier stellvertretend für alle anderen Management-Umgebungen, die in ähnlicher Weise funktionieren, näher betrachtet werden:

Unter dem Protokoll **SNMP** arbeiten Management- und Agentenstationen zusammen (siehe Abbildung 3.3 auf der nächsten Seite). Die *Network Management Station* (*NMS*) fragt in periodischen Abständen die ihr zugeordneten *Managed Agents* (Knotenpunkte im Netzwerk) ab und erhält von diesen Meldungen über deren augenblicklichen Status, Störungen und andere Vorkommnisse. Die Kommunikation wird dabei über das Management-Protokoll SNMP abgewickelt.

Es handelt sich also um ein verteiltes und kooperatives Management, in dem die Agenten der zentralen Station zuarbeiten. Netzwerkinformationen werden in der *Management Information Base* (*MIB*) gehalten und gepflegt. In ihr werden alle Netzwerkgeräte in einer abstrakten, herstellerunabhängigen Form repräsentiert und verwaltet. Die MIB ist eine Datenbank, die auf die Agent-Stationen verteilt wurde▼. Mit ihrer Hilfe führen die Agents von der Management-Station ausgegebene Operationen aus und schicken Meldungen an diese zurück.

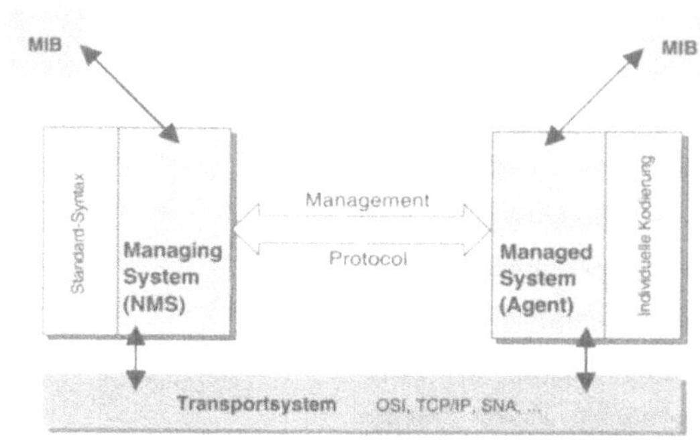

Abbildung 3.3: Prinzip eines Management-Systems

SNMP, OSI und weitere Systeme

Das TCP/IP-Protokoll **SNMP** hat vor allem deswegen so weite Verbreitung gefunden, weil es einfach zu implementieren ist und nur wenig Ressourcen in Anspruch nimmt. Man darf jedoch nicht aus den Augen verlieren, daß die reine Unterstützung des Protokolls nicht gleichzeitig zu einem einheitlichen und übergreifenden Management-Werkzeug führt.

SNMP erlaubt es lediglich, alle Management-Applikationen auf einer Station zu bearbeiten. Trotzdem müssen aber die herstellerspezifischen Applikationen für die verschiedenen eingesetzten Geräte separat bedient werden. Man erhält also kein einheitliches Management-System, sondern nur die Möglichkeit, mehrere, verschiedene Applikationen parallel auf einem Gerät zu bedienen. Auch in anderen Details ist SNMP eher einfach gestaltet und nicht auf die Verwaltung heterogener Netzstrukturen ausgerichtet.

OSI-Standards

Einen umfassenderen Anspruch verfolgt die *OSI* mit ihren Management-Standards. Unter dem Wort Netzwerk-Management versteht die OSI, Ressourcen zu kontrollieren, zu koordinieren und zu überwachen. Das Management

▼ Siehe Kapitel 3.2.4.

besteht dazu aus einem Netz von offenen Systemen, die allesamt interagieren.

Hierzu hat die OSI mehrere Standards verabschiedet, die eine herstellerübergreifende Basis für den Austausch von Management-Informationen bilden sollen. Die Basis hierzu bildet das Protokoll **CMIP** (*Common Management Information Protocol*). Die einzelnen Funktionen und Datenformate wurden pro Schicht des Referenzmodells▾ definiert. Sie bauen untereinander Peer-to-Peer-Verbindungen auf und können getrennt voneinander verwendet werden (vergleiche hierzu Seite 38).

▾ Zum OSI-Modell siehe Kapitel 1.4.

Die OSI-Management-Standards bilden eine mächtige Architektur mit einer reichhaltigen und flexiblen Struktur und einer Sammlung umfassender Werkzeuge. Leider sind sie jedoch nach wie vor (Mai '94) nicht abschließend definiert und finden nur eine geringe Akzeptanz, weshalb auch nur sehr wenige Produkte implementiert wurden.

IEEE 802.1

Auch das *IEEE* hat sich des Netzwerk-Managements angenommen und die Empfehlung **802.1** herausgegeben. Sie definiert für die unteren beiden OSI-Schichten Darstellungsformate, eine *Management Information Base* (*MIB*) sowie das Protokoll und die Architektur eines Management-Systems.

OSF DME

Die neuste Entwicklung geht auf die *Open Software Foundation* (*OSF*) zurück, die eine Management-Umgebung standardisiert hat. **DME** steht für *Distributed Management Environment* und dient – ähnlich allen anderen Standardisierungsansätzen – der zentralen Verwaltung dezentraler Netzwerk- und Systemressourcen. Das Ziel der OSF ist die Gestaltung einer offenen Plattform, die über ihre Programmierschnittstelle anderen Management-Applikationen den Zugang zu all ihren Diensten ermöglicht. DME ist Bestandteil des *OSF DCE*, das in Kapitel 3.3.2. beschrieben wird.

Neben diesen herstellerübergreifenden Standards haben auch verschiedene Hersteller weitere proprietäre herausgebildet. Die wichtigsten wurden von *AT&T*, *Hewlett Packard*, *Digital*, *IBM* und *Novell* entwickelt. Sämtlich sind sie etablierte De-facto-Standards, die sich durch die OSI-Vorschläge nur ergänzen lassen.

3.1.2 Datenschutz in Netzen

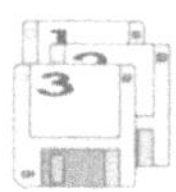

Eine unumgängliche Aufgabe der Netzwerkverwaltung bleibt die Sicherung und der Erhalt aller Daten, Funktionen und Geräte eines Netzwerks. Genauso schnell wie die Entwicklung neuer Techniken für den Austausch von Informationen voraneilte, hielt auch der Mißbrauch dieser Technologien Schritt. Nicht nur die Informationen, die über das Netz transportiert werden, sondern auch das Netzwerk selbst stellt für den Anwender einen Wert dar, den es zu erhalten und zu schützen gilt.

Datenschutz und Datensicherheit

Bei jeder Installation von Geräten und Programmen sowie bei jedem Informationstransfer muß zuvor geklärt sein,

- wie störanfällig die Aktion ist (*Grundbedrohung*),
- wie sensibel die Aktion auf Mißbrauch reagiert (*Sicherheitsrelevanz*) und
- welche Vorkehrungen daher gegen Mißbrauch getroffen werden müssen (*Datenschutz* und *Datensicherheit*).

So einfach es einmal war, Datenschutz auf einem zentralen alleinstehenden Rechner ohne Außenverbindungen (einem sogenannten geschlossenen System) zu betreiben, so schwierig ist dies heute mit verteilt arbeitenden Rechnern, die durch ein Kommunikationsnetzwerk verbunden werden. Gerade das Netzwerk bietet eine Fülle von Angriffsmöglichkeiten, die in diesem Kapitel kurz zur Sprache kommen sollen.

Der Schutz von Ressourcen erfolgt in einem alleinstehenden Rechnersystem durch das Betriebssystem, das die Oberhand und Kontrolle über alle Aktionen innerhalb des Systems behält. In offenen verteilten Systemen dagegen befindet sich – neben den Endgeräten – vor allem ein leicht angreifbares Netz, das besonderer Sicherheitsvorkehrungen bedarf.

Datenschutz

Unter **Datenschutz** versteht man den Schutz von *Objekten* gegen Mißbrauch durch unberechtigte Dritte. Als *Objekte* werden alle potentiellen Angriffspunkte bezeichnet, also

- Daten und Software-Programme,
- die technischen Geräte des Systems,

- das Kommunikationsmedium (Verkabelung und Funkstrecken) und
- Personen, die das System benutzen oder verwalten.

P-Zugriff

Die Informationssicherheit eines aus diesen Objekten bestehenden Systems kann auf vielfältige Weise beeinträchtigt werden. Die einfachste und gleichzeitig am schwierigsten zu ortende Angriffsmöglichkeit ist das *passive Abhören* (**P-Zugriff**) der übertragenen Daten, ohne diese oder andere Systemkomponenten direkt zu manipulieren. Abgehört werden die Daten selbst oder Informationen, die zu deren Sicherung notwendig sind. Letztere sind z. B. *Passwörter,* über die sich unerlaubter Zugang zu Informationen verschafft werden kann.

A-Zugriff

Der passive Zugriff auf Daten, bei dem Informationen über das Netzwerk gesammelt werden, ist meist die Vorstufe zum *aktiven Angriff* (**A-Zugriff**), bei dem Systemkomponenten durch unberechtigte Dritte direkt manipuliert werden. Dies schließt das Löschen und Ändern von Daten sowie das unnötige Wiederholen und Verzögern von Übertragungen ein. Das erklärte Ziel eines aktiven Angriffs ist die bewußte Informationsverfälschung.

S-Ereignis

Werden schließlich Systemkomponenten entweder durch gezielten Angriff (Sabotage) oder durch unzuverlässige Systembestandteile in ihrer Funktionalität beeinträchtigt, spricht man von **S-Ereignissen**. Diese dritte Form des Angriffs auf ein Informationssystem setzt entweder einen *aktiven Zugriff* durch Dritte oder mangelnde Sorgfalt bei der Planung oder Implementierung des Systems voraus.

Die Grundbedrohungen

Der Aufbau eines Sicherheitssystems für ein Netzwerk ist stets davon abhängig, welchen Bedrohungen es ausgesetzt ist und wie sicherheitsrelevant die zu übertragenden Informationen sind. Es werden vier Grundbedrohungen unterschieden, die bei Überlegungen zu den notwendigen Sicherheitsanforderungen berücksichtigt werden müssen:

- Der *Verlust der Vertraulichkeit*
  ensteht durch unbefugten Informationsgewinn z. B. durch Abhören. Die Vertraulichkeit ist nicht mehr gegeben, wenn Zugriffsrechte umgangen und geschützte Daten abgerufen werden können, oder wenn der Datentransfer innerhalb des Netzwerkes abgehört werden kann.
- Der *Verlust der Integrität*
  von beliebigen Objekten des Systems durch unerlaubte Modifikation. Hierzu zählt das Verändern des Informationsgehaltes von Daten und die Modifikation von Geräten, so daß sich deren Funktionsweise ändert. Das bekannteste Beispiel ist die Veränderung von Daten und Programmen durch Computer-Viren.
- Der *Verlust der Verfügbarkeit*
  wird hervorgerufen durch unbefugtes Beeinträchtigen der Funktionalität von Objekten des Informationssystems. Korrekt verfügbar sind diese Objekte dann, wenn sie zu vorgesehenen Zeitpunkten oder in zuvor garantierten Zeitabständen verwendet werden können. Beeinträchtigt wird die Verfügbarkeit eines Netzwerks z. B. durch das Versenden von großen bedeutungslosen Datenpaketen, was den regulären Datenverkehr behindert oder sogar lahmlegt.
- Der *Verlust der Verbindlichkeit*
  ist eine Bedrohung, die bei oberflächlicher Betrachtung eines Informationssystems nicht direkt ins Auge fällt. Die Verbindlichkeit ist dann gefährdet, wenn Aktionen im nachhinein nicht mehr eindeutig nachgewiesen werden können. Ein Beispiel ist das Problem, zu beweisen, daß ein Netzwerk-Teilnehmer eine bestimmte E-Mail erhalten hat.

Sicherheitsmaßnahmen

Identifikation und Authentisierung

Diesen Grundbedrohungen kann man auf vielfältige Weise begegnen. Der bekannteste Mechanismus ist die *Identifikation und Authentisierung* eines jeden, der mit dem Netzwerk arbeiten will. Vor dem Beginn einer Sitzung muß sich ein Teilnehmer beim Netzwerk anmelden (`LOG-IN`). Hierzu verfügt er über eine eindeutige Benutzer-Identifikation und sein Passwort.

Benutzerrechte

Mit dieser Anmeldung sind innerhalb des Netzwerkes bestimmte *Benutzerrechte* verbunden. Bei der Einrichtung seiner Netzzugangsberechtigung werden jedem Anwender bestimmte Rechte zuerkannt, die er bei der Arbeit mit dem Netzwerk wahrnehmen kann. Hierbei gilt das Prinzip des *Need-to-Know*, das heißt,. daß jeder nur auf die für die Bewältigung seiner Aufgabe notwendigen Informationen, Dienste und Geräte Zugriff erhält. So lassen sich Dateien, Verzeichnisse, Programme oder auch Peripheriegeräte mit Restriktionen versehen, so daß sie nicht von jedem Anwender eingesehen oder benutzt werden können.

Accounting und Auditing

Während des laufenden Betriebs lassen sich durch ein *Netzwerk-Monitoring* alle Aktionen protokollieren. Das *Accounting*, das neben der Kostenabrechnung auch der Beweissicherung▾ dient und eine generelle Aufzeichnung aller Aktionen innerhalb des Netzwerks vornimmt, wird durch das *Auditing* ergänzt, das zur gezielten Entdeckung unautorisierter Zugriffe auf sicherheitsrelevante Ressourcen eingesetzt wird. Hier schließt sich der Kreis zur Netzwerkverwaltung, die an vielen Stellen auch aus anderen Gründen den Netzverkehr überwachen muß (z. B. *Performance-Management* siehe Kapitel 3.1.1.).

▾ Vergleiche *Verlust der Verbindlichkeit* weiter oben

Verschlüsseln, Subnetzbildung und Raumplanung

Weitere Maßnahmen zum Schutz sicherheitsrelevanter oder personenbezogener Daten sind das *Verschlüsseln* von Daten zum Schutz der Vertraulichkeit. Auch die *Bildung von Subnetzen* – wie schon in Kapitel 1.5.2. besprochen – mit einer aufgetrennten Rechteverwaltung trägt grundlegend zum Datenschutz bei. Natürlich spielt auch die *Raumplanung* eine große Rolle. Das Aufstellen zentraler Ressourcen wie z. B. eines Servers und das Verlegen von Kommunikationsverbindung sollte in Hinblick auf innere und äußere Einflüsse zuvor intensiv geplant werden.

Schulung und Verständnis

Das Wichtigste ist jedoch, bei allen Anwendern des Informationssystems ein *kritisches Verständnis* für die moderne Datenverarbeitung und das richtige Bewußtsein für Sicherheitsbelange zu schaffen. Die *Schulung* der Mitarbeiter ist daher zentraler Bestandteil eines umfassenden Datenschutz-Maßnahmenkatalogs.

Bei allen Anstrengungen, Datenverarbeitungs- und Kommunikationssysteme sicherer zu machen und nach außen abzuschotten, darf aber nicht vergessen werden, daß offene Systeme mit einer offenen Kommunikationsstruktur durch die Integration von Sicherheitsmaßnahmen zu geschlossenen Systemen werden. Es muß daher stets abgewogen werden, welches Sicherheitskonzept für den Anwender die geringsten, noch zumutbaren Einschränkungen mit sich bringt.

3.1.3 Datensicherheit in Netzen

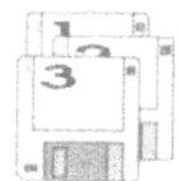

Unter **Datensicherheit** versteht man weniger die Abwehr von Angriffen durch unberechtigte Dritte, als vielmehr das gezielte Sichern der Daten vor Zerstörung, Verfälschung oder Verlust durch technische Fehler und natürliche Einflüsse. Ziel ist es, die Funktionalität des gesamten Informationssystems und die Korrektheit und Konsistenz der gespeicherten und übertragenen Daten zu gewährleisten.

Maßnahmen sollten hier vor allem *präventiv* greifen und nicht erst die Problemsituation abwarten. Kommt es doch einmal zu einem Fehler, so sieht ein ausgereiftes Datensicherheitskonzept vorbereitete Wege zur Überbrückung vor, so daß für den Anwender möglichst keine oder nur geringe Einschränkungen entstehen.

Raumplanung

Auch in diesem Bereich gibt es wieder eine Vielzahl von Sicherheitsmechanismen, die teilweise Hand in Hand gehen mit Datenschutzeinrichtungen und diese unterstützen.

So ist beispielsweise die *Raumplanung* für die zentrale Hardware sowie für die Verkabelung auch bei Datensicherheitsfragen ein wichtiges Thema. Die Räumlichkeiten sollten Schutz vor höherer Gewalt und Diebstahl gewähren und gleichzeitig optimale Betriebsbedingungen bieten (z. B. durch Klimatisierung und eine unterbrechungsfreie Stromversorgung, *USV*). Einige Maßnahmen (wie z. B. das Bilden von Subnetzen) wurden bereits im Zusammenhang mit den Übertragungstechnologien erwähnt (vergleiche Kapitel 2.1.).

Backup

Neben allen anderen Sicherheitsmaßnahmen ist die Datensicherung auf Hintergrundspeicher (*Backup*) eine einfache und unumgängliche Maßnahme. Das Kopieren des Datenbestandes auf Ersatzmedien (wie z. B. Bandlaufwerke) sollte nach einem zuvor ausgearbeiteten Konzept in regelmäßigen Zeitabständen und in mehreren Generationen erfolgen, so daß im Falle von fehlerhaft gesicherten oder versehentlich gelöschten Daten zusätzlich auf ältere Bestände zurückgegriffen werden kann.

Konfigurierung der PC

Durch den zunehmenden Einsatz von intelligenten Arbeitsstationen (PCs) hat sich nicht nur die Arbeitsqualität für den Anwender verbessert; leider ist auch die Verwaltung und Pflege komplexer geworden. Eine einheitliche *Konfigurierung* der PCs und umfangreiche Kontrollmaßnahmen sind hier von Vorteil. Sie unterstützen die Bemühungen um Datensicherheit und ermöglichen ein sinnvolles Management.

Zumeist lohnt es sich beispielsweise, in jedem Einzelfall zu prüfen, ob der Einsatz von *Medialess Workstations* möglich ist, die über keine eigenen Speichermedien (Festplatte oder Diskettenlaufwerk) verfügen. Das unbeaufsichtigte Entnehmen oder Hinzufügen von Daten oder Programmen kann so auf einfache Weise verhindert werden.

Redundanz

Auf der Seite der Server-Systeme wird in der Regel durch *Redundanz*, die im Fehlerfall einspringen kann, die Datensicherheit erhöht (siehe Abbildung 3.4 auf der nächsten Seite). Der führende Hersteller für lokale Netzwerkbetriebssysteme *Novell* unterscheidet drei aufeinander aufbauende Sicherheitsklassen (*System Fault Tolerance Levels*)[29]:

SFT I, II, III

- **SFT I**: Doppelte (gespiegelte) Festplatte (*Mirroring*)
  Beim Mirroring werden zwei Festplatten durch einen Controller gesteuert. Alle Daten werden zur Erhöhung der Sicherheit jeweils doppelt abgelegt. Dadurch daß

[29] *Hintergrundinformation*: In der Grundkonfiguration besteht die Speicher-Hardware eines Servers aus einer Steuereinheit (Controller), dem Verbindungskabel und der Festplatte (siehe Abbildung 3.4).

der Controller zweimal schreiben muß, entstehen bei diesem Verfahren leichte Zeitverzögerungen. Man ist jedoch gegen den Ausfall einer Festplatte geschützt.

- **SFT II**: Doppelte Speichereinheit (*Duplexing*)
  Beim Duplexing wird zusätzlich zur Festplatte auch der Controller doppelt ausgeführt. Da beim Schreibvorgang beide Controller quasi gleichzeitig arbeiten können, entstehen keine Verzögerungen. Es lassen sich beim Lesevorgang durch den Einsatz beider Speichersysteme sogar Geschwindigkeitsverbesserungen erzielen. Der Server wird auf diese Weise vor einem Total- oder Teilausfall seines Speichersystems geschützt.
- **SFT III**: Doppelter Server (*Server-Mirroring*)
  Das Doppeltauslegen von kompletten Servern ist die jüngste und aufwendigste der drei Sicherheitsstrategien. Hierbei ist man vor allen Fehlersituationen, die in einem Server-System auftreten können, geschützt.

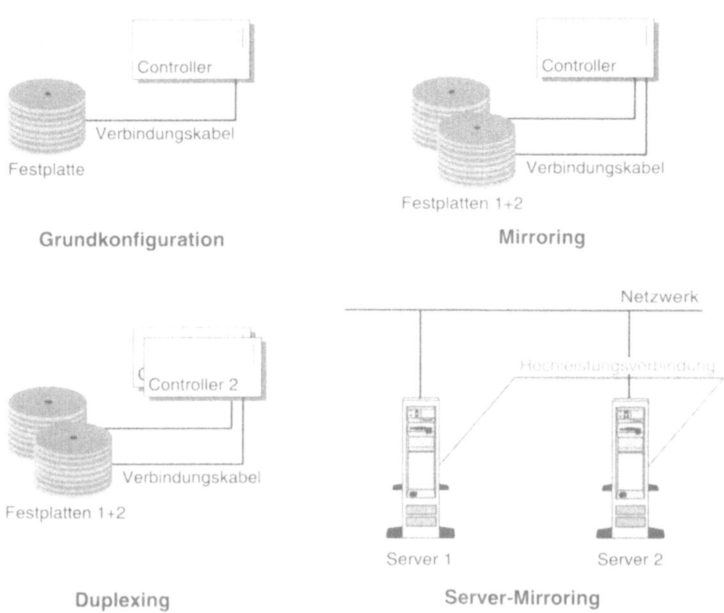

Abbildung 3.4: Die Novell-Sicherheitsstufen

Monitoring

Im Bereich der *Organisation* lassen sich ebenfalls verschiedene Sicherheitsstrategien verfolgen. So ist das *Monitoring* aller Vorgänge innerhalb des Netzwerkes einschließlich einer Benutzerdokumentation und der Aufzeichnung von Ausfällen ein wichtiges Instrument, um Fehlersituationen vorzubeugen bzw. nach deren Eintritt wieder einen funktionsfähigen Zustand zu erreichen. Eine regelmäßige Analyse hilft, Symptome zu diagnostizieren und das System gegebenenfalls umzustrukturieren.

Die Liste der Sicherheits- und Schutzmaßnahmen läßt sich noch weiter fortführen. Da diese Maßnahmen jedoch in erster Linie das Netzwerk-Management betreffen, wurde an dieser Stelle nur ein kurzer Überblick gegeben. Detailliertere Informationen lassen sich z. B. in [Kauf89] finden.

3.2. Verteilte Datenhaltung

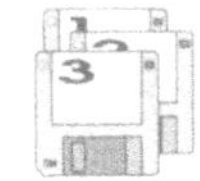

Netzwerke dienen ganz allgemein der Kommunikation und Verbindung. Voneinander räumlich getrennte Orte können mit ihrer Hilfe gekoppelt und die Anwender zum gemeinsamen Arbeiten an denselben oder an verschiedenen, voneinander abhängigen Aufgaben befähigt werden. Das Netzwerk überbrückt durch seine leistungsfähigen und schnellen Übertragungskapazitäten die räumliche Distanz zwischen den Teilnehmern und läßt sie zusammenwachsen. Nachdem in vorangegangenen Kapiteln technische Hintergründe, Funktionen und Ausprägungen von Netzwerken ausführlich dargestellt wurden, soll es im folgenden um erste Möglichkeiten gehen, die der Einsatz von Netzwerken erlaubt.

Verteilte Datenhaltung und Verteiltes Arbeiten

In den Kapiteln 3.2. und 3.3. wird die *verteilte Datenhaltung* – also das Speichern logisch zusammengehöriger Daten an verschiedenen Orten – und das *verteilte Arbeiten*, das über ein Netzwerk die gleichzeitige Arbeit an zusammenhängenden Projekten ermöglicht, beschrieben. Anhand verschiedener Standards und Oberbegriffe aus dem Bereich der *heterogenen* Netzwerke gehen wir näher auf diese beiden grundlegenden Varianten ein.

Man sollte sich zuvor vergegenwärtigen, daß wir uns an dieser Stelle mit offenen, nicht-proprietären Netzwerken, die meist auf *Unix* und *TCP/IP* basieren, beschäftigen. Bei ihnen ist ein viel größerer Koordinationsaufwand notwendig, als dies z. B. in einfachen lokalen Netzwerken unter *Novell NetWare* oder dem *LAN-Server* der Fall ist! In den letzgenannten Umgebungen sind vergleichbare Funktionen zu finden (siehe die Kapitel 5.1.1. und 5.1.2.)

Die ersten drei Kapitel befassen sich mit Standards zur *Haltung* von Daten. Es geht also um „aktive" Handlungsweisen. Kapitel 3.2.4. dagegen zeigt eine Speichermöglichkeit – also einen „passiven" Zustand – und schließt die Datenhaltung mit einer Betrachtung verteilter Datenbanken ab.

3.2.1 NFS

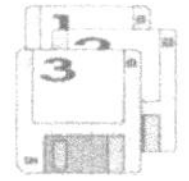

Das *Network File System* (*NFS*) ist ein Protokoll des in Kapitel 2.2.1. besprochenen TCP/IP-Stapels und beinhaltet eine Zusatzanwendung zu den TCP/IP-Grundfunktionen. Zu seiner Erläuterung müssen zunächst noch einige andere Fachbegriffe geklärt werden.

RPC und XDR: Die Grundlagen von NFS

Der *TCP/IP-Stapel* ist viel einfacher aufgebaut und verfügt über weniger Schichten als das OSI-Referenzmodell (vergleiche Abbildung 2.30 auf Seite 130). Dies gilt jedoch nur bei oberflächlicher Betrachtung und nur dann, wenn lediglich einfache Protokolle wie *FTP* oder *TELNET* verwendet werden sollen, die wenig komplexe Anforderungen stellen.

Sollen dagegen aufwendigere Protokolle eingesetzt werden, erhöht sich auch beim TCP/IP-Stapel die Komplexität. Die vielen zu realisierenden Funktionen fordern zur besseren Übersichtlichkeit ebenfalls eine Unterteilung der Anwendungsschicht. Beim Einsatz von NFS kommen die folgenden Protokolle zum Einsatz, die den oberen drei OSI-Schichten zugeordnet werden können (siehe Abbildung 3.5):

7. Anwendungsschicht:
   NFS (*Network File System*)

6. Darstellungsschicht:
   XDR (*External Data Representation*)
5. Sitzungsschicht:
   RPC (*Remote Procedure Call*)

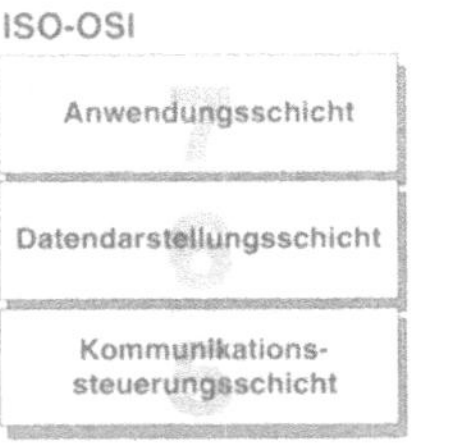

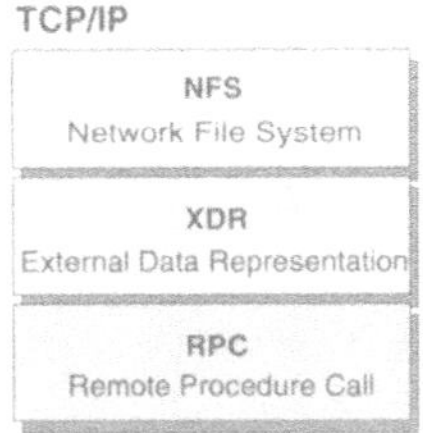

Abbildung 3.5: Die erweiterte TCP/IP-Anwendungsebene

Der entfernte Prozeduraufruf (**RPC**) wurde zunächst nur als Basis für NFS entwickelt. Heute ist er jedoch Grundlage für viele andere verteilte Anwendungen geworden (vergleiche Seite 22 und Kapitel 3.3.2.). RPC ist ein weiteres Beispiel für das Client/Server-Prinzip: Der Client ruft über das Netzwerk beim Server eine Prozedur auf, die dieser daraufhin für den Client startet. Im Anschluß an das Ende der Routine sendet der Server dem Client die Ergebnisse und wartet danach auf den nächsten Aufruf.

Da RPC auf der Sitzungsebene abläuft, kann es auf die beiden Transportprotokolle *TCP* und *UDP* aufsetzen. In der Regel wird *UDP* verwendet. Der entfernte Prozeduraufruf ist eine spezielle Art der Kommunikation zwischen Prozessen über ein Netzwerk▼.

▼ Vgl. Kapitel 1.3.4.

XDR kann auf der Darstellungsschicht angesiedelt werden. Das Protokoll beinhaltet rechnerunabhängige Vereinbarungen über die Darstellung auszutauschender Daten. Beim Einsatz von RPC sollen meist Rechner unterschiedlicher Architekturen und Betriebssysteme und verschiedenartige Programme zusammenarbeiten. Dies ist Sinn verteilter Anwendungen.

Die verschiedenen Systeme brauchen jedoch ein einheitliches Format, um Daten austauschen zu können. Hierfür ist XDR zuständig, das den Austausch auf logisch hoher Ebene abhandelt und Formatkonvertierungen vornimmt. Beim entfernten Prozeduraufruf werden keine ganzen Dateien (wie etwa beim Filetransfer mit *FTP*) sondern nur einzelne Zeichen übermittelt. Das können z. B. Programmcodes, Parameter für den Routineaufruf oder die Ergebnisse sein, die der Server dem Client zurücksendet.

Auf der obersten Schicht kann nun **NFS** eingesetzt werden, das auf die Dienste von *XDR* und *RPC* zurückgreift.

NFS

Ein Dateisystem über ein Netzwerk

Mit Hilfe des **Network File System** (**NFS**) können – wie es bereits der Name nahelegt – innerhalb eines Netzwerkes Dateisysteme gebildet werden. Verzeichnisse, die von anderen Rechnern dazu freigegeben wurden, können als eigenes Verzeichnis genutzt werden. Das Ansprechen dieser NFS-Verzeichnisse erfolgt für den Anwender vollkommen transparent. Er behandelt ein entferntes, via NFS an den eigenen Rechner angehängtes Server-Verzeichnis genauso wie ein lokales.

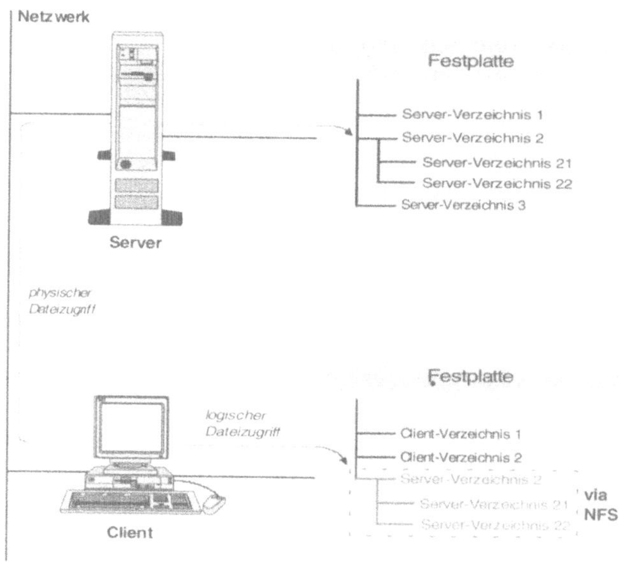

Abbildung 3.6: Einhängen eines Verzeichnisses mit NFS

Den technischen Hintergrund bildet eine klassische Client/Server-Struktur, die sich eigentlich aus zwei Protokollen zusammensetzt: *MOUNT*, ein Standardbefehl der Unix-Welt, ist für das Einhängen des fremden Verzeichnisses in den eigenen Dateibaum zuständig (siehe Abbildung 3.6). MOUNT verwaltet den Zugang (Deskriptor) zu dem Remote-Verzeichnis und stellt dem NFS-Protokoll diesen Zugang zur Verfügung. Dieses kann über den Deskriptor dann auf das Verzeichnis zugreifen.

Der Client, an den ein fremdes Verzeichnis angehängt wurde, sendet Anforderungen an den Server (Löschen, Kopieren oder Bewegen von Dateien), die dieser für ihn durchführt. Während es für den Anwender erscheint, als arbeite er auf dem Speichersystem des eigenen Rechners, erfolgt die tatsächliche Bearbeitung der Anforderung auf dem Server, der über einen entfernten Prozeduraufruf (*RPC*) dazu aufgefordert wurde.

Innerhalb eines Netzwerks kann jede Station Dateien und Verzeichnisse exportieren. Da jeder Client, der die fremden Verzeichnisse nutzen will, sie zunächst mit expliziten MOUNT-Befehlen in den eigenen Verzeichnisbaum einhängen muß, entsteht jeweils ein eigener, persönlich definierter Dateiraum. Dieser ist für jeden Client individuell. Wie sich ein netzwerk-einheitlicher Dateiraum schaffen läßt, wird im folgenden Kapitel beschrieben.

NFS wurde ursprünglich von *SUN* entwickelt. Da die Firma aber ihre Protokolldefinitionen freigab, konnte NFS auch von vielen anderen Herstellern übernommen werden. Auf diese Weise ist es heute zu einem De-facto-Standard avanciert, der auf vielen Plattformen eingesetzt wird. Neben vielen Unix-Versionen sind NFS-Implementierungen auch für andere Betriebssysteme (z. B. für DOS) erhältlich.

Vorteile von NFS

Damit ergeben sich die Vorteile von NFS:

- Plattformunabhängigkeit,
- Betriebssystemunabhängigkeit und
- Transparenz für den Anwender.

In einigen Details (beispielsweise der Synchronisation von Mehrfachzugriffen auf eine Datei oder der Protokollsicherheit) ist NFS nicht vollkommen ausgereift. Außerdem ist die Geschwindigkeit einer Dateioperation stark von der Belastung des Netzwerkes abhängig.

Diesen Nachteilen begegnen modernere verteilte Dateisysteme wie z. B. das *Andrew File System* (*AFS*), das unter dem Namen *DFS* Bestandteil des *OSF DCE*▼ geworden ist und im folgenden Kapitel behandelt wird. AFS ist jedoch noch nicht so weit verbreitet wie NFS. Erste Produkte kommen gerade auf den Markt.

▼ Siehe Kapitel 3.3.2.

3.2.2. AFS

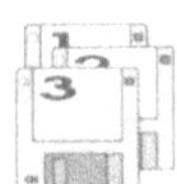

Das **Andrew File System** ist eine Weiterentwicklung des Konzepts des *Network File System*, die von den Erfahrungen mit NFS profitiert. AFS stellt einen Dienst zur systemweiten verteilten Dateiverwaltung zur Verfügung, der ebenfalls den transparenten Zugriff auf Netzwerkdateien ermöglicht.

Auf entfernten Festplatten liegende Dateien werden vom Anwender wie lokale Dateien behandelt.

Im Unterschied zu NFS ist AFS auf *mehreren* Servern implementiert, die zusammen die Datenbestände für das Netzwerk verwalten. Alle Clients greifen auf diese Dateien transparent zu. Selbst eine Dateiverlagerung von einem auf einen anderen Server bleibt für die Clients ohne Bedeutung. Der Anwender merkt hiervon nichts.

Unter AFS werden im Unterschied zu NFS *dedizierte* Datei-Server eingesetzt, mit deren Hilfe ein globaler und für das gesamte Netzwerk einheitlicher Dateiraum geschaffen wird (siehe Abbildung 3.7). Auch dies ist ein wesentlicher Unterschied zu NFS, das unterschiedliche Dateiräume entstehen läßt▼. AFS bietet damit eine Lokalitätstransparenz über den gesamten, von ihm verwalteten Datenbestand im Netz.

▼ Vgl. voriges Kapitel.

System-
Management

Dateiverwaltung
Dateireplikation
Cache-Synchronisation
Backup-Verwaltung

Cache
Dateizugriff

AFS-Client

AFS-Server

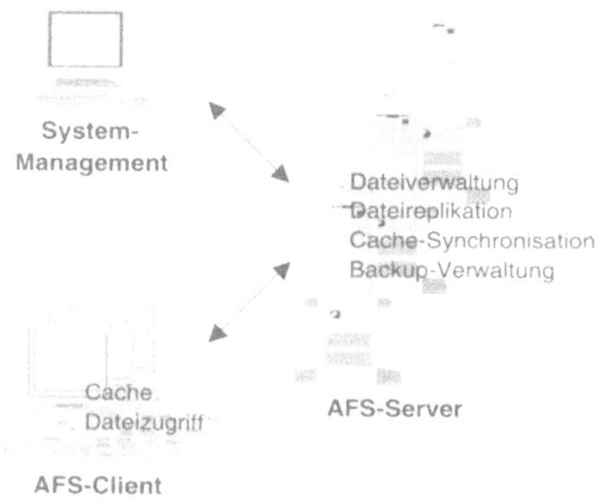

Abbildung 3.7: Die Struktur des Andrew-Filesystems

Um die Verfügbarkeit von Dateien zu erhöhen, bietet das *Andrew File System* die Möglichkeit der *Dateireplikation*. Replikate sind Kopien der Originaldatei, die auf weitere Server verteilt werden und nur den Lesezugriff erlauben. Schreibzugriffe bleiben der Primärdatei vorbehalten. Werden an der Originaldatei Änderungen vorgenommen, gehen diese in periodischen Abständen oder auf explizites Verlangen an die Replikate.

Dateien können — entsprechend den Anforderungen der Clients — durch den Systemmanager nahe bei den zugreifenden Clients plaziert werden, was zu einem Lastenausgleich und einer Optimierung des Gesamtsystems führt. Vor allem für binäre Programmdateien, die nur hin und wieder ein Update erfahren, ist diese Verteilung interessant.

Zwischenspeichern mit Cache

Bei einem entfernten Dateizugriff hält jeder Client die gesamte Datei oder zumindest große Teile davon in einem lokalen *Cache*[30]. Dies ermöglicht ihm einen effizienten Zugriff während der Bearbeitung, da die meisten Dateizugriffe

[30] Ein *Cache* ist ein sehr schnell arbeitender Zwischenspeicher.

lokal über den Cache ablaufen können und nicht über das Netzwerk erfolgen müssen.

Der Inhalt des Cache wird erst beim Schließen der Datei wieder auf den Server weggeschrieben. Dann erst wirken sich Änderungen auch für andere Clients aus, die auf die gleiche Datei zugreifen wollen. Jeder Datei-Server unterhält eine *Cache-Synchronisation*, die die Clients anweist, ihren Cache zu aktualisieren, wenn sich die Originaldatei geändert hat.

Bei der Verwendung von NFS werden nur kleine Teile einer entfernten Datei (wenige Dateiseiten) in den lokalen Cache geladen, so daß sich durch häufiges Nachladen eine höhere Server- und Netzwerkbelastung ergibt. Sowohl die Replikationstechnik als auch das umfangreiche Zwischenspeichern in den Clients führen bei AFS zu Geschwindigkeitsvorteilen.

Das Caching bringt jedoch nicht nur Geschwindigkeitsvorteile: Ein AFS-Server kann sehr viel mehr Clients parallel bedienen, als dies unter NFS möglich ist.

Datensicherheit

Auch in puncto *Datensicherheit* ist das Andrew File System dem SUN-NFS voraus: Eine automatische Logbuchfunktion protokolliert alle Dateikommandos im Netz. Nach einem Rechnerausfall können mit Hilfe des Protokolls die letzten Kommandos wiederholt werden, um das System wieder in einen stabilen Zustand zu überführen. Außerdem lassen sich für Dateizugriffe Schutzmechanismen aktivieren, mit denen der netzwerkweite Zugriff auf entfernte Dateien kontrolliert werden kann.

Integriertes Backup

Die Konfiguration eines AFS-Servers umfaßt ferner eine integrierte *Backup-Verwaltung*, mit der automatisch Sicherheitskopien im laufenden Betrieb erzeugt werden können. Dies ist wegen der dem System eigenen, globalen Sicht auf alle Dateien relativ einfach. Einzel-Backups für alle angeschlossenen Rechner sind damit hinfällig.

AFS oder NFS?

Insgesamt gesehen ist AFS ein leicht skalierbares, sehr effizient arbeitendes Dateisystem mit einer mächtigen Struktur. Es erfordert allerdings eine komplexe und aufwendige Verwaltung. Aus diesen Gründen läßt es sich eher in großen Umgebungen einsetzen.

NFS dagegen ist für kleine Netzwerke interessant, weil es mit seiner flexiblen MOUNT-Technik individuell gestaltet werden kann. Es ist jedoch einige Erfahrung beim Anwender für die Konfiguration der Einzelsysteme nötig.

Auch der (vorübergehende) Einsatz beider Systeme – etwa bei der Umstellung von NFS auf AFS – ist möglich. Dank eines NFS/AFS-Umsetzers können NFS Clients auf das Andrew File System zugreifen.

AFS ist unter dem Namen *Distributed Filesystem* (*DFS*) Bestandteil des *OSF DCE*▾ (siehe Kapitel 3.3.2.) geworden.

3.2.3. NIS

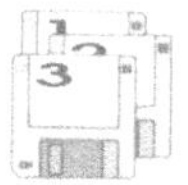

Das **Network Information System** (**NIS**) ist ein weiteres Protokoll des TCP/IP-Stapels und wird in der Regel in Ergänzung zu NFS eingesetzt. Es wurde von *SUN* für die zentrale Datenverwaltung im Netz entwickelt.

Informationen, die für das gesamte Netzwerk relevant sind, können Clients unter NIS von einem zentralen Server abrufen. Die konsistente Verwaltung von Zugangsberechtigungen (Accounts) und zugehörigen Passworten kann innerhalb eines größeren Netzwerkes recht mühsam sein. Dies läßt sich durch eine für das gesamte Netzwerk zentrale Verwaltung erheblich vereinfachen.

Man kann jedoch nicht nur die Benutzer-, sondern auch die Gruppen- und Host-Verwaltung durch ein zentrales Halten der relevanten Dateien vereinfachen. So muß nicht mehr jeder Client diese Dateien lokal speichern, sondern kann auf die zentrale Verwaltung innerhalb des Netzes zurückgreifen. Wegen der zentral gehaltenen Host-Informationen kann sogar innerhalb des NIS-Netzes auf einen *Name Server*▾ verzichtet werden.

▾ Vgl. Kapitel 1.6.

Die Struktur von NIS richtet sich an einem speziellen Rechner, dem *Master Server*, aus, auf dem die Datenbank mit den zentral zu verwaltenden Informationen gespeichert ist (siehe Abbildung 3.8 auf der nächsten Seite). Alle Clients, die auf die Informationen des Servers zugreifen, bilden eine Domäne, die sich bei kleinen Netzwerken meist über das Gesamtnetz erstreckt.

Bei größeren Netzen werden zusätzlich zum *Master Server* weitere *Slave Server* eingesetzt. Sie dienen der Unterstützung des Master Servers und fördern die Lastverteilung und Ausfallsicherheit des NIS-Netzes. Der Master Server unterrichtet seine Slaves regelmäßig über Änderungen in seiner Datenbank, so daß auch die Slaves immer über aktuelle Datenbestände verfügen.

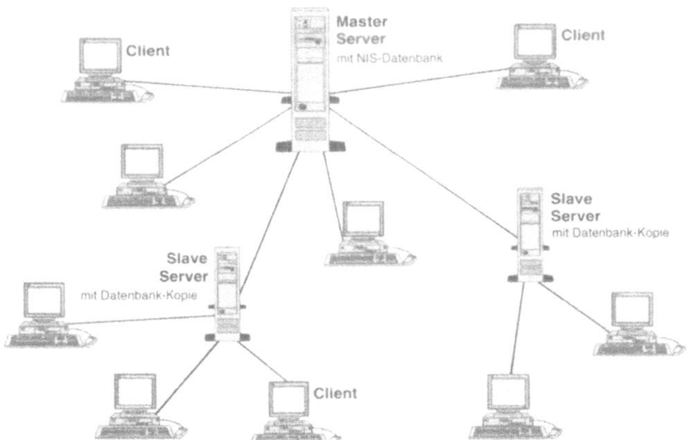

Abbildung 3.8: Die Struktur des Network Information System

Der Einsatz von NIS führt in heterogenen Netzwerken nicht nur zu einer weniger komplexen Verwaltung, sondern vereinfacht auch die Anwendung (z. B. durch ein netzwerkweites einheitliches Paßwort eines Benutzers für alle ihm zugänglichen Maschinen).

3.2.4. Verteilte Datenbanken

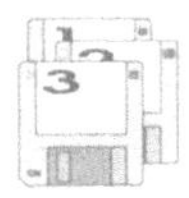

Datenbanken früher und heute

In der Vergangenheit war es gewöhnlich so, daß die Daten eines Unternehmens in einer zentralen Datenbank gespeichert wurden, auf die über ein *Datenbank-Management-System* (*DBMS*) zugegriffen wurde. Dabei verbarg das DBMS alle Speicherdetails vor dem Anwender, der auf die Daten mit Hilfe einer beschreibenden (deskriptiven) Benutzersprache (z. B. SQL[31]) zugriff. Das Datenbanksystem und die An-

[31] Die *Structured Query Language* ist die am weitesten verbreitete, standardisierte Abfragesprache für Datenbanken.

wendungsprogramme waren auf dem gleichen Rechner installiert.

Diese Struktur ist dem Aufbau und der Funktionsweise heutiger Unternehmen, die in Filialen aufgeteilt sind und internationale Ausprägungen haben, nicht mehr gewachsen. **Verteilte Datenbanken** dagegen lassen sich individuell an moderne Systemstrukturen anpassen.

Bei einer verteilten Datenbank wird eine logisch zusammenhängende Datenbank auf mehrere physische Datenbanksysteme aufgeteilt, die sich meist an verschiedenen geographischen Orten befinden. Die verschiedenen *Datenbank Management Systeme* kooperieren sehr eng miteinander, um dem Anwender eine *verteilungstransparente* Umgebung zur Verfügung stellen zu können. In einer solchen Umgebung werden alle Daten netzwerkweit vom Anwender wie lokale behandelt. Sämtliche Verwaltungsfunktionen bleiben alleinige Aufgabe der Datenbank-Software.

Verteilte Datenbanken folgen damit dem Grundsatz, daß Informationen immer unmittelbar an der Stelle verfügbar sein sollten, an der sie gebraucht werden. Auf diese Weise werden außerdem die Daten von Organisations- und Planungsaufgaben entkoppelt.

Aufgaben der Datenbank-Administration

Es ist hier jedoch wie in allen anderen Teilen der Datenverarbeitung auch: Was dem Anwender nützt und ihm die Arbeit erleichtert, bedeutet gleichzeitig zusätzlichen Aufwand für den Administrator, der die Errungenschaften koordinieren und pflegen muß. So erfordern verteilte Datenbanken eine komplexe Verwaltung, die entscheiden muß,

- welche Daten an welcher Stelle im Netz abgelegt werden,
- wann und wie Änderungen im Datenbestand anderen mitgeteilt werden,
- ob und wo *Replikate*▼ gehalten werden,
- wie die *Datenkonsistenz*[32] erhalten wird und
- wie Datenbankanfragen technisch am besten umgesetzt werden, denn meist sind mehrere Wege möglich, eine Anfrage zu bearbeiten.

▼ Vergleiche das vorherige Kapitel.

[32] Koordination des mehrfachen Zugriffs auf Daten, sowie Aufrechterhaltung ihrer Korrektheit und ihres Realitätsbezuges.

Eine Hilfe zur Koordination von Datenzugriffen ist auch wieder die Umsetzung der Zugriffe in **Transaktionen**. Diese funktionieren nach dem *Alles-oder-Nichts-Prinzip*, d. h. Transaktionen sind unteilbar und laufen entweder vollständig oder gar nicht ab. Fällt z. B. während eines Schreibzugriffs auf eine Datei ein beteiligter Rechner aus, so wird die unvollendete Transaktion automatisch rückgängig gemacht und die Datei erscheint wieder in ihrem alten Zustand.

Transaktionen

Eine erfolgreiche Transaktion dagegen ist dauerhaft – auch bei Kommunikationsfehlern oder einem Rechner- oder Plattenausfall. Technischer Hintergrund sind *Log-Dateien*, in denen alle Dateivorgänge mitprotokolliert werden. Bei Bedarf können erfolgte Aktionen in ihnen nachgeschlagen und rückgängig gemacht bzw. wiederholt werden.

Transaktionen verhindern zudem auch den gleichzeitigen schreibenden Zugriff auf dieselben Datenbestände. Eine laufende Transaktion muß zuerst abgeschlossen sein, bevor ein zweiter Zugriff stattfinden kann.

Ziele und Vorteile Verteilter Datenbanken

Verteilte Datenbanken beinhalten die physische Aufteilung eines Datenbestandes auf mehrere Rechner, wobei trotzdem ein integrierter Zugriff erhalten bleibt. Man verfolgt damit die folgenden Ziele:

- Erhöhen der *Verfügbarkeit*
  Daten können von verschiedenen Benutzern mit verschiedenartigen Computern gemeinsam genutzt werden. Durch den Einsatz mehrerer Rechner entstehen außerdem weniger Engpässe beim Zugriff auf die Datenbank.
- Verbessern der *Zugriffszeiten*
  Mehrere Server können die an sie gestellten Aufgaben in kürzerer Zeit erledigen. Zudem können viele Datenbankzugriffe lokal erfolgen, so daß das Netzwerk entlastet wird und weniger Zugriffskonflikte entstehen.
- Verkleinern der *Datenvolumina*
  Die einzelnen Server halten durch die Aufteilung der

Datenbank jeweils kleinere Datenbestände. Daher sind geringere Verarbeitungskapazitäten notwendig, was die Gesamtkosten des Systems minimiert.

- Verteilte *Dateiverwaltung*
  Die Kontrolle und Pflege der Daten kann dort erfolgen, wo diese entstehen oder gebraucht werden und die lokale Verantwortung für sie vorhanden ist.
- Erhöhen der *Sicherheit*
  Einerseits sind in einem verteilten Dateisysteme mehrere Rechner im Einsatz, so daß der Ausfall eines Datenbank-Servers nicht das Gesamtsystem lahmlegen kann (kein *Single-Point-of-Failure*). Andererseits werden mehrere Kopien der Daten innerhalb des Netzwerkes gehalten (*Replikation*), was ebenfalls die Zuverlässigkeit erhöht.

Möglichkeiten und Trends

Wegen technischer Schwierigkeiten kamen erst Mitte der achtziger Jahre die ersten Systeme auf den Markt. Mittlerweile ist das Konzept in mehrere Anwendungen integriert. Nach wie vor gibt es jedoch noch keine offiziellen Standards, um herstellerübergreifend auf verschiedene Datenbanken zugreifen zu können. Einige Projekte sind in der Erforschung. Die Zukunft von Datenbanksystemen wird aber in jedem Fall in der Verteilung liegen.

3.3. Verteiltes Arbeiten

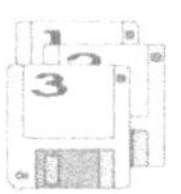

In diesem Kapitel geht es weniger um das Speichern und Zugreifen auf verteilte Datenbestände, sondern um die gemeinsame Verwendung dieser Daten.

Man spricht von **Verteiltem Arbeiten** oder **Distributed Computing**. Anhand der beiden grundlegenden System-Standards *NCS* und *DCE* soll eine Einführung in die verteilte Arbeitsweise sowie die damit zusammenhängenden Möglichkeiten und Schwierigkeiten gegeben werden.

Die Betrachtungen beziehen sich wiederum auf offene, heterogene Netze. Homogene Netze, in denen sich ein verteiltes Arbeiten einfacher realisieren läßt, kommen erst in Kapitel 5 zur Sprache.

3.3.1 NCS

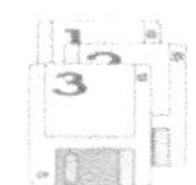

Oftmals kommt es in einem großen Netzwerk zu ungleichmäßiger Auslastung. Während bestimmte Rechner die an sie gestellten Aufgaben nicht zeitgerecht erledigen können, verfügen andere gleichzeitig über freie Kapazitäten. Ein Netzwerk sollte daher Möglichkeiten vorsehen, seine verteilten Ressourcen effizient nutzbar zu machen.

Das *Network File System*▾ ist ein erster Schritt in diese Richtung. Mit seiner Unterstützung kann die Ressource „Festplattenspeicher" innerhalb des Netzes besser verteilt werden. Zusätzlich sollten jedoch auch andere Ressourcen wie z. B. „Rechenkapazität" oder „Hauptspeicher" innerhalb des Netzwerkes verteilt und mehreren Rechnern zur Verfügung gestellt werden können. Auch die automatische Einbindung besonderer Funktionen, wie z. B. „mathematische Prozessoren" oder „Experten-Systeme", sollte vorgesehen sein, um spezielle Aufgaben zu optimieren.

▾ Siehe Kapitel 3.2.1.

Mit NCS ist eine solche Ressourcenverwaltung und -verteilung in einem TCP/IP-Netz möglich. Das **Network Computing System** (**NCS**) ist ursprünglich eine Entwicklung der beiden Firmen *Hewlett Packard* und *Apollo.* Es ermöglicht innerhalb eines Netzwerks das Verteilen von Anwendungen, das heißt, daß verschiedene Module einer Anwendung unterschiedlichen Rechnern zugeordnet werden und dort getrennt ablaufen.

Die NCS-Struktur

Das Network Computing System stellt alle in einem Netz verfügbaren Ressourcen als Dienste zur Verfügung. Zwischen dem Anbieter (*provider*) und dem Nutzer (*user*) eines solchen Dienstes wird eine Schnittstelle (*interface*) verein-

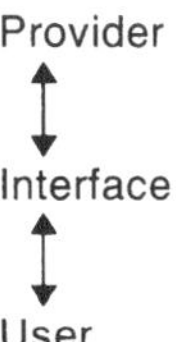

bart, über die bestimmte Angaben zur Nutzung eines Dienstes in vordefinierter Form übermittelt werden.

Das *Network Computing System* umfaßt insgesamt drei Komponenten:

- die *Network Interface Definition Language* (*NIDL*),
- den *Location Broker* und
- den *Remote Procedure Call* (*RPC*).

NIDL

Da die Schnittstellen-Definition unter NCS sehr komplex ist, wird sie zunächst mit der Beschreibungssprache **NIDL** vorgenommen. Mit ihrer Hilfe läßt sich ein erstes Code-Gerüst für die Schnittstellen-Struktur erzeugen, das anschließend nur noch um den Code für die eigentliche Nutzung und Durchführung des Dienstes erweitert werden muß. Mit einem NIDL-Compiler wird die NIDL-Beschreibung im Anschluß in den Quellcode einer höheren Programmiersprache (z. B. C) übersetzt.

Der Vorteil dieses Verfahrens liegt in der relativ einfachen Generierung des Code-Gerüstes, ohne daß hierzu im ersten Anlauf eine Programmiersprache verwenden werden muß.

Location Broker

Location Broker verwalten innerhalb des Netzes die Informationen über die einzelnen, verfügbaren Dienste und stellen diese den Clients, die die Dienste verwenden wollen, zur Verfügung. Alle Ressourcen sind je nach Typ in Gruppen mit einheitlicher Schnittstelle eingeteilt. Server, die einen Dienst anbieten wollen, lassen diesen dazu zunächst in der entsprechenden Gruppe eines Location Broker registrieren.

Hierbei werden vom Location Broker Informationen über die Schnittstelle und den Zugang (socket) zu der Ressource gespeichert. Jeder Location Broker hält eine Datenbank mit Informationen über die von ihm verwalteten Ressourcen und stellt über diese für die Clients die Verbindung zu den Diensten her.

Benötigt ein Client nun eine bestimmte Ressource, so fordert er diese bei einem Location Broker an. Er selbst weiß nicht, wo sich der Dienst im Netz befindet. Der Location Broker prüft die Anfrage über seine Datenbank und sucht einen entsprechenden freien Server[33]. Hat er diesen gefunden, teilt er dem wartenden Client die Schnittstellen-Definition und den Zugang zu dem Dienst mit. Der Client kann dann den Server über **Remote Procedure Calls** ansprechen und den Dienst in Anspruch nehmen.

RPC

Mit Hilfe von NCS lassen sich also durch eine zentrale Verwaltung alle Ressourcen innerhalb eines Netzwerkes gleichmäßig verteilen.

3.3.2 OSF DCE

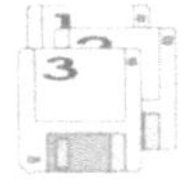

Die **Open Software Foundation** (**OSF**) wurde 1988 gegründet. Sie entstand als Gegenbewegung zu einer Vereinbarung zwischen den Firmen *AT&T* und *SUN*, die gemeinsam ein Standard-Unix schaffen wollten▼.

▼ Der Ergebnis war das *Unix System V, Release 4*

Andere Firmen, darunter *IBM, DEC* und *Hewlett-Packard*, sahen dies mit Unbehagen und schlossen sich zur *OSF* zusammen, um die Entwicklung von offenen Unix-Anwendungen voranzutreiben. Diese sollten unter der gemeinsame Oberfläche *MOTIF* unter *X/Window* laufen.

Das **Distributed Computing Environment** (**DCE**) ist eine der drei großen Entwicklungen, die auf die OSF zurückgehen. Das *Unix-System OSF/1* und die *Management-Plattform OSF DME* (*Distributed Management Environment*) sind weitere Projekte des Konsortiums. Die erste Version von DCE ist seit 1992 verfügbar. Für 1993 war die Version 1.1 geplant, die vor allem die Integration von DME vorsah. Weitere Versionen sind derzeit in Vorbereitung.

Die nachfolgenden Betrachtungen von DCE stellen eine stark vereinfachte Beschreibung des OSF Distributed Computing Environment dar. Eine genauere Darstellung finden Sie z. B. in [Schi93].

[33] Anmerkung: Dies ist eine vereinfachte Darstellung des Prozesses.

Das DCE-Konzept

DCE bietet eine Vielzahl von Diensten und Werkzeugen, um verteilte Anwendungen in heterogenen Rechnersystemen einfacher nutzen und verwalten zu können. Hierzu stellt es Software-Komponenten bereit, die die Programmierung von verteilten Anwendungen erleichtern. Sowohl die Anwendungs- als auch die System-Software wird von DCE unterstützt.

Das Konzept richtet sich nur wenig nach anderen (meist eher theoretisch orientierten) Standards. Der gesamte Komplex kann in die oberen OSI-Schichten▼ eingeordnet werden. DCE setzt als Basis ein (z. B. unter TCP/IP) funktionierendes Rechnernetz voraus, bei dem die verschiedenen Knoten weiträumig vermascht und gegenseitig erreichbar sind. Auf diesen Knoten wird jeweils die DCE-Administrations- und -User-Software implementiert.

▼ Zum OSI-Modell siehe Kapitel 1.4.

Das *Distributed Computing Environment* setzt sich aus mehreren Komponenten zusammen, die sich neben der Kommunikation auch um anderes kümmern. So gehören die Namensverwaltung, Sicherheitsaspekte, die verteilte Dateiverwaltung und die Systemadministration ebenfalls zu seinem Funktionsumfang. Neben vielen Werkzeugen umfaßt das Software-Konzept vor allem eine Reihe von Laufzeitbibliotheken, die auf den verschiedenen, beteiligten Rechnern installiert werden.

Vorteile für Anwendungsentwickler und Anwender

Die OSF zielt mit DCE in zwei Richtungen: Zum einen erhalten Anwendungsentwickler eine einheitliche Programmierplattform mit allen im Netz verfügbaren Ressourcen. Zum anderen wird dem Anwender eine vollkommen transparente Sicht auf alle Netzkomponenten ermöglicht.

Die Ziele von DCE

Die Ziele, die mit der Entwicklung des DCE verbunden sind, lassen sich anhand seiner einzelnen Funktionsmodule veranschaulichen:

Kommunikation und Heterogenität

Die Kommunikaton zwischen Rechnern und Ressourcen im Netzwerk erfolgt im DCE ausschließlich auf der Basis entfernter Prozeduraufrufe (*Remote Procedure Calls, RPC*)▾. Mit Hilfe dieser Fernaufrufe lassen sich Operationen auf anderen Rechnern starten. Programmaufrufe werden beim Client in Nachrichten umgesetzt und zur entsprechenden Anwendung eines Servers gesendet, wo das entsprechende Modul ausgeführt wird. Nach dem Ablauf der Prozedur sendet der Server die Ergebnisse an den Client zurück.

▾ Vergleiche die Seiten 22 und 173

Die *DCE-Remote Procedure Calls* unterstützen die Entwicklung und Nutzung verteilter Client/Server-Anwendungen mit Werkzeugen und Laufzeitdiensten, die von verschiedenen Programmiersprachen aus genutzt werden können. Das Konzept ist herstellerunabhängig und ermöglicht so die Kommunikation in heterogenen und offenen Netzwerken. Selbst Datenkonvertierungsmaßnahmen wurden über eine uniforme DCE-Schnittstelle integriert, so daß verschiedenartige Betriebssysteme miteinander kommunizieren können.

Modularisierung

Die Kommunikation mit Hilfe von Remote Procedure Calls erfolgt über strikt vorgeschriebene Schnittstellen. So ergibt sich automatisch der Zwang zur Modularisierung von Anwendungen. Eine so aufgeteilte Anwendung läßt sich danach unter DCE auf verschiedene Rechnerknoten verteilen. Außerdem führt die Aufteilung großer Systemumgebungen zu organisatorisch einfacheren Untereinheiten, die leichter verwaltet und konfiguriert werden können.

Parallelität

Threads

Parallelität wird im DCE durch parallel ablaufende Prozeß-Untereinheiten (*Threads*) ermöglicht. DCE stellt diese Prozeßteilung zur Verfügung, wenn das laufende Betriebssystem nicht selbst darüber verfügt[34]. Die *DCE-Threads-Mecha-*

[34] Während beispielsweise *Unix* keine **Threads** kennt, sind sie in *OS/2* bereits implementiert.

nismen unterstützen das Generieren, das Management und die Synchronisation von vielfachen (zu einem oder mehreren Prozessen gehörigen) Threads.

Zur Steuerung der Nebenläufigkeit verwendet DCE verschiedene Synchronisationstechniken und sieht eigene Fehlerbehandlungsroutinen vor. Die direkte Synchronisation aller Netzkomponenten erfolgt über den *DCE-Distributed Time Service* (*DTS*), mit dem alle Rechneruhren quasi gleichgeschaltet werden können. Dies ist vor allem für zeitkritische Anwendungen und die Koordination von Kommunikationsverbindungen wichtig.

Sicherheit

DCE enthält ein integriertes Sicherheitspaket (*DCE-Security Service*) für den Zugriffs- und Datenschutz. Durch Authentisierungsmaßnahmen und eine umfangreiche Rechteverwaltung läßt sich das System nach außen und innen gegen unberechtigte Zugriffe schützen. Zusätzlich ist die Verschlüsselung von zu übertragenden Daten möglich.

Verteilte Namensverwaltung

Die Namensverwaltung setzt sich unter DCE aus zwei Teilen zusammen:

Der *DCE-Cell Directory Service* (*CDS*) verwaltet hierarchisch gegliederte Namen innerhalb eines bestimmten Bereiches Dieser Bereich könnte z. B. das lokale Netzwerk eines Standortes sein. Mit Hilfe des CDS werden die logischen Namen auf die physischen Adressen des Netzwerks▼ abgebildet.

▼ Vgl. Kapitel 1.6.

Die bereichsübergreifende Namensverwaltung wird vom *DCE-Global Directory Service* (*GDS*) vorgenommen, der immer dann in Aktion tritt, wenn ein Name außerhalb des anfordernden Bereiches liegt. Der GDS implementiert den Verzeichnisstandard *X.500*▲ und stellt somit die Kompatibilität zu anderen Namensverwaltungssystemen her.

▲ Siehe Seite 143

Beide Verzeichnisdienste werden in erster Linie zum Finden und Lokalisieren von Kommunikationspartnern im eigenen und in anderen Bereichen eingesetzt. Bei ihrer Entwicklung wurde vor allem auf eine möglichst hohe Effizienz und Verfügbarkeit Wert gelegt.

Wie auch bei den bereits besprochenen anderen Standards zur Namensverwaltung▾ führt die global organisierte Steuerung zu einer einfacheren Verwaltung.

▾ Vgl. Kapitel 1.6.

Verteilte Datenhaltung und **PC Integration**
DCE setzt unter dem Namen *DFS (Distributed Filesystem)* das in Kapitel 3.2.2. beschriebene Andrew File System (AFS) ein, um eine verteilungstransparente Dateiverwaltung mit entfernten Zugriffsmöglichkeiten zu schaffen.

Rechner ohne eigenen Hintergrundspeicher (Medialess-Stations) können mit dem *DCE-Diskless Support Service* in eine DCE-Umgebung integriert und an einen entfernten Datei-Server angebunden werden.

Personal Computer werden mit dem *DCE-PC Integration Service (PCI)* in eine DCE-Umgebung einbezogen und können an fast allen DCE-Diensten teilhaben. PCI unterstützt PCs mit den Betriebssystemen DOS, OS/2 und Unix.

Systemadministration
Der *DCE-Management Service* stellt eine strukturierte Sammlung zahlreicher lokal und entfernt operierender Administrationsprogramme und -werkzeuge zur Verfügung. Mit ihrer Hilfe lassen sich alle Systemkomponenten getrennt verwalten. Dies geschieht – trotz des heterogenen Umfeldes – systemweit unter einer einheitlichen Oberfläche.

Die Architektur von DCE

In Abbildung 3.9 auf der nächsten Seite ist der Aufbau des OSF DCE dargestellt. Es wurde vor allem darauf Wert gelegt, die gegenseitigen Abhängigkeiten der verschiedenen Komponenten zu zeigen. Alle verwenden beispielsweise die *Remote Procedure Calls*, die ihrerseits wiederum den *Thread Service* nutzen. Zusätzlich ist aber auch der direkte Zugriff auf den Thread Service oder auf Systemkomponenten möglich.

Vor allem die verteilten Anwendungen, die oben auf das Modell aufbauen, können viele Dienste direkt oder auch indirekt nutzen. Die Basis von DCE bilden das lokale Betriebssystem des Knotens (z. B. Unix) und die Netz-Transportdienste (z. B. TCP/IP).

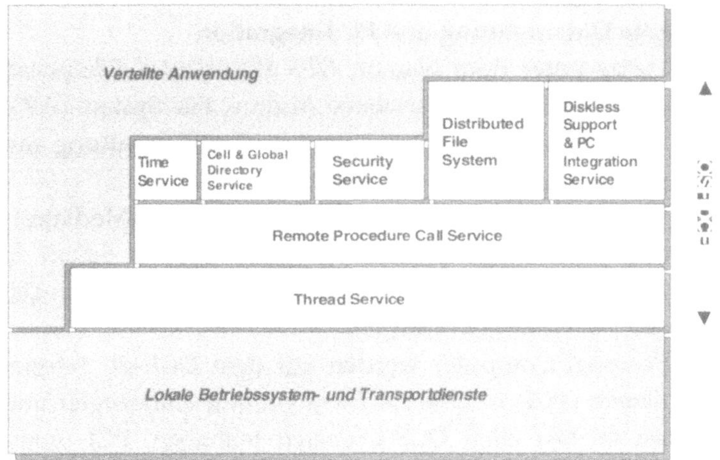

Abbildung 3.9: Das Architekturmodell des OSF DCE

Eine DCE-Umgebung ist in Zellen (*Cells*) aufgeteilt, die jeweils von mindestens einem System-Server bedient werden. Eine Zelle ist eine organisatorische Einheit mit autonomer Verwaltung, die mehrere Rechnerknoten enthält. Innerhalb von Zellen lassen sich verschiedene Dienste effizienter realisieren, als systemweit über das ganze Netz.

Ausblick

Das OSF DCE ist insgesamt gesehen eine sehr praxisnahe Entwicklung, die bereits heute voll einsetzbar ist. Es ist eines der wenigen Systeme mit dieser Funktionalität, die kommerziell verfügbar sind. Die fehlende oder nur geringe Übereinstimmung mit dem OSI-Standard stört hierbei nur wenig.

DCE ist auf vielen Rechnerplattformen (u.a. unter Mac-OS, DOS, MVS, OS/2, OS/400, verschiedenen Unix-Derivaten und VMS) verfügbar und entspricht in vielen Punkten dem Stand der Technik. Auch der relativ hohe Systemmanagement-Aufwand, der automatisch in einem verteilten System dieses Umfangs anfällt, ändert an den überwiegenden Vorteilen der Umgebung nichts.

DCE folgt einer wohldurchdachten Struktur und bietet interessante und vor allem praktikable Lösungen. Da es in diesem Bereich nur wenig vergleichbare Konkurrenzprodukte gibt, wird sich DCE – unter der Voraussetzung, daß aktuelle technologische Entwicklungen wie bisher integriert werden – weiterhin etablieren und vielleicht zum führenden Industriestandard für verteiltes Arbeiten werden.

Anwendungen

„Ah! Dear Watson, now we enter the mystic room of wizardry, where even the most brilliant of all logic minds might fail."
Sir Arthur Conan Doyle

Was Sherlock Holmes in gespannter Vorahnung seinem Freund Dr. Watson ankündigt, trifft auch auf die Erforschung großer heterogener Netzwerke zu. Ihre fast unbegrenzten Möglichkeiten können einem schnell wie ein mystisches Hexenwerk erscheinen, wenn man sich in ihre verschlungenen Tiefen vorwagt. In manchen Situationen hilft tatsächlich nicht einmal das logische Durchdenken aller Zusammenhänge weiter. Anders als Sherlock Holmes kann sich jedoch ein Netzwerkanwender in einem solchen Augenblick einfach vom Netzwerk abmelden oder – wenn auch dies nicht mehr möglich sein sollte – den eigenen Rechner ausschalten.

Nach den einführenden Kapiteln, in denen wir uns mit Netzwerken auf eher abstrakter und theoretischer Ebene befaßt haben, soll es in diesem Kapitel um Anwendungsmöglichkeiten eines Weitverkehrsnetzwerks gehen. Große Netzwerke bieten eine Fülle von Informationen und Daten in einem selbst für Experten unüberschaubaren Umfang. Selbst die Auswahl einzelner Themengebiete begrenzt die Informationsschwemme meist nur geringfügig.

Deshalb bieten solche großen Netzwerke *Informationsdienste* an, die das Finden, Sortieren und Auswerten von Informationen unterstützen. Am Beispiel des weltweiten Internet▾ sollen diese Dienste im ersten Teil dieses Kapitels besprochen werden.

▾ Siehe Kapitel 5.3.2.

Im zweiten und dritten Teil geht es dann um die Anwendung von Netzwerken in Unternehmen und Büros. Die *Kommunikation* zwischen Netzwerkteilnehmern sowie das Verteilen und der Austausch von *Dokumenten* in solchen Umgebungen werden hier zur Sprache kommen.

Das gesamte Kapitel 4 konzentriert sich auf die reine Anwendung von Netzwerkdiensten. Technische Aspekte werden bewußt außen vor gelassen. Sie werden erst im fünften Kapitel wieder aufgegriffen.

4.1. Informationsdienste

Informationsdienste sind Werkzeuge, die entwickelt wurden, um die riesigen Mengen von Daten beherrschen zu können, die in einem großen Netzwerk zur Verfügung gestellt werden. Durch sie wird der Anwender bei seiner Suche nach bestimmten Informationen unterstützt; die Beschaffung der Informationen wird vereinfacht und stellenweise sogar automatisiert.

E-Mail (Kapitel 1.3.1.)	News (Kapitel 4.1.2.)	Archie (Kapitel 4.1.3.)	X.500 (Seite 143)
Filetransfer (Kapitel 1.3.2.)		Gopher (Kapitel 4.1.4.)	
Remote Login (Kapitel 1.3.3.)		Veronica (Kapitel 4.1.4.)	
		WAIS (Kapitel 4.1.5.)	
		World Wide Web (Kapitel 4.1.6.)	

Abbildung 4.1: Übersicht über die Basis- und erweiterten Informationsdienste

Bereits in Kapitel 1.3. wurden die grundlegenden Kommunikationsmöglichkeiten in einem Netzwerk anhand der drei Basisdienste *Electronic Mail, Filetransfer* und *Remote Login* erläutert. Im folgenden soll es nun um die erweiterten Informationsdienste gehen, die Zusatzanwendungen zur Erleichterung des Arbeitens mit heterogenen Netzwerken darstellen.

Die Tabelle in Abbildung 4.1 zeigt einen Überblick über die in diesem Buch behandelten Dienste. Große Netzwerke (wie z. B. das Internet) stellen noch eine Reihe weiterer Werkzeuge bereit, die z. B. in [Sche94] und [Krol93] ausführlicher erläutert werden. Die in der Tabelle aufgelisteten Informationssysteme sollen in ihrer jeweiligen Grundfunktion vorgestellt werden. Eine weiterführende, konkrete Anleitung zur Verwendung der Dienste bietet z. B. [Maie93].

Bevor wir zu den Informationsdiensten des Internet kommen, geht es in Kapitel 4.1.1. zunächst um einen Dienst, den man auch ohne den direkten Anschluß an ein großes Netzwerk nutzen kann. *Bulletin Board-Systeme* sind quasi von jedermann zu erreichen. Sie werden im allgemeinen als *Mailboxen* bezeichnet.

4.1.1. Bulletin Board-Systeme (BBS)

Das Thema **Bulletin Board-Systeme** (**BBS**) paßt aus technischer Sicht eigentlich nicht ganz in das Umfeld der erweiterten Informationsdienste. Letztere werden von einem großen heterogenen Netzwerk angeboten, in das der eigene Rechner in der Regel direkt eingebunden ist. In ein BBS wählt man sich dagegen zunächst mit einem *Modem*[35] ein und nutzt über die Telefonleitung Daten und Informationen, die vom Betreiber dieses Systems bereitgestellt werden.

Mailboxen

Im deutschen Sprachgebrauch werden *Bulletin Board-Systeme* gewöhnlich als **Mailboxen** bezeichnet. Dieser Begriff wird in der Informationsverarbeitung jedoch auch in anderen Bereichen verwendet. So hat beispielsweise auch ein heterogenes Netzwerk an verschiedenen Stellen Mailboxen, um Informationen zu speichern: Jeder E-Mail-Teilnehmer besitzt seine eigene Mailbox, in der die an ihn adressierte elektronische Post solange abgelegt wird, bis er sie dort „abholt“ und liest (vergleiche Seite 27).
Spricht man jedoch in der Datenfernübertragung von einer **Mailbox**, so ist ein *Bulletion Board-System* gemeint.

Ein BBS▼ ist ein Rechner mit einer entsprechenden BBS-Software, der mit Hilfe eines Modems an das Telefonnetz angeschlossen wird (siehe Abbildung 4.2). Er stellt in einem hierarchisch gegliederten Verzeichnisbaum Informationen

▼ Frei übersetzt: Schwarzes Brett

[35] *Modem* steht für Modulator/Demodulator. Es handelt sich um ein Gerät, das zum Anschluß eines Computers an das analoge Telefonnetz gebraucht wird. Mehr dazu in Kapitel 5.2.1.

und Programme zu verschiedenen Themengebieten zur Verfügung. Je nach Intention des Betreibers lassen sich über ein BBS

- öffentliche Daten, die für die Allgemeinheit zugänglich sind, und
- private Daten, die abgeschlossenen Gruppen vorbehalten sind, verbreiten.

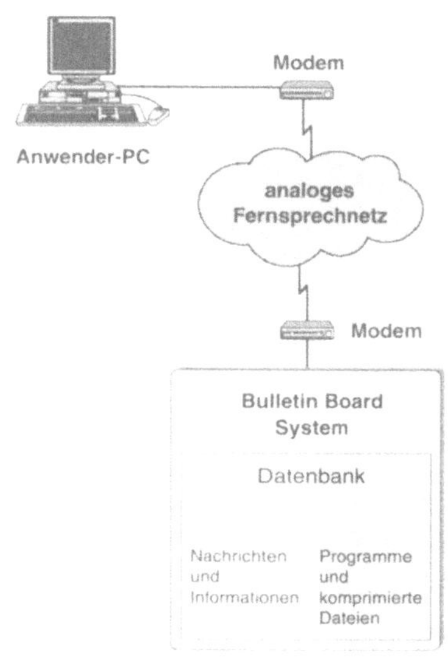

Abbildung 4.2: Die Struktur der Verbindung zu einem Bulletin Board System

Betreiber sind in der Regel Privatpersonen, Clubs oder auch Software-Hersteller, die auf dieser Basis neuste Informationen zu ihren Produkten, neue Programmversionen und Fehlerkorrekturen bereitstellen. Meist muß man sich beim Betreiber als Anwender registrieren lassen und eine (oftmals geringe) Benutzungsgebühr entrichten.

Viele BBS lassen jedoch auch einen eingeschränkten Betrieb zu, bei dem sich nicht-registrierte Anwender einwählen und auf eine kleinere Sammlung von Informationen lesend zugreifen können. Als echtes Mitglied dagegen kann man eigene Beiträge an das BBS versenden oder Programme von dort auf den eigenen Rechner kopieren.

BBS-Rechner sind über eigene Telefonnummern direkt vom Rechner des Anwenders erreichbar. Nach dem Anwählen der Telefonnummer mit Hilfe des Modems stellt eine spezielle BBS-Software die Verbindung zwischen den beiden Rechnern her und hilft beim Suchen und Abrufen der gespeicherten Informationen. Als Kosten fallen neben den Benutzungsgebühren für das BBS die jeweiligen Telefongebühren zum BBS-Rechner an.

Oftmals sind mehrere Bulletin Board-Systeme zu einem über Wählleitungen verbundenen Netzwerk zusammengeschlossen, über das sie ihre gespeicherten Informationen gegenseitig abgleichen[36]. Registrierte Benutzer haben in einem solchen Netzwerk eine eigene E-Mail-Adresse, über die sie von anderen BBS-Teilnehmern erreicht werden können.

[36] Ein Beispiel ist das FIDOnet.

Leider verfügt jedes System über eine eigene Struktur und ein eigenes Darstellungsformat, auf das man sich jeweils einstellen muß. Neben dem spezifischen BBS-Programm, das sich in der Regel nach der Registrierung direkt vom jeweiligen BBS beziehen läßt, kann man das System auch mit einem einfachen Terminalprogramm bedienen. Mit Hilfe eines vom BBS bereitgestellten Menüsystems kann sich der Anwender durch die verschiedenen Verzeichnisse bewegen.

Abbildung 4.3 zeigt das Hauptmenü eines Bulletin Board-Systems, das über ein Terminalprogramm unter OS/2 angewählt wurde.

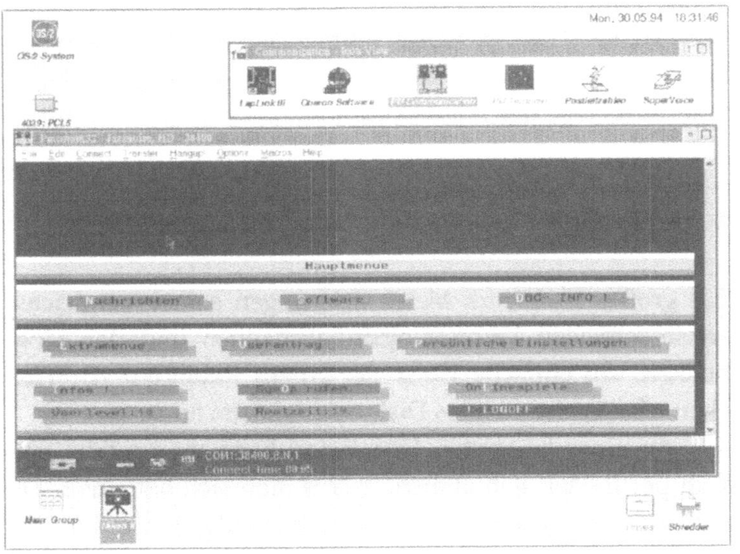

Abbildung 4.3: Verbindung zu einem BBS mit einem Terminalprogramm unter OS/2

Kommerzielle BBS sind in zwei Teile gegliedert (vergleiche auch Abbildung 4.2):

Nachrichtenseite und binäre Seite

- Die *Nachrichtenseite* enthält Klartexte und Nachrichten zum Informationsaustausch. Über diese Seite wird auch die elektronische Post zwischen den Teilnehmern abgewickelt.
- Auf der *binären Seite* sind Software und komprimierte Texte gespeichert, die erst auf den eigenen Rechner übertragen (*download*) und entkomprimiert werden müssen, bevor man sie benutzen kann.

Beide Teile sind zur besseren Strukturierung weiter unterteilt: Auf der Nachrichtenseite spricht man von *Foren* oder *Gruppen*, innerhalb derer Informationen ausgetauscht werden. Ein Bulletin Board-System ist also eigentlich nur eine Datenbank mit direkten Online-Zugriffsmöglichkeiten.

Vor allem für Einsteiger, die selbst keinen eigenen Zugang zu einem großen Netzwerk haben, sind BBS eine erste Möglichkeit, auf relativ einfache Weise über den eigenen Telefonanschluß an einem Netzwerk teilzunehmen und erste Erfahrungen zu sammeln.

Erweiterte Informationsdienste

Alle anderen in den nun folgenden Kapiteln beschriebenen Informationsdienste werden – in dieser oder ähnlicher Weise – nur in einem großen heterogenen Netzwerk angeboten. Wir greifen exemplarisch die erweiterten Informationsdienste des Internet heraus.

4.1.2 NetNews

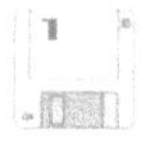

Ein großes Netzwerk bietet sich wegen seiner vergleichsweise schnellen Verbreitungsmöglichkeiten und der Möglichkeit, auf einfache Weise ein großes Publikum zu erreichen, als ein alternatives Diskussionsforum an.

Diskussionslisten per E-Mail

An einer laufenden Diskussion kann man relativ einfach per E-Mail teilnehmen, indem man sich bei einem Forum mit dem gewünschten Thema anmeldet (*subscribe*). Alle in dieses Forum eingehenden Beiträge werden (wiederum per E-Mail) an die eingetragenen Benutzer geschickt. Dies hat den Vorteil, daß man automatisch immer mit Neuigkeiten versorgt und auf dem laufenden gehalten wird. Ähnlich funktioniert der Bezug **elektronischer Journale**, deren Ausgaben in regelmäßigem Turnus an die Abonnenten gesendet werden.

NetNews

Will man sich dagegen nur *einmal* zu einem bestimmten Thema informieren, ohne laufend alle dazu verfügbaren Publikationen zugesandt zu bekommen, bietet sich ein anderes Diskussionsforum an: **NetNews** (oder einfach **News**) ist im Gegensatz zum E-Mailing ein öffentliches Kommunikationssystem, das ähnlich einem schwarzen Brett Beiträge von Netzwerk-Teilnehmern zu verschiedenen Themengebieten sammelt. Diese Informationen macht es anderen Teilnehmern zugänglich. Die verschiedenen Informationsbeiträge werden allerdings nicht automatisch zugesandt, sondern müssen selbst ausfindig gemacht werden.

Newsgroups

Alle Informationen, die News bereitstellt, sind nach Obergruppen sortiert und hierarchisch strukturiert. Die Sammlung der Beiträge zu einem Thema heißt *Newsgroup*. Sie wird mit Hilfe der Namen der Obergruppen bezeichnet, die durch Punkte getrennt aneinander gereiht werden. So könnte beispielsweise eine fiktive Sammlung von Informationen zu heterogenen Netzwerken über die Obergruppe „Computer Science" erreichbar sein:

```
comp.networks.heterogeneous
```

Die einzelnen Beiträge von NetNews sind auf verschiedenen Rechnern, den sogenannten *News-Servern*, gespeichert. Alle diese Server stehen untereinander in Verbindung und verteilen neue Beiträge jeweils an die News-Server in ihrer Nachbarschaft (siehe Abbildung 4.4).

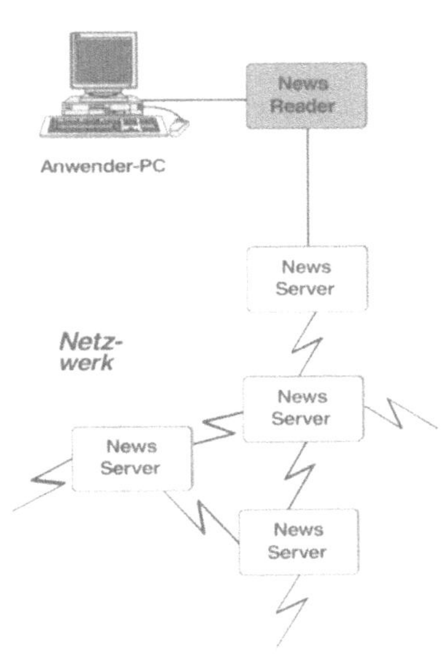

Abbildung 4.4:
Das NetNews-System

Es obliegt dem *Server Administrator*, welche Newsgroups über seinen Server laufen sollen. Daher sind also nicht auf allen Servern sämtliche Gruppen zu finden. Der Administrator macht dies von der Datenmenge, die in einer Newsgroup anfällt (und damit seinen Rechner belastet), und dem Thema der Newsgroup abhängig. Innerhalb einer Gruppe werden alle Beiträge eine bestimmte Zeit gespeichert und dann wieder gelöscht, um für neue Informationen Platz zu schaffen.

Um an NetNews teilnehmen zu können, muß der lokale Rechner über ein entsprechendes Schnittstellenprogramm (z. B. unter Standard-Unix *nn* oder unter X-Window *xrn*) verfügen. Dieser News-Reader stellt eine Verbindung zum zuvor ausgewählten News-Server her und listet die dort verfügbaren Newsgroups auf. Hat der Anwender vor dem Start des Readers bereits seine Interessengebiete genauer spezifiziert, wird ihm nur noch eine Liste von ausgewählten Gruppen angezeigt. Abbildung 4.5 zeigt die Eingangsliste eines News-Servers.

Wählt man nun eine Gruppe aus, so zeigt der News-Reader alle Beiträge an, die in dieser Gruppe verfügbar sind. Zur ersten Übersicht erhält man die Textüberschriften (*subject*) und die Namen der Autoren. Es lassen sich zuvor auch Ausschlußkriterien festlegen, mit deren Hilfe man die Liste den eigenen Bedürfnissen anpassen kann. Nach der Auswahl einzelner Beiträge werden diese direkt am Bildschirm angezeigt oder können als Textdatei auf dem eigenen Rechner gespeichert oder ausgedruckt werden.

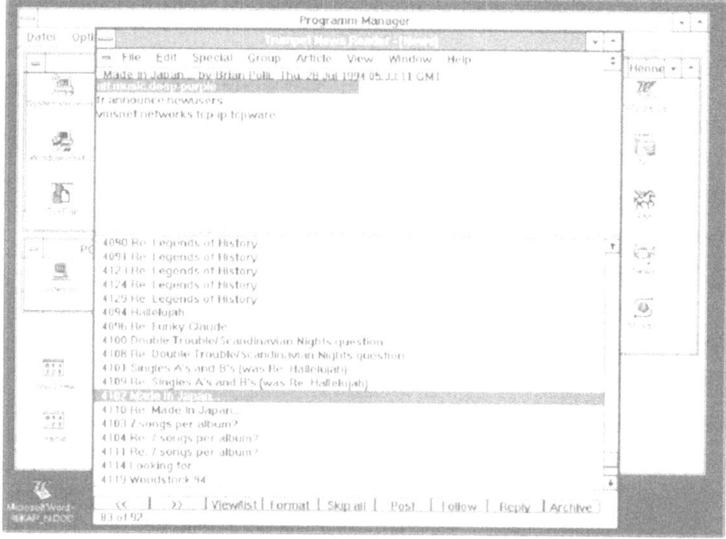

Abbildung 4.5: Der News-Reader *Trumpet* unter MS-Windows

Ähnlich dem Aufbau einer E-Mail (vergleiche Abbildung 1.9 auf Seite 27) bestehen auch News-Beiträge aus einem Kopf (mit Titel, Datum und Autoren-Adresse) und dem eigentlichen Textteil. Der Kopf ist vor allem für den Index und die Suche nach Beiträgen zu einem bestimmten Thema wichtig.

Natürlich ist es auch möglich, eigene Beiträge einzusenden oder auf bestimmte Artikel direkt zu reagieren, so daß man an Diskussionen zu verschiedenen Themen auch aktiv teilnehmen kann.

Vor- und Nachteile

NetNews ist eine heterogene Struktur, die im *Internet* ohne eine zentrale Verwaltung oder Kontrolle auskommt[37]. Das System ist so gestaltet, daß es auch von Computern mit geringerer Leistungsfähigkeit genutzt werden kann. Es ist als Medium für aktuelle Diskussionen und den Informationsaustausch zu ausgewählten Themen sehr gut geeignet.

Man sollte jedoch nicht übersehen, daß unter den vielen Beiträgen, die über News verbreitet werden, auch sehr viele unqualifizierte sind, weil in NetNews eigentlich jeder fast alles publizieren darf. Außerdem unterliegt jeder News-Server einer gewissen Zensur, denn nur der Administrator bestimmt, welche Newsgroups über diesen Rechner laufen dürfen. Die Auswahl erfolgt nicht immer nur aus Überlegungen zur Belastung des Rechners, sondern oftmals auch aus inhaltlichen Gesichtspunkten.

4.1.3 Archie

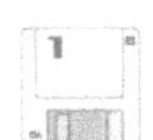

Große Netzwerke wie das Internet bieten über den anonymen Dateitransfer (*Anonymous-FTP*▼) unüberschaubare Mengen an Informationen, Daten und Programmen an. Da das Angebot laufend aktualisiert wird, ist es so gut wie unmöglich, immer auf dem neusten Stand zu sein. Man müßte immer wieder den Inhalt mehrerer Datei-Server überprüfen, um auf dem laufenden zu bleiben und gesuchte Dateien zu finden.

▼ Siehe Kapitel 1.3.2.

Archie ist ein Informationsdienst, der genau dies in regelmäßigen Abständen automatisch vornimmt. Der Service des Internet fragt derzeit etwa 1.200 FTP-Server mindestens einmal im Monat ab und stellt ein Verzeichnis über sämtliche verfügbaren Dateien zusammen. Entwickelt wurde Archie an der *McGill University in Motreal* (*Kanada*), wo 1990 der erste Server in Betrieb ging.

Mittlerweile ist Archie im Internet auf mehreren Servern installiert, die untereinander Informationen austau-

[37] In anderen Netzwerken (wie z. B. CompuServe) dagegen werden bestimmte Foren von Firmen überwacht.

schen und daher die gleichen Verzeichnisse unterhalten. Die Tabelle in Abbildung 4.6 listet einige der Server auf, von denen immer der dem eigenen Standort nächste befragt werden sollte, um die Netzbelastung gering zu halten.

Abbildung 4.6: Einige Archie-Server im Internet

Adresse	Standort
archie.th-darmstadt.de	Deutschland
archie.funet.fi	Finnland
archie.doc.ic.ac.uk	England
archie.au	Australien
archie.rutgers.edu	Nordost USA
archie.sura.net	Südost USA
archie.unl.edu	West USA
archie.mcgill.ca	Kanada

Jeder Abfrage-Server unterhält zwei Datenbanken:

- Die *Filename-Database* enthält die Namen und Verzeichnisse der Dateien sowie die Adressen der Server, auf denen die Dateien gespeichert sind.
- In der *Whatis-Database* sind Namen und Zusatzinformationen sowie verwandte Begriffe zu vielen Datenpaketen gespeichert. Mit Hilfe dieser Informationen lassen sich über Querverweise Dateien finden, deren genauer Name dem Suchenden unbekannt ist.

Zugriff auf Archie

Die Informationen können von einem Archie-Server auf drei verschiedene Arten abgefragt werden:

- mit einem *Remote Login*,
- mit einer *E-Mail* oder
- mit einem lokal installierten *Archie-Client*.

Bei einem *Remote Login* meldet man sich bei einem Archie-Server an und kann interaktiv Informationen abfragen. Die Abfragebefehle werden direkt am Datenbank-Rechner eingegeben▼, und die Anzeige der Ergebnisse erfolgt wenig später am Bildschirm.

▼ Vgl. Kapitel 1.3.3.

Kann zum Host keine *Remote Login-Verbindung* aufgebaut werden, so ist auch das Versenden von Abfragebefehlen per *E-Mail* möglich. Nachdem man eine Mail mit den entsprechenden Befehlen an den Server geschickt hat, erhält man als Antwort ebenfalls eine E-Mail, die die Ergebnisse der Anfrage enthält. Diese Möglichkeit bietet sich vor allem für Anfragen an, die über Nacht laufen sollen.

Verfügt man dagegen über einen eigenen *Archie-Client* – eine Software, die auf dem lokalen System installiert wird –, so lassen sich mit seiner Hilfe Anfragen direkt auf dem eigenen Rechner eingeben und interaktiv an den Server senden. Die Anzeige der Suchergebnisse erfolgt wiederum direkt auf dem eigenen Bildschirm.

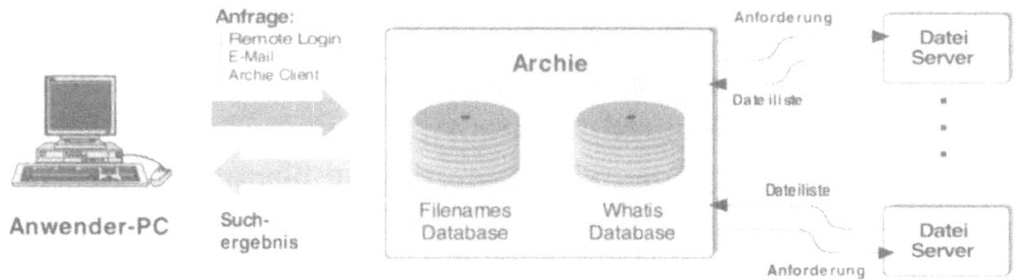

Abbildung 4.7: Die Struktur des Archie-Dienstes

Da ein Archie-Server eine Fülle von Dateiinformationen speichert, läßt sich die Suche nach Dateien mit weiteren Parametern steuern. So kann festgelegt werden, wieviele Speicherorte maximal im Suchergebnis ausgegeben werden sollen. Auch die Eingabe von unvollständigen Dateinamen wird akzeptiert. Das Suchergebnis enthält den jeweiligen Dateinamen, die Adresse des Servers und das Verzeichnis der Datei, so daß sie im Anschluß sofort mit Hilfe des Dateitransfers▼ geholt werden kann.

▼ Siehe Kapitel 1.3.2.

Abbildung 4.7 zeigt die grundlegende Funktionsweise des Archivierungssystems. Archie ist ein flexibler Informationsdienst, der eine einfache Suche in riesigen Datenbeständen erlaubt und diese sinnvoll automatisiert.

4.1.4 Gopher

Alle bisher beschriebenen Dienste haben gemeinsam, daß man wissen muß, *wo* sie angeboten werden und welche Adresse der entsprechende Rechner hat. Für den Anwender spielt es jedoch meist nur eine sekundäre oder sogar gar keine Rolle, wo sich die Informationsquelle tatsächlich im Netz befindet. Für ihn ist ausschließlich die Nutzung entscheidend, ohne sich an Adressen erinnern oder diese zunächst ermitteln zu müssen.

Inhaltliche Gruppierung

Aus diesem Grund wurde der Informationsdienst **Gopher** geschaffen. Er faßt alle über das gesamte Netz verteilten Dienste zu einem Verzeichnis zusammen und stellt sie benutzerfreundlich zur Verfügung. Die räumliche Anordnung der Daten ist für den Benutzer uninteressant. Daher werden von Gopher alle Informationsquellen nach inhaltlichen Gesichtspunkten unter einer Oberfläche integriert und verwandte Daten logisch zusammengefaßt.

Dabei spielt es keine Rolle, wo sich die Quellen im Netz befinden und welcher Art sie sind. Die inhaltliche Integration und räumliche Zuordnung übernimmt der Gopher. Er stellt dem Anwender alle Informationen zu Themen zusammengefaßt als Menüpunkte dar, aus denen dieser dann das Gewünschte auswählen und den Dienst sofort starten bzw. die Information sofort abrufen kann.

Transparenz

Die Informationsquellen selbst bleiben dabei für den Anwender transparent. Wie und woher die Daten kommen, braucht ihn bei der Verwendung von Gopher nicht zu kümmern.

Entstehung und Technik von Gopher

Gopher wurde 1991 an der *University of Minnesota* ursprünglich nur für den Eigengebrauch entwickelt, um die Informationsressourcen der Universität unter einer Oberfläche zu vereinigen. Mit Gopher konnten alle Datenbanken des gesamten Campus zu inhaltlichen Themengebieten zusammengefaßt und benutzerfreundlich angesprochen werden.

Gopher steht für „go for“ und bezeichnet die Hauptaufgabe des verteilten Informationsdienstes, dem Anwender die verschiedenen Informationsquellen des Netzwerks transparent zur Verfügung zu stellen. Der Informationsdienst basiert auf dem TCP/IP-Protokollstapel▼. Seit seiner Integration in das Internet wächst die *Gopherspace*, wie man

▼ Siehe Kapitel 2.2.1.

die Fülle an Informationsquellen nennt, die über Gopher erreichbar ist, stetig.

Dem Dienst liegt wiederum das *Client/Server-Prinzip* zugrunde: Der Anwender startet den Client, der daraufhin zu einem voreingestellten Server eine Verbindung aufbaut und dessen Hauptmenü anfordert. In diesem listet der Server alle über ihn erreichbaren Dienste und Informationsquellen auf. Dies können Dateien, Verzeichnisse oder auch Dienste wie *Filetransfer* oder *Remote Login*▾ sein. Abbildung 4.8 zeigt das Hauptmenü des Gopher-Servers der *University of Southern California*.

▾ Siehe die Kapitel 1.3.2. und 1.3.3.

Client/Server-Prinzip

Nachdem der Anwender einen Menüpunkt ausgewählt hat, richtet der Client wieder eine Anfrage an den Server und verlangt Details zum gewählten Punkt. Dem Client wird daraufhin mitgeteilt, welcher Art der Menüpunkt ist und wo die dahinter verborgene Informationsquelle zu finden ist, so daß er zu der entsprechenden Adresse eine Verbindung aufbauen und den Dienst anfordern kann.

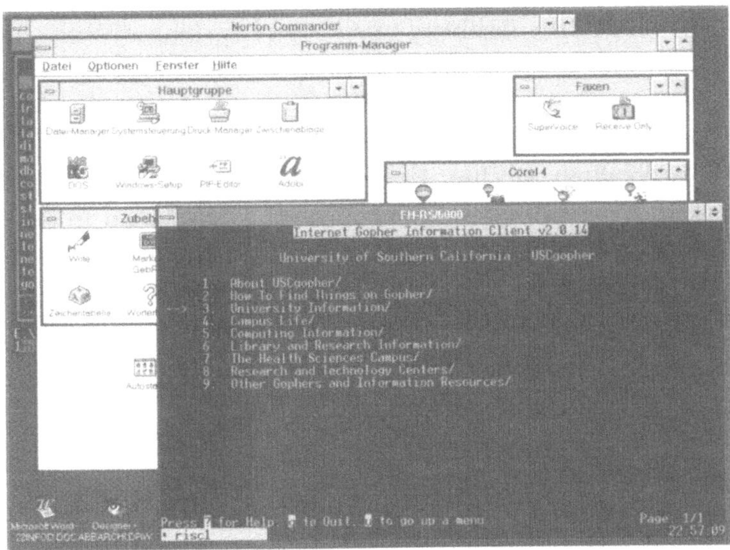

Abbildung 4.8: Nutzen eines öffentlichen Gophers unter MS-Windows

Jeder Menüpunkt ist also ein Verweis auf einen Dienst irgendeines Rechners des Netzwerks. Wo die Informationen herkommen, ist für Anwender transparent. Da alle Gopher-Server jeweils auch aufeinander verweisen▾, ist es egal, bei

▾ Menüpunkt 9 in Abbildung 4.8

welchem Server man in die Gopherspace einsteigt. Man wird ohnehin nicht an einem einzigen Server verweilen, sondern durch die Auswahl verschiedener Menüpunkte mehrere Server in Anspruch nehmen.

Der Kontakt zu Gopher kann auf zwei Arten hergestellt werden:

- Über einen *öffentlichen Server* via Remote Login (Benutzername: `Gopher`). Dieser stellt eine einfache Clientumgebung zur Verfügung.
- Über einen eigenen *Gopher-Client*, der für verschiedene Betriebssysteme erhältlich ist und auf dem eigenen Rechner installiert sein muß.

sun.rz.tu-clausthal.de
gopher.th-darmstadt.de
ux1.cso.uiuc.edu
consultant.micro.umn.edu

Abbildung 4.9: Einige öffentliche Gopher-Server

Erste Erfahrungen kann man am einfachsten zunächst über einen öffentlichen Server sammeln (siehe auch Abbildung 4.8 auf der Vorseite). In der Tabelle in Abbildung 4.9 sind die Adressen einiger öffentlicher Gopher-Server im Internet aufgelistet.

Die Verbindung zu einem Server über eine eigene Client-Software ist die flexiblere und bedienungsfreundlichere Alternative. Der lokale Client ist meist mit der Maus steuerbar und schneller als ein öffentlicher Server. Außerdem hat man die Möglichkeit, an Stellen, an die man später noch einmal zurückkehren möchte, Lesezeichen zu setzen. Mit diesen kann die entsprechende Funktion oder das Menü in einer weiteren Sitzung erneut auf den Bildschirm geholt werden.

Natürlich kann man mit Hilfe von Gopher auch eigene Informationen anderen Netzwerkteilnehmern zur Verfügung stellen. Hierzu ist die Installation eines eigenen Gopher-Servers nötig, der im Anschluß Verzeichnisse, Texte und Verbindungen zu externen Diensten in seinem Menüsystem bereithalten kann.

Veronica

Gopher ist ein Informationsdienst, der das Verfolgen von Querverweisen ermöglicht, aber keine gezielte Suche unterstützt. Hierzu wurde **Veronica**▾ entwickelt, das ein zusätzli-

▾ **V**ery **E**asy **R**odent-**O**riented **N**et-wide **I**ndex to **C**omputerized **A**rchives (etwa: einfach zu handhabendes, netzwerkweites Indexverzeichnis zu Gopher-Datenbanken).

ches Indexverzeichnis zur Verfügung stellt, in dem die Menüeinträge, Textüberschriften und Verweise der meisten Gopher-Server verzeichnet sind.

Veronica, das von der *University of Nevada* entwickelt wurde, erlaubt damit ähnlich *Archie*▾ eine stichwortbezogene Suche durch die Gopher-Verzeichnisse. Der Dienst hat keine eigene Benutzerschnittstelle, sondern ist direkt in die Menüs von Gopher integriert. Meist deutet ein Fragezeichen am Ende eines Menüeintrags darauf hin, daß es sich um eine Veronica-Anfrage handelt.

▾ Siehe Kapitel 4.1.3.

Nach der Eingabe eines Suchbegriffs wird über die Veronica-Datenbank eine Auflistung aller Menüs, Textüberschriften und Verweise zusammengestellt, in denen der Begriff gefunden wurde. Das Suchergebnis wird in einer neuen Übersicht zusammengefaßt und an den Client gesendet, der die Liste als neues Gopher-Menü ausgibt. Hiermit kann der Anwender im Anschluß direkt zum entsprechenden Eintrag verzweigen.

Fazit

Gopher ermöglicht insgesamt gesehen einen einfachen Einstieg in die Welt der Rechnerkommunikation und verteilten Informationsverarbeitung. Er bietet den Vorteil, daß man direkt zu Beginn große Datenbanken nutzen und auch mit leistungsschwachen Rechnern (Clients) über die Gopher-Server mit umfangreichen Datenbeständen arbeiten kann.

4.1.5 WAIS

WAIS steht für *Wide Area Information Servers* und wurde von der *Thinking Machines Corp.* entwickelt, um die vielen in der Firma in verschiedenen Datenbeständen vorhandenen Textdokumente zu indizieren und eine dokumentenübergreifende Stichwortsuche zu ermöglichen.

Mittlerweile ist WAIS im Internet auf mehreren Servern verfügbar und erlaubt das inhaltliche Durchsuchen von umfangreichen Datenbeständen. Auch die verteilte Suche nach multimedialen Dokumenten mit Ton, Bild und Video ist möglich.

Oftmals ist man daran interessiert zu wissen, welche Informationen es bereits zu einem bestimmten Thema gibt und welche Texte bereits veröffentlicht wurden. Ähnlich einer Suche in einer Bibliothek kann WAIS diese Aufgabe in dem riesigen Informationsangebot eines heterogenen Netzwerks übernehmen.

Server-Adresse	Benutzerkennung
info.funet.fi	info
nnsc.nsf.net	wais
quake.think.com	swais
swais.cwis.uci.edu	swais
sunsite.unc.edu	swais

Abbildung 4.10: Einige öffentliche WAIS-Server im Internet

Grundlage des Dienstes ist wiederum eine verteilte Client/Server-Struktur: Über den Client wird eine Anfrage an den Server gestellt, der diese bearbeitet und beantwortet. Hierbei kann genauso wie bei Gopher ein öffentlicher oder ein lokal installierter Client verwendet werden.

Die Tabelle in Abbildung 4.10 listet einige öffentliche WAIS-Server auf, die einfache Client-Umgebungen zur Verfügung stellen. Über sie können die ersten Versuche mit WAIS via *Remote Login*▾ gestartet werden. Will man den Informationsdienst jedoch regelmäßig nutzen, empfiehlt sich die Installation eines lokalen WAIS-Clients. Alternativ kann auch ein *WWW-Browser* eingesetzt werden. Hierauf kommen wir im folgenden Kapitel zurück.

▾ Siehe Kapitel 1.3.3.

Funktion und Technik von WAIS

Bevor die explizite Suche nach Dateien beginnen kann, müssen die Datenbestände bestimmt werden, in denen WAIS suchen soll. Hierzu stellt man zunächst eine erste Anfrage mit relativ allgemein gehaltenen Begriffen, die der Client an den Server weiterleitet. Daraufhin durchsucht dieser eine Liste aller verfügbaren Server (`directory-of-servers`) und gibt die Namen der relevanten Server an den Client zurück.

Alle WAIS-Ergebnisse enthalten eine Liste von Einträgen, die nach der Häufigkeit des Vorkommens der geforderten Begriffe sortiert ist. Zusätzlich werden die Einträge mit

Punktzahlen versehen, die weiteren Aufschluß über die tatsächliche Relevanz jedes Eintrags geben.

Aus der Liste der Server wählt man nun diejenigen, die mit höchster Wahrscheinlichkeit die gesuchten Informationen enthalten und startet an diese eine präzisere Anfrage. Die Antworten von jedem Server werden von WAIS ausgewertet und wiederum in einer sortierten Liste dargestellt. Hinter den einzelnen Einträgen verbergen sich die direkten Verweise auf die jeweiligen Informationen, so daß bei Bedarf eine Datei sofort angezeigt werden kann. Abbildung 4.11 zeigt das Ergebnis einer Suche unter WAIS.

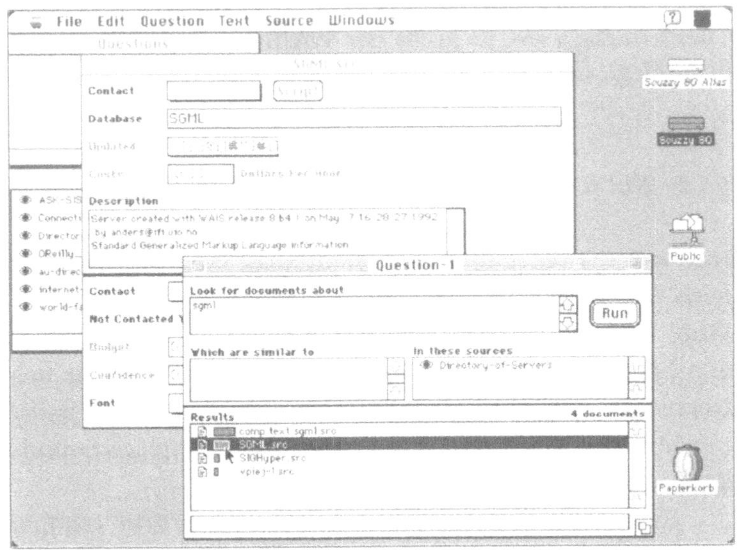

Abbildung 4.11: Der WAIS-Client *WAIStation* für den Macintosh

War die Suche nicht so erfolgreich, wie sich der Anwender dies versprochen hatte, so kann er weitere, neu formulierte Anfragen stellen. Diese lassen sich verfeinern, indem nach Dateien gesucht werden kann, die anderen – bereits gefundenen – ähnlich sind. Außerdem können weitere WAIS-Datenbestände und andere Server in die Suche mit einbezogen werden.

WAIS basiert auf einem Protokoll▾ der OSI-Anwendungsebene, das einen Standard zur Informationsbeschaffung aus Datenbanken und zum Austausch von Suchinformationen zwischen Computern definiert. Dateien, die in

▾ *Z.39.50* der ANSI

eine WAIS-Datenbank aufgenommen werden sollen, müssen zunächst von WAIS indiziert werden. Dies geschieht in einem WAIS-Server automatisch durch den *WAIS-Parser*, der wichtige Informationen und Kennungen aus der Datei extrahiert.

Bei Textdateien wird jedes vorkommende Wort indiziert, so daß unter WAIS im Anschluß eine *Volltextsuche* möglich wird. WAIS ist damit der erste der bisher beschriebenen Informationsdienste, der nicht nur eine Suche in Überschriften und Verzeichnissen erlaubt.

Die Informationen werden so in einer Datenbank abgelegt, daß Indexsuchen optimal ablaufen können. Trifft eine Client-Anfrage ein, so greift der WAIS-Server auf diese Datenbank zu und stellt die Ergebnisliste zusammen.

4.1.6 World Wide Web (WWW)

Das weitaus flexibelste und modernste Werkzeug im Bereich der Informationsdienste des Internet ist das **World Wide Web**. Es handelt sich um einen verteilten Informationsbeschaffungsdienst, der alle Informationsquellen des Netzwerks unter einer Oberfläche vereinigt. Der Dienst zeichnet sich vor allem durch seine hohe Benutzerfreundlichkeit aus.

Der größte Teil der Entwicklung von WWW erfolgte am *CERN*[38] in Genf, das den Dienst zunächst nur für den lokalen Gebrauch einsetzen wollte. Bereits innerhalb des eigenen LAN kann man sich mit Hilfe von WWW ein leistungsfähiges lokales Informationssystem aufbauen, das die Nutzung aller über das Netzwerk erreichbaren Informationsressourcen ermöglicht.

Die eigentliche Philosophie eines *weltweiten* Gewebes kommt jedoch erst durch die Integration weltweiter Ressourcen zum Tragen, die über Software-Gateways und ei-

[38] **C**onseil **E**uropéen pour la **R**echerche **N**ucléaire (Europäische Organisation für Kernforschung)

nen WAN-Anschluß an das Internet eingebunden werden können.

Das WWW-Informationssystem ist eine Kombination der Fähigkeiten von *Gopher* und *WAIS*▼, die durch flexible Querverweise und Verbindungen zwischen verwandten Informationsquellen erheblich erweitert wurden. Word Wide Web-Informationen basieren auf dem Hypertext-Konzept.

▼ Siehe die Kapitel 4.1.4. und 4.1.5.

Hypertext

Hypertexte unterscheiden sich von normalen Texten dadurch, daß in ihnen nicht nur Verweise auf andere Objekte (wie zum Beispiel Literaturverweise) aufgeführt werden, sondern daß hinter diesen Verweisen auch direkt eine Verbindung zu diesen Objekten steckt. Interessiert man sich – während man einen Text liest – nun für einen solchen Verweis, kann dieser ausgewählt und der verknüpfte Inhalt direkt am Bildschirm angezeigt werden. Eine aufwendige Suche nach der entsprechenden Quelle entfällt also.
Da in diesem neuen Dokument weitere Verweise gespeichert sein können, ist man in der Lage, sich entlang der Verweise durch eine große Sammlung verwandter Datenbestände zu „hangeln".
Hilfesysteme moderner Programmoberflächen sind z. B. nach diesem Prinzip aufgebaut.

Unter WWW kann ein solcher Verweis auch die Adresse eines *Gopher-Server*, eines *WAIS-Verzeichnisses* oder die eines Datei-Server sein. Die Ressourcen – egal, ob es sich um eine einfache Textdatei oder um einen Remote Login-Verweis handelt – werden in den Hypertext-Dokumenten des WWW alle einheitlich dargestellt und angesprochen. Sie können im gesamten Netz verteilt sein.

Der Anwender, der dem Verweis nachgeht, muß sich um keine Adresse kümmern oder sich an ein Verzeichnis erinnern. Technische Details (Wo ist die Information gespeichert? Welchen Typ hat sie? Wie wird auf die Informationsquelle zugegriffen?) werden von WWW verwaltet und sind für den Anwender vollkommen transparent. Er sieht nur die einheitliche Oberfläche von WWW. Die Art des Zugangs zu irgendwelchen Diensten ändert sich für ihn nicht.

Verbindungen werden in Hypertext-Dokumenten durch eine andere Schriftart, Färbung oder nachgestellte Zahlen angezeigt (siehe auch Abbildung 4.12 auf Seite 213). Je nach verwendetem Programm reicht die Eingabe der Zahl oder das Anklicken des Verweises mit der Maus, um die externe

Referenz aufzulösen und die daran hängende Informationsressource zu laden. Wer den Hypertext-Verbindungen folgt, kann – gesteuert durch den eigenen Informationsbedarf – das gesamte Netz durchwandern.

Technik und Möglichkeiten

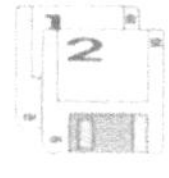

Auch das World Wide Web baut auf dem Client/Server-Prinzip auf: Der Client oder **Browser** (wie er im WWW-Jargon heißt) baut über die Gateways eine Verbindung zu einem Informations-Server auf. Zum Datenaustausch zwischen den beiden Rechnern wird das *Hypertext Transfer Protocol* (*HTTP*) verwendet. Es dient speziell der Beschaffung und Manipulation von Hypermedia-Informationen und setzt auf TCP/IP oder anderen Protokollstapeln auf. Welches Gateway verwendet wird und wie die angeforderte Verbindung aufgebaut werden muß, bleibt transparent.

HTTP

Eine WWW-Sitzung beginnt immer mit der sogenannten *Homepage*, deren Gestaltung vom angewählten Informations-Server abhängt. Sie wird mit der Metasprache *Hypertext Markup Language* (*HTML*) gestaltet, die sich an den Standard für den Dokumentenaustausch SGML[39] anlehnt.

Homepage

HTML

Die Definition einer WWW-Seite kann mit *HTML* in einer normalen Textdatei vorgenommen werden, die mit jedem Texteditor erstellt und gepflegt werden kann. Die Beschreibung selbst erscheint dabei viel einfacher, als das Aussehen der jeweiligen Seite dies vermuten läßt. In die Server-Software integrierte Seiten können über *HTTP* anderen WWW-Clients zur Verfügung gestellt werden. Auf diese Weise kann ein benutzerdefiniertes Informationssystem geschaffen werden.

Betrachtet man WWW von der technischen Seite, so implementiert es auf dem physischen Netzwerk ein weiteres logisches, das Verbindungen zwischen miteinander verwandten Informationsressourcen aufbaut. Diese können

[39] Zur **S**tandard **G**eneralized **M**arkup **L**anguage siehe Kapitel 4.2.2.

auf verschiedenen Rechnern innerhalb des Netzwerks liegen.

Bewegungsmöglichkeiten durch das WWW

Mit Hilfe eines **Browsers** kann man sich auf zwei Arten durch dieses logische (und damit natürlich auch das physische) Netzwerk bewegen:

- Die *Stichwortsuche* bietet einen WAIS-ähnlichen Dienst.
- Das *Verfolgen von Verweisen* der Hypertext-Dokumente.

Browser zeigen einerseits die Informationen, die im WWW selbst abgelegt sind. Andererseits unterhalten sie Gateways zu anderen Informationsdiensten, so daß sich diese in eine WWW-Sitzung auf einfache Weise integrieren lassen. Auch Informationen mit Formaten, die vom Browser selbst nicht dargestellt werden können (wie z. B. Video oder Ton), lassen sich verarbeiten: Hierzu startet der Browser das entsprechende externe Programm, das dann die Darstellung übernimmt.

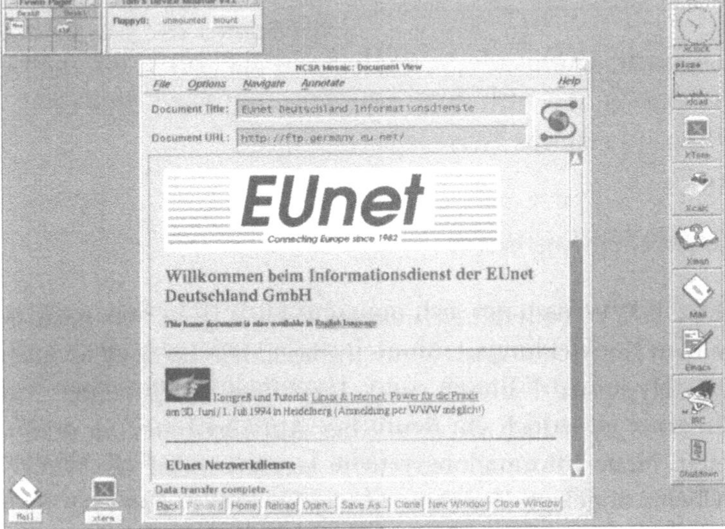

Abbildung 4.12: Der WWW-Browser *Mosaic* unter X-Window

Mosaic

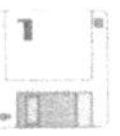

Der Grad der Benutzerfreundlichkeit hängt in starkem Maße vom verwendeten Browser ab. Wie auch bei *Gopher* und *WAIS* kann der Kontakt zu *WWW* über einen lokal installierten oder einen öffentlich zugänglichen Client erfolgen. Die Tabelle in Abbildung 4.13 listet die Adressen einiger öffentlicher Clients des Internet auf. Über ein Remote Login▾ mit der Benutzerkennung www können die ersten Versuche mit dem World Wide Web gestartet werden.

▾ Siehe Kapitel 1.3.3.

Seine volle Leistungsfähigkeit entfaltet das System jedoch erst über einen lokalen Browser. Dieser ist für alle gängigen Betriebssysteme auf mehreren Datei-Servern des Internet kostenlos erhältlich. Das wohl derzeit beste Programm mit graphischer Benutzeroberfläche ist **Mosaic**, das es in Versionen für *X-Window*, *MS-Windows* und *Macintosh* gibt.

WWW-Clients
info.cern.ch
www.njit.edu
fatty.law.cornell.edu
ukanaix.cc.ukans.edu
vms.huji.ac.il

Abbildung 4.13: Einige öffentliche WWW-Clients

Abbildung 4.12 auf der Vorseite zeigt die Anwendung von Mosaic unter der Unix-Oberfläche X.11[40]. Mosaic wurde vom *National Center of Supercomputer Applications* (*NCSA*) an der *University of Illinois* entwickelt. Es ist ein sehr komfortables Werkzeug, das sich dem Anwender mit einer Maussteuerung auf einfache Weise selbst erschließt.

Aussichten von WWW

Das WWW befindet sich augenblicklich (Juni '94) noch in einem Entwicklungsstadium. Insbesondere mangelt es noch an Hypertext-Editoren und Hypertext-Dokumenten. Im Internet ist jedoch ein deutlicher Aufwärtstrend zu erkennen. Neue Informationssysteme werden meist als WWW-Clients angelegt. Zunehmend werden WWW-Browser auch als Clients für die anderen Informationsdienste verwendet, so daß auf diese über das World Wide Web zugegriffen werden kann.

Die Idee, die hinter dem World Wide Web steht, bietet interessante Möglichkeiten für die Zukunft. So könnten mit Hypertext-Editoren eigene Dokumente mit externen Ver-

[40] In der Abbildung handelt es sich um *Linux*, ein kostenloses Unix für PCs (vgl. [Stro94]).

bindungen versehen werden. Eigenes Wissen ließe sich mit öffentlich gespeichertem Wissen verknüpfen, so daß es gleichzeitig verwaltet und dargestellt werden könnte.

Auf diese Weise ist beispielsweise auch das gemeinsame Arbeiten mehrerer Mitarbeiter an einem Dokument möglich: Jeder kann eigene Hypertext-Einträge erstellen, die durch ihre Verbindung zum Hauptdokument den anderen Mitarbeitern automatisch zugänglich gemacht werden können.

Das World Wide Web könnte ein ernstzunehmender Ansatz werden, der das Internet endgültig aus dem reinen Anwenderbereich von Forschung und Entwicklung hin zu kommerziellen Netzwerken wie z. B. *CompuServe*▼ hebt. Die benutzerfreundliche Integration aller Dienstleistungen unter einer Oberfläche bietet die besten Voraussetzungen dazu.

▼ Vgl. Kapitel 5.3.2.

4.2. Dokumentenaustausch

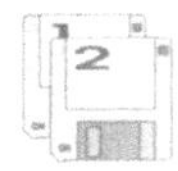

Proprietäre Lösungen

An verschiedenen Stellen dieses Buches wurden bereits einige Möglichkeiten aufgezeigt, die ein leistungsfähiges Netzwerk zusammen mit den entsprechenden Anwendungen für die Praxis offeriert. Unter proprietären Bedingungen, bei denen mit Systemen *eines* Herstellers und mit *gleichen* Programmen gearbeitet wird, lassen sich diese Möglichkeiten meist recht einfach verwirklichen.

Innerhalb eines Unternehmens könnte eine homogene Struktur von Rechnern, Netzwerken und Anwendungsprogrammen vielleicht sogar durchgesetzt werden. Meist jedoch ist dies selbst in einem solch kleinen Rahmen nicht möglich. Zu vielschichtig sind die Anforderungen der verschiedenen Abteilungen und zu unterschiedlich ihr Kommunikationsbedarf, als daß man in der Lage wäre, das gesamte Unternehmen mit den Lösungen *eines* Herstellers optimal zu versorgen.

Heterogene Strukturen

Außerdem pflegt jedes Unternehmen externe Kontakte – sei es mit Kunden, Lieferanten, eigenen Filialen oder auch kooperierenden Partnern, so daß zwangsläufig *heterogene Strukturen* entstehen. Trotz unterschiedlicher Technik und Funktion sollen diese Strukturen kommunikationsfähig bleiben. Die bereits öfter angesprochene, zunehmende Dezentralisierung von Unternehmen trägt ein übriges dazu bei, daß immer höhere Ansprüche an den elektronischen Austausch von Informationen gestellt werden.

Eine zentrale Komponente ist hierbei das Übertragen von Dokumenten: Rechnungen, Anforderungen, Briefe, Berichte, Verträge u. v. m. Im Zeitalter der elektronischen Datenverarbeitung geht der Trend in vielen Bereichen weg vom Papier und hin zu digital erfaßten Formen.

Alleine die Anschaffung von Rechnern und Software bringt für ein Unternehmen jedoch nicht zwangsläufig die erhofften Vorteile und Verbesserungen. Erst die volle Integration in die Arbeitsweise der Firma und ihr gesamtes Umfeld ermöglicht die Reduzierung von Zeit und Kosten sowie eine Verbesserung des Auftrags- und des Lieferservice. Dies gilt insbesondere für die Fähigkeit zu externer Kommunikation und zum Datenaustausch.

Dokumente, die an einer Stelle erzeugt wurden, sollen von einer anderen übernommen und weiterverarbeitet werden können. Schwierig wird das vor allem dann, wenn der Austausch plattformübergreifend (also zwischen verschiedenartigen Rechnertypen) und software-übergreifend (zwischen unterschiedlichen Programmen) erfolgen soll.

Readable, Formattable und Executable

Eine entscheidende Rolle beim Austausch von Dokumenten spielt die Form, in der ein Dokument die Gegenseite erreicht. Wie bereits auf Seite 29 angesprochen unterscheidet man drei mögliche Ausprägungen[41]:

- **Readable** oder **Printable**

  Ein Dokument kann auf der Empfängerseite nur noch gelesen oder gedruckt werden. Eine Weiterverarbeitung

[41] Natürlich können die verschiedenen Ausprägungen unter Inkaufnahme von Informationsverlusten auch ineinander umgewandelt werden. So läßt sich z. B. eine Vektorgraphik nach einer Faxübertragung (=readable) weiterhin mit einem pixelorientierten Graphikprogramm verarbeiten (=„executable"). Die Vektorinformationen gehen jedoch verloren. Solche Sonderfälle sollen hier aber nicht betrachtet werden.

(etwa durch Integration in eigene Dokumente) ist ausgeschlossen. Beispiel: *Telefax* (vgl. Seite 254).

- **Formattable**
  Das übertragene Dokument kann nicht nur gelesen, sondern auch weiterverarbeitet werden. Diese Weiterverarbeitung ist jedoch auf den reinen Text beschränkt. Formatierungen▼ können nicht übernommen werden. Beispiel: Text einer *E-Mail* (vgl. Seite 26).

▼ Z. B. Seitenränder, Schriftart, Ausrichtung und Seitenumbruch

- **Executable**
  Der Empfänger kann das Dokument nicht nur lesen und den Text inhaltlich weiterverwenden, sondern es wurden auch sämtliche Formatierungen des Dokumentes so mitübertragen, daß sie übernommen und weiterverarbeitet werden können. Beispiel: *binäre Datenübertragung* (vgl. Kapitel 1.3.2.).

Übertragung in homogener Umgebung

Die einfachste Form ist sicherlich die Übertragung von Dateien von einem auf ein anderes Programm gleichen Typs. Beide Programme laufen auf gleichartigen Rechnern und unter dem gleichen Betriebssystem[42].

Die Übertragung kann über einen gemeinsamen *Datei-Server*, auf dem die Dateien abgelegt sind, oder als *binärer Filetransfer* erfolgen.

Da wir uns in diesem Fall in einer weitgehend proprietären und homogenen Struktur befinden, ist zu erwarten, daß die Datei auf dem Zielrechner in vollständiger Form ankommt und problemlos weiterverarbeitet werden kann. Nicht nur der Text sondern auch alle Formatierungen bleiben erhalten und werden vom weiterverarbeitenden Programm ohne Schwierigkeiten so erkannt, als wären es die eigenen[43]. Die Daten sind also nach wie vor *executable*.

Executable

[42] Beispielsweise von *Word für Windows* nach *Word für Windows*.
[43] Ausnahmen bestätigen auch hier die Regel. Darauf soll jedoch nicht weiter eingegangen werden.

Übertragung in heterogenen Umgebungen

In heterogenen Umgebungen gestaltet sich der Dokumentenaustausch schon schwieriger: Programme verwenden verschiedene Formatierungs- und Darstellungsarten; Betriebssysteme speichern Dateien in unterschiedlichen Formaten. Da die Dateien auf dem Quell- und Zielrechner unterschiedlich erzeugt und verarbeitet werden, haben sich für den eigentlichen Austausch verschiedene Standards etabliert, die die Forderung nach einer Übertragung in ein *Executable-Format* unterschiedlich stark verwirklichen.

ASCII

Eine Möglichkeit stellt der weltweit standardisierte **ASCII-Code**[44] dar, auf dessen Grundlage einfache Texte ausgetauscht werden können. Graphiken, Formatierungen und viele Sonderzeichen werden jedoch durch den Code normalerweise nicht abgedeckt. Übertragene ASCII-Dateien können also, wenn sich der Autor an verschiedene Regeln gehalten hat[45], inhaltlich weiterverarbeitet und neu formatiert werden. Die Dateien sind damit *formattable*. Electronic Mails werden beispielsweise als ASCII-Dateien übermittelt.

formattable

In den folgenden Kapiteln sollen leistungsfähigere Standards für den Datenaustausch vorgestellt werden. Zunächst geht es um zwei Standards, die in erster Linie für den (einseitigen) Dokumententransfer geeignet sind. Es steht eher die Darstellung der Dokumente als ihre gemeinsame Berarbeitung im Vordergrund. Kapitel 4.3. ist dann Standards gewidmet, die sich für das verteilte Dokumenteerstellen eignen.

4.2.1 PostScript

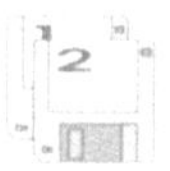

PostScript ist eine Seitenbeschreibungssprache zur geräteunabhängigen Ausgabe von Text und Graphik. Nachdem

[44] ASCII steht für *American Standard Code for Information Interchange* und ist ein 7-Bit-Zeichencode, mit dessen Hilfe insgesamt 128 Zeichen verschlüsselt werden können.

[45] Es dürfen weder Umlaute (und andere national gebräuchliche Buchstaben) noch Sonderzeichen (?,! u.a.) verwendet werden, weil diese vom internationalen Code nicht abgedeckt werden.

sie erstmals 1985 von *Adobe* veröffentlicht wurde, etablierte sie sich schnell als De-facto-Standard am Markt. Seither wurden sowohl von *Adobe* selbst, als auch von Fremdanbietern viele Erweiterungen und Updates entwickelt.

Der hohe Verbreitungsgrad der Sprache gründet sich vor allem auf die folgenden Punkte:

- PostScript ist eine *höhere Programmiersprache,* die sämtliche Hochsprachenkonstrukte enthält. Die Sprache ist „intelligent", denn sie verlagert große Teile des Druckvorgangs vom Rechner auf den Drucker. Während ersterer nämlich nur noch festlegen muß, wie eine Seite aussehen soll, erfolgt die eigentliche, aufwendige Seitenberechnung im Drucker. Druckaufträge werden als ASCII-Quellcode an den Drucker gesandt, der diese dann interpretieren und den eigentlichen Ausdruck konstruieren muß.
- Die Sprache ist streng *genormt. Adobe* hat die Richtlinien zur Norm von vornherein mitveröffentlicht.
- PostScript ist *unabhängig* vom Ausgabegerät. Theoretisch könnte der Quellcode mit einem einfachen ASCII-Editor erzeugt und im Anschluß auf verschiedensten PostScript-Geräten ausgegeben werden. Ein PostScript-Quellcode erzeugt auf allen Geräten den gleichen Ausdruck. Es ergeben sich lediglich – je nach der Güte des Ausgabegeräts – Qualitätsunterschiede.
- Die Sprache arbeitet in Anlehnung an die moderne Lasertechnologie *seiten- und nicht zeilenorientiert.*
- Es werden *skalierbare Schriftartsätze* unterstützt.

All diese Vorteile führen dazu, daß der Rechner während des Druckvorgangs entlastet wird. PostScript-Drucker benötigen hierdurch bedingt jedoch eine hohe Rechenleistung, weshalb sie im Vergleich zu nicht-PostScript-fähigen Druckern sehr teuer sind.

Der Anwender indes bleibt von der eigentlichen Programmierung unbehelligt. Er erstellt seine Publikationen in der Regel mit *WYSIWYG*-Programmen▼ und überläßt es dem Computer, beim Druckvorgang den PostScript-Quell-

▼ Mit *WYSIWYG* (*What you see is what you get*) werden Programme bezeichnet, deren Bildschirmausgabe bereits dem endgültigen Druckbild entspricht.

code automatisch zu erzeugen. Der Drucker wandelt dann die PS-Anweisungen in ein Bild um.

Vor allem auf die Schriftausgabe hat *Adobe* großen Wert gelegt. PostScript enthält hierzu einen besonderen, optimierten Teil: die **Type-1-Fonts**. Hierbei handelt es sich um eine Schnittstelle für frei skalierbare Schriftarten. Diese werden auch vermehrt in graphischen Benutzeroberflächen verwendet.

X11, die graphische Standardoberfläche zu Unix, enthält ab Release 5 einen Type-1-Interpreter, mit dem die Darstellung dieser Schriften auf dem Bildschirm erfolgt. Unter Windows und OS/2 erfüllt der *Adobe TypeManager* diese Aufgabe.

Im Jahre 1990 hat *Adobe* die Weiterentwicklung **PostScript Level 2** veröffentlicht. Es vereinigt im wesentlichen alle bis dorthin entstandenen Erweiterungen unter einem neuen Standard (siehe Abbildung 4.14). Außerdem wurde der fortgeschrittenen Technologie neuer Ausgabegeräte Rechnung getragen. Schwachstellen der alten Version wurden beseitigt und die Geschwindigkeit und Speicherverwaltung optimiert.

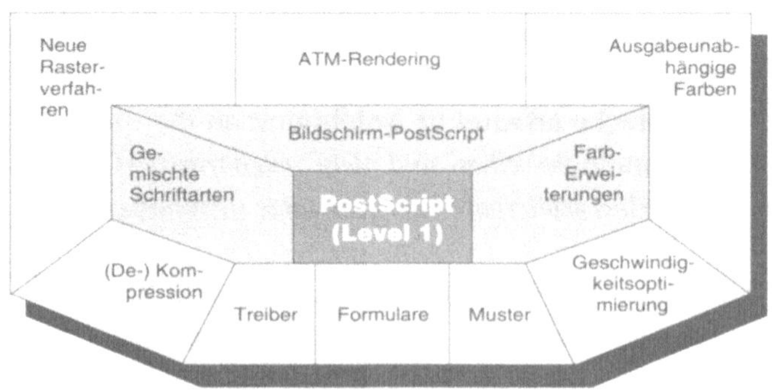

Abbildung 4.14: Die Erweiterungen von PostScript Level 2

Obwohl bis heute nur wenige Geräte mit PostScript Level 2 erhältlich sind, hat der weitere Standardisierungsversuch von *Adobe* sicher zusätzlich zur Stärkung von PostScript als Dokumentenstandard beigetragen.

Der Dokumentenaustausch mit PostScript

PostScript über den Druckertreiber oder ein Umwandlungsprogramm

Zum Austausch von Dokumenten ist PostScript nur bedingt geeignet. Man erzeugt das *PS-Format*[46], indem man aus dem Anwendungsprogramm druckt und den Ausdruck in eine Datei umleitet oder das Dokument als PostScript-Datei speichert (Exportfunktion). Es entsteht – im ersten Fall mit Hilfe des Druckertreibers, im zweiten mit einem Konvertierungsprogramm – eine Datei, die eine lange Liste von PostScript-Befehlszeilen enthält (siehe Abbildung 4.15). Sie kann an jede PostScript-fähige Einheit gesendet werden: einen Drucker, einen Belichter oder auch ein Programm, das die Datei auf dem Bildschirm darstellen kann.

Graphiken und Texte, die einmal als PostScript-Datei abgespeichert wurden, lassen sich jedoch nicht weiterverarbeiten, denn PostScript-Anweisungen werden in der Regel nicht interaktiv programmiert, sondern automatisch erstellt. PostScript ist ein reines Ausgabeformat, das geräteunabhängig erstellt und auf dem jeweiligen Ausgabegerät in der höchst möglichen Auflösung ausgegeben werden kann. PostScript-Dateien sind also nur *readable*.

Auf der anderen Seite handelt es sich jedoch um einfachste 7-Bit ASCII-Dateien, die sich problemlos (sogar per E-Mail) übertragen lassen. Abbildung 4.15 zeigt einen Ausschnitt aus der PostScript-Datei, die beim Druck dieser Seite entstanden ist.

```
32 0 0 42 42 0 0 0 39 /Palatino-Roman
                      /font33 ANSIFont font
gs 2289 3162 123 0 CB
1589 484 22 (. ) 28 SB
1617 484 83 (Auf ) 89 SB
1706 484 74 (der ) 80 SB
1786 484 152 (anderen) 152 SB
gr
gs 2289 3162 123 0 CB
816 542 99 (Seite ) 112 SB
928 542 152 (handelt ) 165 SB
1093 542 49 (es ) 63 SB
1156 542 84 (sich ) 98 SB
1254 542 133 (jedoch ) 147 SB
1401 542 73 (um ) 87 SB
1488 542 197 (einfachste ) 211 SB
1699 542 98 (7-Bit ) 112 SB
1811 542 127 (ASCII-) 127 SB
```

Abbildung 4.15: Auszug aus einer PostScript-Datei

Im Graphik- und Verlagswesen hat sich das PS-Format für die Übertragung druckfertiger Graphiken und Dokumente etabliert.

[46] Vom reinen PostScript-Format muß das erweiterte **EPS-Format** (**Encapsulated PostScript**) unterschieden werden. EPS enthält zusätzlich zu den PS-Befehlen für den Drucker auch Anweisungen zur Bildschirmdarstellung von PS-Graphiken. Textverarbeitungsprogramme erzeugen in der Regel normale PS-Dateien.

4.2.2 SGML

Die **Standard Generalized Markup Language (SGML)** ist eine Sprache, mit deren Hilfe sich Dokumentstrukturen beschreiben lassen. Solche Sprachen werden als *Textauszeichnungssprachen* bezeichnet. Der Autor *Charles Goldfarb* entwickelte *GML*, den Vorläufer der Norm, der 1986 von der ISO▼ erweitert und als *SGML* (*ISO 8879*) standardisiert wurde.

▼ *International Organization for Standardization*, vergleiche Kapitel 1.4.

Mit SGML lassen sich Dokumente einheitlich auszeichnen, so daß ihre Archivierung und ihr Austausch mit anderen Kommunikationspartnern vereinfacht werden kann. Hierzu wird nicht nur der Text (also Seiten- und Absatzformate), sondern auch die inhaltliche Struktur eines Dokuments erfaßt. SGML stellt zu diesem Zweck eine Reihe von Werkzeugen zur Verfügung, mit denen sich die Strukturen eines Dokuments beschreiben lassen.

Struktur und Verarbeitung

Soll ein Textdokument in ein SGML-Dokument verwandelt werden, so müssen in den gesamten Text Markierungen eingefügt werden. Diese definieren, wie einzelne Textpassagen verarbeitet oder gehandhabt werden sollen. Ein Dokument wird also mit zusätzlichen Definitionen versehen, die nach dem Datenaustausch auf dem Zielsystem interpretiert werden können▼.

▼ Vergleiche *TEX* im folgenden Kapitel.

Die ISO-Norm sieht für SGML-Dokumente eine Struktur vor, die sich aus drei Teilen zusammensetzt:

- Im ersten Teil werden die Auszeichnungselemete *deklariert*. Dies kann für jedes Dokument individuell geschehen oder an vordefinierten Dokumentklassen orientieret werden. So wird einerseits die Definition eigener (dokumentenspezifischer) Elemente ermöglicht; andererseits werden – durch das Zurückgreifen auf Standardlayouts – einheitliche Dokumente erzeugt.
  Bei der Datenübertragung kann mit Hilfe des Deklarationsteils auf dem Zielsystem überprüft werden, ob ein

empfangenes Dokument vom eigenen System interpretiert und verarbeitet werden kann.

- Der zweite Teil beschreibt den Dokumenttyp und die im Text verwendeten Markierungselemente. Meist liegt dieser Teil in einer externen Datei vor (*Document Type Definition, DTD*), auf die an dieser Stelle im Dokument verwiesen wird.
- Der dritte Teil enthält den eigentlichen *Dokumenttext*, der um die Verarbeitungsinformationen erweitert worden ist.

Da jedes Dokument einer individuellen oder generellen Klasse angehört, kann es anhand der Definitionen dieser Klasse auf seine Richtigkeit und Vollständigkeit überprüft werden. Ein spezielles Software-Programm (*Parser*) stellt fest, ob alle im Dokument vorkommenden Markierungen an erlaubten Stellen sitzen. Zusätzlich müssen die Markierungen deklariert und Teil des Dokumenttyps (*DTD*) sein. Mit Hilfe der DTD kann im Anschluß auch jede andere SGML-Anwendung ein Dokument originalgetreu darstellen.

SGML ist jedoch auf die Beschreibung von Text fixiert. Graphiken und Bilder können nur zusätzlich an Dokumente angehängt werden.

Dokumnetenaustausch mit SGML

SGML beschreibt die logische Struktur eines Dokuments (Überschriften, Unterüberschriften, Textabschnitte u. a.). Hierbei wird nicht spezifiziert, *wie* ein Dokument aussehen soll, sondern nur, *was* im Dokument vorhanden ist. Die Darstellung der einzelnen logischen Teile bleibt der jeweiligen Anwendung und dem Benutzer überlassen. Dokumente werden also eventuell auf der Zielplattform nicht genauso dargestellt, wie der Autor sie entworfen hat. Lediglich ihre inhaltliche Struktur bleibt erhalten, d. h. sie sind *nicht executable*.

Was, nicht *Wie*

Mit dem Erfassen der logischen Struktur können Dokumente jedoch auf einfache Weise in Datenbanken archiviert

▼ Zu *Hypertext* siehe Seite 211.

und sogar über *Hypertext-Verbindungen*▼ miteinander verknüpft werden. Mit der Hypertext-Beschreibungssprache *HTML*, die wir im Zusammenhang mit dem Informationsdienst *World Wide Web* in Kapitel 4.1.6. kennengelernt haben, lassen sich beispielsweise SGML-Dokumenttypen definieren.

Die Ausagbe eines SGML-Dokuments kann auf einem beliebigen Medium (z. B. einem Drucker, einem Belichter oder einem Bildschirm) erfolgen, ohne daß die Dokumentdaten geändert werden müssen. Die Dokumente sind also

Readable

readable. Auch die Weiterverarbeitung von SGML-Dokumenten ist möglich. Sie findet in der Praxis jedoch eher weniger Anwendung. SGML wird vor allem für die technische Dokumentation und im Verlagsbereich eingesetzt.

4.3 Verteiltes Dokumenteerstellen

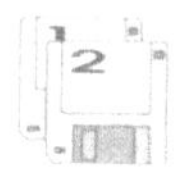

Die Idee, die hinter dem verteilten Erstellen von Dokumenten steht, ist etwas weiter gefaßt als die des reinen Dokumententransfers oder -austauschs, um den es im vorigen Kapitel ging. So sind beispielsweise die Mitarbeiter eines verteilt arbeitenden Autorenteams darauf angewiesen, die Dokumente der Partner vollständig in das eigene integrieren und weiterverarbeiten zu können. Auch Unternehmen, die einen Großteil ihres Schriftverkehrs auf elektronischem Wege abwickeln und zum Teil sogar automatisieren, sind auf Standards angewiesen, die ein Weiterverarbeiten der Dokumente ermöglichen.

TEX, das einen eher wissenschaftlichen Charakter hat, und die beiden Standards *ODA* und *EDIFACT* sollen in den nachfolgenden Kapiteln zur Sprache kommen.

4.3.1 TEX und LATEX

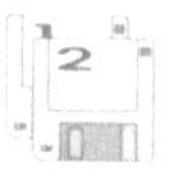

TEX[47] ist ein *Textsatzsystem*, das für den professionellen Bereich vor allem für die Erstellung von wissenschaftlichen

47 Sprich: „Tech"

Dokumenten mit mathematischen Formeln geschaffen wurde. Sein Entwickler *Donald E. Knuth* von der *Stanford University* hat darauf Wert gelegt, höchsten typographischen Ansprüchen gerecht zu werden.

Das System unterscheidet sich von herkömmlichen Textverarbeitungsprogrammen in einigen Punkten:

- Es bietet während der Textbearbeitung keine WYSIWYG-Ansicht▾. Der Anwender kann also erst nach einer Übersetzung der Datei überprüfen, wie der Ausdruck des Textes aussehen wird.
- Es handelt sich eher um eine Programmiersprache als um ein benutzerfreundliches Textsystem, denn alle Satzbefehle werden zusammen mit dem Text in der gleichen Datei gespeichert und sind während der Bearbeitung sichtbar (vergleiche Abbildung 4.16).
- TEX ist eigentlich kein *Text-* sondern ein *Satzsystem*, mit dem in erster Linie anspruchsvolle Layouts erstellt werden können. Die meisten der über 900 Befehle des ursprünglichen *Plain-TEX* sind prozedurale Anweisungen zur Layoutstrukturierung
- Das System ist besonders für den Satz mathematischer Dokumente geeignet, weil es beim Aufbau einer Formel die Denkweisen eines Mathematikers nachahmt. Abbildung 4.16 zeigt als Beispiel die Definition einer mathematischen Formel[48] in TEX-Schreibweise und den hiermit erzeugten Ausdruck.
- Auch die Qualität normaler Texte übertrifft meist die von Dokumenten, die mit einer gewöhnlichen Textverarbeitung erstellt wurden.
  Sowohl in der typographischen Qualität als auch in der Benutzerfreundlichkeit beim Erstellen von mathematischen Formeln und Diagrammen haben die

▾ Siehe Seite 219

TEX-Definition:

```
\ F(x) = { 1\over \sqrt { 2 \pi \sigma^2}
           \int \limits_- \infty ^x
           { e ^ - { (z - \mu)^2 \over {2 \sigma^2} } } dz
```

Ausgabe:

$$F(x) = \frac{1}{\sqrt{2\pi\sigma^2}} \int_{-\infty}^{x} e^{-\frac{(z-\mu)^2}{2\sigma^2}} dz$$

Abbildung 4.16: Der mathematische Formelsatz von TEX

48 Anmerkung: Es handelt sich um die Gaußsche Verteilungsfunktion.

herkömmlichen Textverarbeitungsprogramme jedoch mittlerweile weit aufgeholt.

- TEX bietet besondere Funktionen zum automatischen Erstellen von Inhaltsverzeichnissen und Indizes und ermöglicht auf einfache Weise das Einbauen von Querverweisen. Obwohl es sich bei den Funktionen um sehr leistungsfähige handelt, sind sie – wenn man das System einmal beherrscht – verblüffend einfach zu handhaben.
- Selbst so spezielle Anforderungen wie der Rand- und Wortabstandsausgleich oder das Kerning (Buchstabenunterschneidung) sind Bestandteile von TEX.

Trotz dieser überwältigenden Vorteile konnte das System bislang nur in wissenschaftlichen Kreisen Fuß fassen, was an seiner komplexen Layoutdefinition liegt. Wegen ihrer höheren Benutzerfreundlichkeit hat das breite Publikum bislang graphischen WYSIWYG-Programmen vor TEX den Vorzug gegeben.

Das Makropaket LATEX

Da TEX selbst für Experten ein recht schwerfällig zu bedienendes System ist, existieren zahlreiche *Makropakete*[49] und Zusatzprogramme, die vor allem unter dem Betriebssystem Unix zur Verfügung stehen. Es sind aber auch Versionen für andere Plattformen erhältlich.

LATEX

Eines der bekanntesten Makropakete ist **LATEX**. Es stammt von *Leslie Lamport* und erleichtert den Umgang mit TEX erheblich. Das ursprüngliche *Plain-TEX*, das um eigene Makros erweiterte TEX, und das zusätzliche Makropaket *LATEX* unterscheiden sich vor allem in der Benutzerschnittstelle:

LATEX ermöglicht einem Autor die Auszeichnung der logischen Struktur eines Textes (Gliederung in Überschrif-

[49] Ein Makro ist ein kleines Programm, das eine Reihe von Anweisungen, die man sonst alle nacheinander eintippen müßte, zu einem Befehl zusammenfaßt.

ten, Text, Fußnoten u.ä.). Die Layoutstruktur (Formatierung) erfolgt also – im Unterschied zu Plain-TeX – getrennt vom eigentlichen Erfassen des Textes. Die Mehrzahl der Anwender benutzt LaTeX, da der Unterschied zur Benutzung von TeX ähnlich dem zwischen dem Programmieren in einer Maschinensprache (Assembler) und einer höheren Programmiersprache (z. B. C oder Pascal) ist.

Zur Anfertigung anspruchsvoller Layouts sind jedoch die Standard-Makropakete oftmals nicht ausreichend. Daher ist der Benutzer auch auf die Entwicklung eigener Makros angewiesen.

Die Funktion von TeX

Abbildung 4.17 zeigt, wie aus einer TeX-Definition, die in einem herkömmlichen ASCII-Editor erfolgen kann, die gewünschte Ausgabe entsteht. Die TeX-Quelldatei wird mit dem Typensatzprogramm TeX interpretiert und in druckbare Seiten umgewandelt.

Hierbei entsteht zunächst eine DVI▾-Datei, die mit einem *Previewer* überprüft, direkt gedruckt oder als Datei weitergegeben werden kann. Es gibt zahlreiche Treiber, die die von TeX erzeugten DVI-Dateien nach PostScript konvertieren oder auf gewöhnlichen Druckern oder professionellen Belichtern ausgeben können. „Echte" TeX-Drucker, die die Anweisungen des Satzsystems direkt interpretieren können, gibt es nicht.

▾ Device Independent (geräteunabhängig)

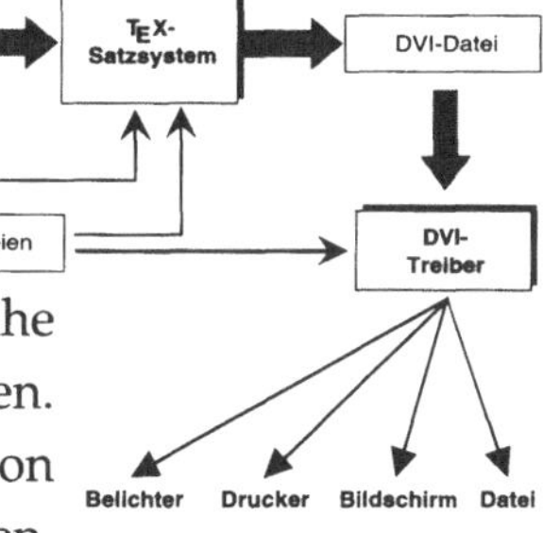

Abbildung 4.17: Der TeX-Funktionsablauf

Das Satzsystem TeX ist – wenn man sich die Mühe gemacht hat, es zu erlernen – relativ einfach zu handhaben. Es bietet umfassende Möglichkeiten für die Erstellung von Dokumenten mit höchsten typographischen Ansprüchen. Seine leistungsfähige Makrosprache erlaubt eine Anpassung an unterschiedliche Benutzeranforderungen. Man muß sich jedoch damit abfinden, die ausgabengetreue Darstellung immer erst nach dem Übersetzungsprozess durch das TeX-System einsehen zu können.

Der größte Vorteil, den das Satzsystem mit sich bringt und der es für das verteilte Dokumenteerstellen so attraktiv macht, ist seine große Verbreitung auf vielen verschiedenen Rechnerplattformen. TEX ist in Pascal und einer weiteren Metasprache geschrieben und daher auf fast allen Plattformen implementierbar. Außerdem wurde sein Quellcode vom Autor mitveröffentlicht und zur kostenlosen Vervielfältigung freigegeben (*Public Domain Software*).

Nicht nur auf Unix-Rechnern, sondern auch auf vielen anderen Betriebssystemen ist TEX heute heimisch geworden. Damit verbindet sich automatisch eine hohe Portabilität der mit TEX erzeugten Dokumente.

TEX-DVI-Dateien sind *Readable*

Die nach der Übersetzung erzeugten DVI-Dateien lassen sich problemlos von einer Plattform zur nächsten übertragen, denn auf dem Zielsystem müssen nur die entsprechenden Font-Dateien installiert sein, um eine originalgetreue Ausgabe hervorzurufen.

DVI-Dateien sind also – ähnlich dem PostScript-Format – *readable*. Auf dieser Ebene ist an ein verteiltes Dokumenteerstellen, bei dem ja auf das Weiterverwenden von Dokumenten Wert gelegt wird, folglich nicht zu denken.

TEX-Quelltexte sind *Executable*

Dies sieht bei Verwendung der TEX-Quelltexte ganz anders aus. Die Eigenart des Satzsystems ist das Erzeugen und Speichern der Quelldateien im einfachen ASCII-Format. Dies schließt sämtliche Formatieranweisungen ein. Der international genormte 7-Bit-ASCII-Code kann problemlos (auch mit anderen Rechnerwelten) ausgetauscht werden. Herkömmliche Textsysteme dagegen verwenden binäre Dateiformate, die plattform-spezifisch gespeichert werden.

TEX-Quelltexte sind damit auf einem Zielrechner, der über das Satzsystem mit Übersetzer und die erforderlichen Font- und Style-Dateien verfügt, *executable* und können von TEX-Kundigen problemlos integriert und weiterverarbeitet werden. Daher eignet sich TEX auch für das verteilte Dokumenteerstellen und ist in technisch-wissenschaftlichen Bereichen als De-facto-Standard weit verbreitet.

4.3.2. ODA/ODIF

Im Jahre 1989 hat die *ISO*▼ die internationale Norm *ISO 8613 ODA* (*Office Document Architecture*) für den Dokumentenaustausch in offenen Systemen veröffentlicht. Die Norm ist weitestgehend identisch mit einer entsprechenden CCITT[50]-Empfehlung.

▼ *International Organization for Standardization*, vergleiche Kapitel 1.4.

ODA definiert Richtlinien, auf deren Grundlage der elektronische Austausch von digitalen, vor allem im Bürobereich anfallenden Dokumenten ermöglicht wird. Der Standard stellt sicher, daß der Empfänger übertragene Dokumente in originalgetreuer Form darstellen und weiterverarbeiten kann. Sowohl der Inhalt als auch das Format eines Dokumentes können dem Empfänger zur Weiterbearbeitung zugänglich gemacht werden. ODA-Dokumente sind also *executable*.

Aufbau und Inhalt der Norm

Die ODA-Norm besteht aus insgesamt sieben Teilen, die sich mit den Strukturen und dem Profil eines Dokuments, dem Austauschformat und verschiedenen Einzelheiten zur Darstellung und Verarbeitung von Zeichen und Graphiken beschäftigen.

Der zweite Teil ist der Mittelpunkt der Norm. In ihm werden alle grundlegenden Dokumentstrukturen festgelegt, während die verschiedenen Inhaltsarchitekturen (Text und Graphik) erst in den letzten drei Teilen definiert werden. Diese Einteilung erlaubt die spätere Erweiterung der inhaltlichen Formen (z. B. für digitalisierte Sprache), ohne daß in der Norm die Dokumentstruktur im Teil 2 geändert werden müßte.

Logischer Aufbau und Layoutstruktur

Auch ODA nimmt eine grundsätzliche Unterscheidung der *logischen Sicht* (Gliederung des Inhalts) auf ein Dokument und der *Sicht auf das Layout* (Seitenaufteilung und Gestaltung) des Dokuments vor. Für beide Sichten sieht die

[50] **C**omité **C**onsultatif **I**nternational **T**élégraphique et **T**éléphonique, vergleiche Kapitel 2.2.2.

Norm Grundelemente vor, die hierarchisch voneinander abgeleitet werden. Beispielsweise leitet sich in der *logischen Sicht* die Überschriftebene 2 von der Überschriftebene 1 ab. Ein Dokument ist in der Regel sowohl aus logischen Elementen als auch aus Layoutelementen aufgebaut.

ODA begreift die Dokumentverarbeitung als einen dreistufigen Prozeß (siehe Abbildung 4.18):

- **Editing Process**
  Der *Editing Process* ist primär die Aufgabe des Autors. Er erzeugt die logische Struktur eines Dokuments. Nach ODA stehen ihm dazu dokumentspezifische Elemente und allgemeingültige generische Elemente einer Vorlage zur Verfügung. Die generischen Elemente eines Geschäftsbriefes können z. B. der Briefkopf, ein Firmenlogo oder Textbausteine sein.
  Processable Document
  Während des *Editing Process* entsteht das *Processable Document.*
- **Layout Process**
  Im *Layout Process* wird das Dokument formatiert und die Layoutstruktur erstellt. Dies geschieht gemäß den Vorgaben aus dem Dokument und der Vorlage. Der *Layout Process* ist meist Aufgabe des Setzers.
  Formatted Document, Formatted Processable Document
  Nach ODA entsteht entweder ein endgültiges *Formatted Document* oder ein wiederbearbeitungsfähiges *Formatted Processable Document.*
- **Imaging Process**
  Der *Imaging Process* erzeugt die Repräsentation des Dokuments auf dem Darstellungsmedium (Drucker, Belichter oder Bildschirm). Dies geschieht auf Basis der Layoutstruktur. Abhängig ist der *Imaging Process* von den physikalischen Eigenschaften des Mediums, auf dem die Ausgabe erfolgt (z. B. von der Druckerauflösung). Es kann sowohl ein *Formatted Document* als auch ein *Formatted Processable Document* verarbeitet werden. Letzteres wird jedoch, da es umfangreicher und komplexer ist, nur dann erstellt, wenn zu erwarten ist, daß sich ein erneutes Editieren anschließt.

In der Praxis laufen die drei Arbeitsschritte öfter untrennbar Hand in Hand ab. Bei modernen Textverarbeitungssystemen (WYSIWYG) erfolgt die Erstellung des Layouts meist automatisch parallel zum Editieren.

Zusätzlich zum logischen Inhalt und der Layoutstruktur sieht die ODA-Norm vor, daß ein Dokument ein *Document Profile* besitzt, in dem weitere Informationen zum Dokument gespeichert sind. Dies sind zum Beispiel die Dokumentart (Text, Raster- oder Liniengraphik), der Autorenname, das Erstellungsdatum und eine Reihe weiterer, teilweise optionaler Hinweise.

Ein Profil kann auch ohne das gesamte Dokument verschickt werden, damit der Empfänger prüfen kann, ob er überhaupt in der Lage ist, das Gesamtdokument zu verarbeiten. Dies ist in der Norm ausdrücklich so vorgesehen, denn die umfangreiche Norm muß nicht zwingend auf jedem System vollständig implementiert sein.

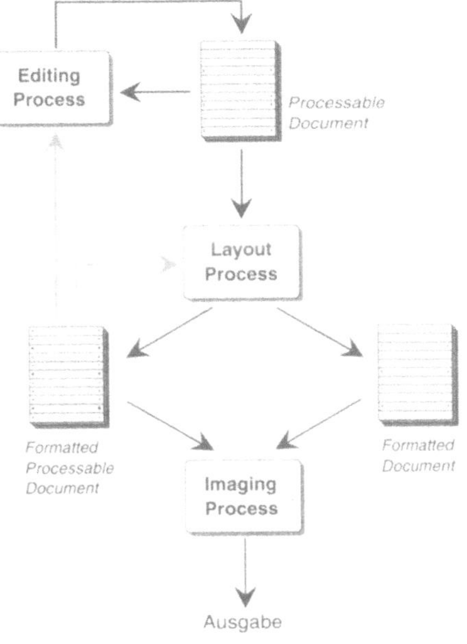

Abbildung 4.18: Die Dokumententstehung nach ODA

Verteiltes Dokumenteerstellen mit ODA

ODIF und ODL

Die interne Repräsentation des Dokuments wird durch ODA nicht festgelegt. Dies kann auf jedem System individuell erfolgen und z. B. von dem verwendeten Textsystem abhängig sein. Erst bei der Übertragung muß eine feste Kodierung eingehalten werden, damit das Empfängersystem die Daten entschlüsseln kann.

Die ISO-Norm sieht zwei mögliche Kodierungen vor:

- Das **Office Document Interchange Format** (**ODIF**) basiert auf der formalen Notation *ASN.1* (*Abstract Syntax Notation*)[51], die einen binären Datenstrom definiert, der

[51] ASN.1 ist Bestandteil der OSI-Defitionen zur Realisierung der *Darstellungsschicht*.

von Rechner zu Rechner übertragen wird. Er ist für die Interpretation durch eine Maschine gedacht.

- Die zweite Möglichkeit der Datenübertragung, die die ODA-Norm erlaubt, ist die **Office Document Language** (**ODL**). Sie definiert eine Klartext-Kodierung in einer Metasprache, die auch von einem Menschen interpretiert werden kann. ODL basiert auf *SGML*, das wir schon in Kapitel 4.2.2. beschrieben haben.
  Mit dieser zweiten Übertragungsmöglichkeit ist die Kompatibilität zur *SGML-Welt* gesichert, denn ein ODA-Dokument kann über ODL an ein SGML-Gerät übertragen werden. Die Datenübertragung in die umgekehrte Richtung funktioniert jedoch meist nicht.

Readable

Executable

Ein ODA-Dokument wird als *Formatted Document* oder verarbeitungsfähiges *Formatted Processable Document* weitergegeben. Ersteres ist nur noch *readable*, zweiteres kann sowohl inhaltlich, als auch in seinem Aussehen geändert werden und ist demnach *executable*. In Abbildung 4.18 (Vorseite) sind die beiden Möglichkeiten, die dem Empfänger zur Veränderung eines eingegangenen Dokuments offen stehen, grau eingezeichnet. Natürlich kann er das Dokument auch direkt zum *Imaging* geben, um ohne weitere Bearbeitung sofort eine originalgetreue Ausgabe zu erhalten.

4.3.3 EDIFACT

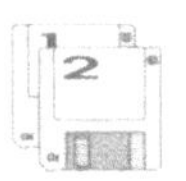

Speziell für die elektronische Kommunikation zwischen Unternehmen hat man einen weiteren Standard geschaffen, der besonders auf die dort anfallenden Geschäftsvorgänge zugeschnitten ist. Primär werden Dokumente wie Rechnungen, Lieferscheine oder Auftragsbestätigungen berücksichtigt.

EDIFACT faßt die Ergebnisse verschiedener Normungskomitees zusammen. Die Abkürzung steht für **Electronic Data Interchange for Finance, Administration, Commerce and Transport**. Eine Arbeitsgruppe der Vereinten Nationen (*UN/JEDI*▾) entwickelt derzeit Nachrichtentypen, die welt-

▾ United Nations / Joint Electronic Data Interchange

weit Gültigkeit haben sollen. Mit ihren *EDIFACT Message Design Guidelines* hat die Gruppe Richtlinien herausgegeben, die vorschreiben, wie weitere Nachrichtentypen zu definieren sind.

Ähnlich der im vorigen Kapitel beschriebenen Norm ODA setzt auch EDIFACT an zwei Stellen an: Die Struktur der Dokumente und ihr Austausch werden definiert. So umfaßt die Norm für alle Geschäftsvorgänge Standardnachrichten, die in branchenspezifischen Untermengen zusammengefaßt werden.

Jedes EDIFACT-Dokument setzt sich aus drei verschiedenen Elementen zusammen:

- dem *Dokumentkopf,*
- dem *Positionsteil,* der die einzelnen Positionen der Meldung auflistet, und
- dem *Summenteil,* in dem die Gesamtsumme des Positionsteils und weitere Angaben wie z. B. Liefer- und Zahlungsbedingungen aufgeführt werden.

Verteiltes Dokumenteerstellen mit EDIFACT

Der Dokumentenaustausch basiert auf besonderen Kodierungsvorschriften, die eine einfache Übertragung mit verschiedensten Kommunikationsdiensten (z. B. auch per E-Mail▾) ermöglichen. Der Datenstrom kann an der Schnittstelle zum Unternehmen durch Konverter auf das unternehmensinterne Format umgesetzt werden.

▾ Zu Electronic Mail siehe Kapitel 1.3.1.

Mit EDIFACT können alle notwendigen Funktionen (Kommunikationsaufbau, Datenübertragung und Konvertierung) unter einheitlichen, genormten Datenstrukturen vorgenommen werden. Die Norm ermöglicht dabei den Datenaustausch von *executable*-Dokumenten, die auf dem Zielsystem sofort in die dortige Informationsverarbeitung übernommen werden können.

Executable

Auf diese Weise kann das Erstellen, Verwalten und Weiterverarbeiten vollkommen automatisiert werden:

- Eingehende Nachrichten werden innerhalb des Unternehmens automatisch an den richtigen Sachbearbeiter verschickt und gleichzeitig archiviert.
- Aufträge können sofort automatisch bestätigt werden, so daß der Auftraggeber auf dieser Grundlage weiter planen kann.
- Es besteht die Möglichkeit, automatisch Rechnungen zu erstellen und über das Electronic Banking abzurechnen.
- Innerhalb des Unternehmens können sowohl die Stammdatenpflege, die Lagerwirtschaft mit einer automatischen Kontrolle über die Lieferzeiten und Bestände als auch die Pflege der Artikelstammdaten direkt über Rechnersysteme erfolgen.

Es sind noch viele weitere Möglichkeiten denkbar, die allesamt zu einer Reduzierung der Lieferzeiten und Verwaltungskosten und zu einer geringeren Fehleranfälligkeit führen.

Realisierung

„Wenn ich so fortfahre, wirst Du am Ende so klug sein wie am Anfang. Höre denn, ich will mich zwingen, ins Detail zu gehen.“
Johann Wolfgang Goethe

Dem jungen Werther erschien es inmitten seines Briefwechsels mit seinem Freund Wilhelm an der Zeit, diesen endlich in die Hintergründe seiner Erzählungen einzuweihen. Nach längerer Vorgeschichte glaubte er nun, Einzelheiten mitteilen zu müssen.

Auch wir wollen im letzen Kapitel dieses Buches in einige Details der Anwendung von Netzwerken einführen. Aufbauend auf die theoretischen Grundlagen der ersten Kapitel sollen konkrete Realisierungen vorgestellt werden. Hierbei kommen auch einige Standardprodukte zur Sprache.

Im ersten Teil des Kapitels geht es um die weit verbreiteten, proprietären Strukturen lokaler Netzwerke. Die Kapitel 5.2. und 5.3. befassen sich dann mit Weitverkehrsnetzen, die in Deutschland von der DBP-Telekom betrieben werden und auf deren Grundlage sich verschiedene wissenschaftliche Netzwerke ausgebildet haben. Mit einer Vorstellung zweier dieser Netzwerke wollen wir Kapitel 5 abschließen.

5.1. LAN-Betriebssysteme

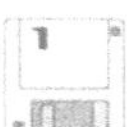

Während **lokale Netzwerke** zunächst nur als Hilfsmittel zum gemeinsamen Nutzen von Ressourcen verstanden wurden, gelten sie heute als unumgängliche Kommunikationsverbindung innerhalb von Abteilungen und Unternehmen. Gleichzeitig sind sie zum Bindeglied zwischen Arbeitsplatzrechnern und internationalen Weitverkehrsnetzen geworden. Lokale Netzwerke nehmen daher in heutigen Netzwerkstrukturen eine zentrale Stellung ein.

Die meisten Arbeitsplatzrechner laufen unter *Single-User-Betriebssystemen.* Diese gestatten zur gleichen Zeit nur maximal einem Benutzer, mit dem Rechner zu arbeiten. Daher ist man bei Netzwerken, die mehrere Benutzer zur gleichen Zeit bedienen sollen, auf den Einsatz zusätzlicher Software angewiesen, die entweder eigenständig oder als Betriebssystemerweiterung die Netzwerksteuerung übernimmt.

Der Anwender dagegen arbeitet nach wie vor in seiner gewohnten Umgebung, ohne bewußt in direkten Kontakt mit dem Netzwerk kommen zu müssen. Trotzdem kann er Dateien, Drucker und andere Peripheriegeräte sowie verschiedene Dienste über das Netzwerk nutzen. Dies geschieht im Idealfall für ihn vollkommen transparent, denn die Ressourcen verhalten sich, als wären sie lokal auf seinem Arbeitsplatzrechner vorhanden.

Für den Betrieb lokaler Netzwerke haben sich drei proprietäre Systeme durchgesetzt[52]: Marktführer ist *NetWare* von *Novell.* Der *LAN-Manager* von *Microsoft* und der *LAN-Server* von *IBM* sind aus dem gleichen Produkt entstanden und haben daher einen gemeinsamen Ursprung. Sie nehmen den zweiten Platz bei den LAN-Betriebssystemen ein. Es versuchen zwar auch neuere Systeme, wie z. B. *Windows NT,* in diesen Markt einzudringen. Bislang (Juni '94) konnten sie sich jedoch noch nicht etablieren. In den beiden folgenden Kapiteln sollen daher nur die erst genannten Produkte zur Sprache kommen.

Abbildung 5.4 auf Seite Seiten 247 zeigt eine Übersicht über die verschiedenen LAN-Systeme.

[52] Dies gilt in erster Linie nur für den deutschen Markt. Natürlich sind aber auch auf diesem weitere Produkte vertreten. Da sie aber in ähnlicher Weise funktionieren wie die hier vorgestellten, werden sie nicht weiter vertieft.

5.1.1 Novell NetWare

Die Firma *Novell* brachte die erste Version ihres erfolgreichen Netzwerkbetriebssystems *NetWare* 1983 auf den Markt. **NetWare** ist ein Betriebssystem für Server in lokalen Netzen, das primär die Anbindung von Arbeitsplatzrechnern unter *DOS*, *Windows* und *OS/2*, aber auch *Macintosh-* und *Unix-Rechnern* ermöglicht.

NetWare unterstützt heute alle gängigen LAN-Technologien; es kann also beispielsweise sowohl auf *Ethernet* als auch auf dem *Token Ring* eingesetzt werden. Zentrales Element einer NetWare-Umgebung ist der eigens dafür *dedizierte*▼ *Datei-Server*, in den das Betriebssystem geladen wird. Er ist für die Verwaltung des gesamten Netzwerks zuständig, bearbeitet die Anforderungen aller Arbeitsstationen und koordiniert die gemeinsame Nutzung der im Netz zur Verfügung stehenden Betriebsmittel.

▼ Speziell für diese Aufgabe abgesetzt

Während die einzelnen Arbeitsstationen nach wie vor unter ihrem eigenen Betriebssystem arbeiten, werden gemeinsam zu nutzende Dateien auf dem Novell-Server abgelegt und gemeinsame Ressourcen über den Server angesprochen. In DOS- und OS/2-Rechnern muß eine zusätzliche Software (die *NetWare-Shell*) geladen werden, bevor mit dem Netzwerk gearbeitet werden kann. Unix- und Macintosh-Rechner werden direkt durch den Datei-Server unterstützt. Diese hohe Flexibilität hat maßgeblich zum großen Erfolg von NetWare beigetragen.

NetWare-Shell

Die Grundfunktionen von NetWare

Die Grundfunktionen, die das LAN-Betriebssystem bietet, entsprechen den Anforderungen, die an jedes moderne Netzwerk gestellt werden und bereits an mehreren Stellen in den vorangegangenen Kapiteln aufgetaucht sind▼. Sie sollen hier am Beispiel von NetWare noch einmal kurz zusammengefaßt werden:

▼ Vergleiche vor allem die Kapitel 1.1., 3.1. und 3.2.

- Verwaltung *gemeinsamer Ressourcen*
  NetWare hält zentrale Datenbestände (Software-Programme und Dateien) und alle Netzwerkressourcen über den Datei-Server bereit. In das Betriebssystem sind hierzu besondere Funktionen zur Geschwindigkeitsoptimierung und zur Synchronisation von gleichzeitigen Zugriffen auf dieselben Netzwerk-Ressourcen integriert.
- *Strukturierung*
  Die zentralen Datenbestände werden vom Server auf seinen Festplatten in mehreren *Volumes* gehalten, die sich in logische Laufwerke und Verzeichnisse untergliedern lassen. Mit einer *Remote-Bridging-Funktion*▼ ist auch die Verbindung mehrerer lokaler Netzwerke über Weitverkehrsverbindungen möglich (z. B. Datex-P oder ISDN, siehe die Kapitel 5.2.3. und 5.2.6.).

  ▼ Siehe Seite 53
- *Datenschutz* und *Datensicherheit*
  Durch *Benutzerrechte* kann bis auf Datei- und Geräteebene der Zugriff für jeden Benutzer individuell geregelt werden. Außerdem ist die Einbindung von *Medialess-Stationen* möglich, die selbst über keine Festplatten- oder Diskettenlaufwerke verfügen und zentral vom Server gebootet werden können (*Remote Initial Program Load, RIPL*).
  Für die Datensicherheit sieht Novell drei verschiedene Ebenen vor (*SFT I, II* und *III*, vergleiche Seite 169).
- *Accounting*
  NetWare ist ein Multitasking-Betriebssystem▲, das zur Erfassung der von ihm bereitgestellten Rechenleistung und Speicherkapazität verschiedene Accounting-Funktionen vorsieht. Mit ihrer Hilfe kann für jeden Benutzer eine individuelle Abrechnung erfolgen.

  ▲ Mehrere Programme können gleichzeitig ausgeführt werden.
- *Dienstprogramme*
  Menügesteuerte Dienstprogramme erleichtern die Wartung und Steuerung des Netzwerkes. Ein LAN unter NetWare kann zudem so eingerichtet werden, daß der Anwender nichts vom eigentlichen Netzwerk merkt und ausschließlich in seiner vertrauten lokalen Umgebung zu arbeiten glaubt.

NetWare ist mittlerweile in mehreren **Versionen** verfügbar, um den unterschiedlichen Anforderungen verschiedener Benutzerkreise gerecht zu werden:

NetWare-Versionen: Für jeden etwas.

- *Personal NetWare* dient der Verwaltung kleiner Peer-to-Peer-Netze (vgl. Kapitel 1.2.2.).
- *NetWare Version 2.x* ist für einfache Arbeitsgruppen und kleine Abteilungen gedacht.
- Mit *NetWare Version 3.x* lassen sich bereits umfangreichere Netzstrukturen für große Abteilungen und kleine Unternehmen aufbauen.
- Die neuste Version *NetWare 4* ist für den professionellen, unternehmensweiten Einsatz vorgesehen. Wir kommen auf diese Version später zurück.

Die interne Struktur

Obwohl Novell mit der Vernetzung abgeschlossener, lokaler Netze (Insellösungen) begann, ist das erklärte Ziel der Firma inzwischen ein *Network Computing* mit uneingeschränkten, weltweiten Verbindungsmöglichkeiten. Daher wurden in NetWare alle Computertypen und Kommunikationsschnittstellen sowie die Unterstützung vieler Betriebssysteme integriert.

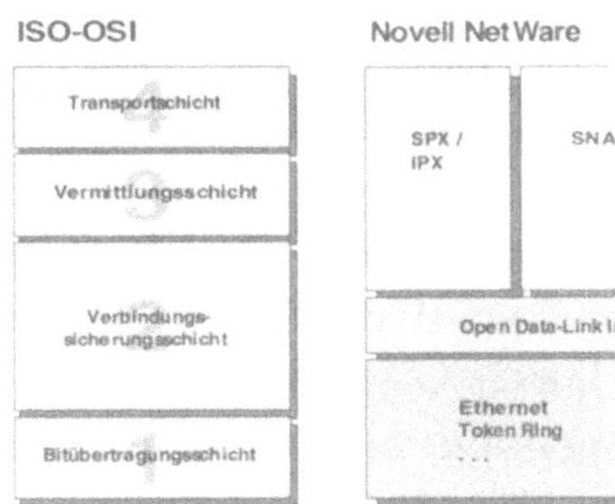

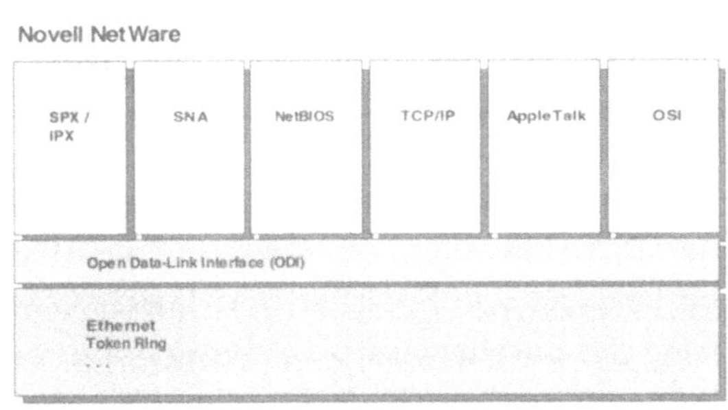

Abbildung 5.1: Die protokoll- und hardware-unabhängige Architektur von NetWare

Grundlage ist das **Open Data-Link Interface** (**ODI**), das für Protokolltransparenz nach oben und weitgehende Hardware-Unabhängigkeit nach unten sorgt (siehe Abbildung 5.1). Einerseits können über die ODI-Schnittstelle verschiedene Transportprotokolle über den gleichen Netzadapter abgewickelt werden. Andererseits läßt ODI nach unten die freie Wahl bezüglich der eingesetzten LAN-Hardware (Medium-Unabhängigkeit), denn es bietet eine konsistente Schnittstelle für die Treiber verschiedener LAN-Adapter[53]. Der Anwender kann also selbst die für ihn passende Netzwerktechnologie auswählen und sogar mehrere verschiedene Technologien zu einem transparenten Netz zusammenschließen.

NetWare besitzt eine Mehrbenutzer-Multitasking-Architektur, die ab Version 3 modular aufgebaut ist. Durch das Einfügen und Heraustrennen einzelner Module ist das Betriebssystem sehr flexibel geworden und kann optimal an die Benutzeranforderungen angepaßt werden.

Hintergrund sind hier die **NetWare Loadable Modules (NLM)** (siehe Abbildung 5.2). Dies sind Software-Module für Netzwerkdienste, die bei Bedarf auch während des laufenden Betriebs nachgeladen und wieder deaktiviert werden können. Die NLM-Schnittstellen wurden von Novell veröffentlicht, so daß auch andere Hersteller eigene NLMs entwickeln und vertreiben können. In dieser Hinsicht öffnet sich also das proprietäre System dem breiten Markt.

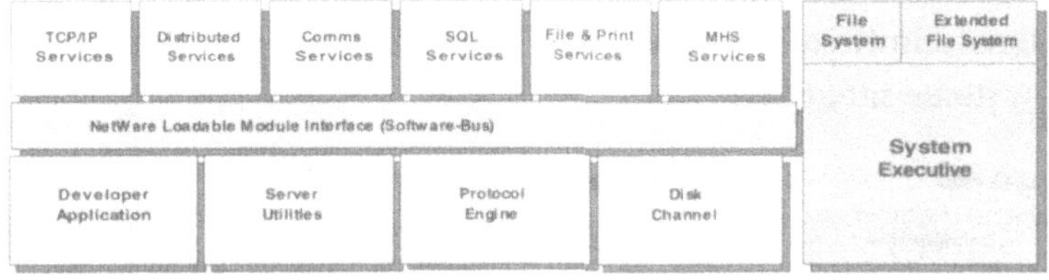

Abbildung 5.2: Der modulare Aufbau von NetWare 3.x

Die zentrale Komponente des modularen NetWare ist der Betriebssystemkern (**System Executive**). Er ist für die Verwaltung von Speicher und Dateisystem und die Steuerung der parallel laufenden Programme verantwortlich. Die ladbaren Module (NLM) werden über den Software-Bus an den Kern angebunden. Sie stellen zum Teil Basisfunktionen (wie z. B. die Datei- und Druckdienste) und zum Teil erweiterte Funktionen zur Verfügung. So lassen sich via NLM

[53] Für Insider: Protokoll- und Adapterinformationen werden in der Konfigurationsdatei NET.CFG gespeichert.

TCP/IP- oder *SNA-Module*▾ nachladen. Auch eine Unterstützung von *NFS* und *FTAM*▴ kann über spezielle NLMs realisiert werden. Schnittstellen zu anderen Netzwerkwelten lassen sich aber auch – wie gewohnt – über Gateways herstellen, die entweder direkt in den NetWare-Server oder in dedizierte Rechner integriert wurden.

▾ Vergleiche die Kapitel 2.2.1. und 2.2.3.

▴ Vergleiche die Kapitel 3.2.1. und 2.2.2.

Die Verwaltung der Netzwerk-Ressourcen erfolgt unter NetWare über eine flache Datenbank (**Bindery**), die auf jedem Datei-Server gepflegt wird. Stehen in einem Netzwerk mehrere Server zur Verfügung, so ist die Nutzung und Verwaltung aller Ressourcen über mehrere Datenbanken aufwendig und komplex.

NNS

Über den **NetWare Name Service** (**NNS**) läßt sich dies jedoch vereinfachen: Der NNS, der auf einem dedizierten Rechner im Netz läuft, faßt mehrere Server zu einer virtuellen Domain zusammen und gleicht innerhalb dieser alle Binderies durch regelmäßiges Kopieren ab. So kann über die jeweils lokale Bindery auch auf entfernte Ressourcen zugegriffen werden.

NetWare-Protokolle

NetWare basiert auf mehreren Protokollen und bietet so insgesamt vier Schnittstellen, über die es von Anwendungsprogrammen angesprochen werden kann (siehe Abbildung 5.3 auf der nächsten Seite). Während *IPX* und *SPX* als Grundlage für das NetWare-eigene Protokoll *NETX* dienen, wird *NetBIOS* zur Anbindung an die IBM-Welt unterstützt.

- **IPX** (Internetwork Packet Exchange-Protocol)
  Es arbeitet in der OSI-Schicht 3 und bildet die Schnittstelle zum Netzwerkadapter. IPX ist für die Adressierung zuständig und kann hierzu auch direkt aus einer Anwendung heraus angesprochen werden. Eine Garantie für eine fehlerfreie Übertragung wird auf dieser Ebene jedoch noch nicht gegeben.
- **SPX** (Sequenced Packet Exchange-Protocol)
  Auf OSI-Schicht 4 setzt SPX auf IPX auf. Das Protokoll

beinhaltet Mechanismen zur Überprüfung einer fehlerfreien Kommunikation.
Beide Protokolle werden heute in einem Treiberprogramm zusammengefaßt, das nur **IPX** genannt wird. Daher entfällt in der Regel eine Trennung in IPX und SPX.

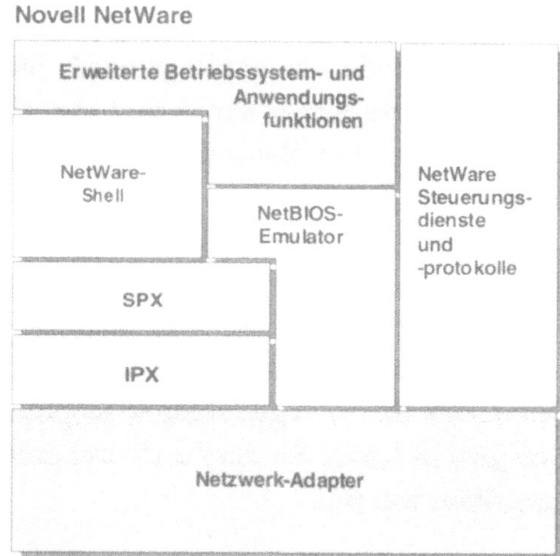

Abbildung 5.3: Die NetWare-Protokolle im OSI-Modell

- **NETx** (NetWare-Shell)
  Die NetWare-Shell stellt Funktionen gemäß den OSI-Ebenen 5 und 6 zur Verfügung. Sie dient der Erweiterung des Standard-Betriebssystems, unter dem der Arbeitsplatzrechner läuft (z. B. DOS). Netzwerkbefehle werden von der Shell automatisch erkannt und über das Netzwerk an den Fileserver geleitet.
- **NetBIOS** (Net Binary Input/Output System)
  NetBIOS ist ein IBM-Protokoll, das zur Erweiterung der Funktionalität des PC entwickelt wurde. Mit Hilfe von NetBIOS lassen sich zusätzlich zu den Standardfunktionen des PC weitere zum Senden und Empfangen von Paketen ansprechen. Das Protokoll deckt die OSI-Schichten 3 bis 5 ab.
  NetBIOS wurde in NetWare nur zur Wahrung der IBM-Kompatibilität integriert. Mit einem NetBIOS-Emulator kann NetWare mit der gesamten Hard- und Software,

die für IBM-Netzwerke und den Token Ring entwickelt wurde, zusammenarbeiten.
Wir werden auf NetBIOS im folgenden Kapitel noch einmal zurückkommen.

NetWare Version 2 und 3

NetWare ist das meistverkaufte Netwerkbetriebssystem für lokale PC-Netze. In großen Unternehmen und Organisationen war es bislang jedoch eher selten anzutreffen, weil die Orientierung an einem zentralen Server zur Inselbildung führt. So entstehen in einem Unternehmen viele separate Netzwerke, die unter NetWare nur schwierig miteinander verbunden werden können.

Es lassen sich außerdem noch weitere Gründe für die geringe Verbreitung von NetWare in großen Unternehmen finden: So ist die Verbindung zu einem Weitverkehrsnetz unter NetWare nur umständlich herzustellen. Das Netzwerkmanagement großer Netze ist schwierig und unübersichtlich und die Anbindung von Zentralrechnern ist unter NetWare nicht leistungsfähig genug.

Keine unternehmensweite Vernetzung mit NetWare 2 und 3

Dies ist nicht erstaunlich, denn die Zielrichtung von Novell war bislang nicht die unternehmensweite Vernetzung.

So sind denn auch die Ursachen für die genannten Schwächen bekannt:

- Innerhalb eines Netzwerks kann zwar auch mit mehreren NetWare-Servern gearbeitet werden. Die Kommunikation mit diesen Rechnern ist jedoch nur dann möglich, wenn man sich bei jedem separat angemeldet hat.
- Die unter NetWare verwendeten Protokolle sind für den Einsatz in lokalen Netzwerken optimiert und für den Weitverkehr ungeeignet.
- Zwar sieht NetWare die Host-Anbindung vor. Diese ist jedoch nur über Terminalemulation möglich. Eine wirkliche Integration der Zentralrechner in ein NetWare-Netz ist nicht möglich.

Banyan Vines

Daher dominiert (vor allem auf dem US-Markt) in großen Unternehmen das auf den High-End-Bereich ausgerichtete Netzwerkbetriebssystem **Vines** (*Virtual Networking System*) von *Banyan*.

Vines ist ein leistungsfähiges und ausgereiftes System für Unix-Rechner, das eine gute WAN-Unterstützung und ein hochentwickeltes Netzmanagement bereithält. Sein Vorteil ist eine globale Namensverwaltung (*StreetTalk*), die einen transparenten Zugriff, der sowohl orts- als auch implementierungsunabhängig ist, auf netzwerkweite Ressourcen erlaubt.

NetWare Version 4

Mit seiner neusten **NetWare-Version 4.0** versucht Novell nun, in diesen Bereich vorzustoßen. Die zuvor bereits genannten Schwächen von NetWare 2 und 3 versucht man mit der neuen Version auszugleichen. Diese kann zwar auch als Upgrade von NetWare 3.x angesehen werden, da sie gegenüber ihrer Vorgängerin eine Leistungssteigerung und eine verbesserte Bedienbarkeit mitbringt. Der eigentliche Einsatzschwerpunkt von NetWare 4 liegt jedoch an anderer Stelle:

Für die Version 4 hat sich jedoch vor allem das Einsatzfeld geändert. Da man nunmehr die unternehmensweite Vernetzung anstrebt, kann die neue Version auch als ein vollkommen neues und eigenständiges Produkt angesehen werden.

NDS

Zentraler neuer Bestandteil sind die **NetWare Directory Services (NDS)**. Sie beinhalten eine Sammlung von Diensten und Funktionen für die Verwaltung und das Management von Netzen mit mehreren Servern. Die NDS basieren auf dem internationalen Verzeichnis-Standard *X.500*▾. Novell hat sich bei der Entwicklung jedoch nur an diesen Standard angelehnt, so daß die NDS trotzdem wieder eine proprietäre Lösung bilden. Sie sind in ihrer Funktion ver-

▾ Siehe Seite 143

gleichbar mit *StreetTalk* von *Banyan,* beruhen jedoch auf einem moderneren Konzept und sind leistungsfähiger als das Konkurrenzprodukt.

Bindery für kleine Netze

Novell hat sich also in seiner neuen NetWare-Version von den *Binderies* getrennt. Diese sind – trotz der Zusammenfassung unter *NNS*▼ – auch nur für kleinere Netze ausreichend. Die verwendete Datenbanktechnik erlaubt lediglich das Verwalten von einfachen Strukturen. Die organisatorische Gesamtsicht eines großen Unternehmens abzubilden, ist mit ihr nicht möglich.

Mit der Zusammenfassung in Domänen läßt sich unter NNS▼ die Bindery-Technik zumindest auf den Einsatz in mittleren Netzen ausdehnen. Für große Netze ist das Verfahren jedoch nicht leistungsfähig genug, da sich die Aktualisierung der Bindery zu aufwendig gestaltet.

▼ Siehe Seite 241

In der Version 4 wird die Bindery durch die **Directory Information Base** (**DIB**) ersetzt. In dieser hierarchischen Datenbank werden Rechner, Ressourcen, Betriebsmittel und Benutzer als einheitliche Elemente verwaltet. Die Datenbank ist über das Netzwerk verteilt▲ und erlaubt auch in großen Netzen jedem Server einen direkten und schnellen Zugriff. Über eine Bindery-Emulation ist auch der parallele Betrieb mit NetWare 2 und NetWare 3-Servern möglich, so daß schrittweise auf die neue Version umgestiegen werden kann.

▲ Vgl. Kapitel 3.2.4.

Die neue Sichtweise ist also nicht mehr, einer Abteilung einen ausreichend dimensionierten Server bereitzustellen, sondern die gesamte Firmenstruktur im Netz abzubilden. Auch Novell folgt damit den grundlegenden Gedanken, die wir bereits in unseren Einführungskapiteln angesprochen haben.

5.1.2 OS/2-LAN Manager

Der **OS/2-LAN Manager** war zunächst eine gemeinsame Entwicklung der Firmen *Microsoft* und *IBM.* Mit seiner Hilfe sollte das Betriebssystem *OS/2,* das bis zur Version 1.2 in

Kooperation beider Firmen entstand, mit Funktionen zur Steuerung lokaler Netzwerke erweitert werden. Nachdem die Zusammenarbeit der beiden Firmen 1991 jedoch auseinanderbrach, verfolgt jetzt jede eine eigene Strategie.

Microsoft: Windows

Durch den großen Erfolg seiner graphischen Benutzerumgebung *Windows* hat sich *Microsoft* von *OS/2* und dem *LAN Manager* abgewendet, um sich vollkommen auf Windows zu konzentrieren. Im Netzwerkbereich verfolgt die Firma daher jetzt zwei Wege:

Windows 3.1

▾ Siehe Kapitel 1.2.2.

- *Windows 3.1* wurde um einfache Netzwerkfunktionen erweitert so daß es in Peer-to-Peer-Netzen▾ eingesetzt werden kann. Das dabei entstandene Produkt *Windows for Workgroups* soll als erweitertes Desktop-System im normalen Anwenderbereich vertrieben werden. Mit seinen Werkzeugen zum verteilten Arbeiten, dem E-Mail-Dienst und der Möglichkeit, netzwerkweit lokale Ressourcen zu nutzen, bietet es sich für Arbeitsgruppen und kleine Abteilungen an (*Workgroup Computing*).

Windows NT

- Für den High-End-Bereich hat Microsoft *Windows NT* entwickelt. Es handelt sich um ein neues Multitasking-Betriebssystem für verschiedene Rechnerplattformen. Windows NT bietet Anknüpfungsmöglichkeiten an verschiedene Welten (z. B. SNA und TCP/IP) und ist als universell einsetzbares Basisprodukt gedacht. Beispielsweise läßt es sich durch den **Advanced Server** zu einem LAN-Server ausbauen, der ähnliche Funktionen wie NetWare aufweist (vergleiche Seite 237).

Abbildung 5.4 auf Seite Seite 247 zeigt eine Übersicht über verschiedene LAN-Systeme.

IBM: OS/2

IBM hielt an der Entwicklung von *OS/2* fest und brachte 1992 die Version 2.0 auf den Markt. Hierbei handelt es sich um ein 32-Bit-Multitasking-Betriebssystem für PCs▾. IBM vertreibt zu OS/2 den **LAN Server**, der aus der ehemaligen Allianz mit Microsoft hervorging. Das Produkt setzt auf OS/2 als Basisbetriebsystem auf und ist vor allem für große Unternehmen geeignet, die bereits über IBM-Strukturen (z. B. Mainframes) verfügen.

▾ Mehr zu OS/2 finden Sie in [Henn93].

Ähnlich wie bei NetWare werden auch vom LAN Server unterschiedliche Clients von der gleichen Server-Architektur unterstützt: Der LAN-Server bietet Schnittstellen für *DOS-, OS/2-, Unix-, Macintosh-* und *IBM-Großrechner* (unter *MVS* und *VMS*). Die aktuelle Version 3.0 ist in den folgenden beiden Konfigurationen erhältlich:

LAN Server Versionen

- *LAN Server Entry 3.0*
  Er ist als Einsteiger-Version für kleinere Netze gedacht. Dennoch handelt es sich um einen vollwertigen Server mit allen Druck-, Datei- und Anwendungsdiensten.
- *LAN Server Advanced 3.0*
  Er weist gegenüber der Entry-Version einige Erweiterungen auf, die ihn für den professionellen Einsatz attraktiv machen. So bringt der Server ein erweitertes Dateisystem, eine verbesserte lokale Sicherheit und einen höheren Durchsatz mit.

Weil die ursprüngliche Version **LAN Manager** hieß und die Produkte von Microsoft und IBM beide hier nach wie vor ihren Ursprung haben, soll im folgenden stellvertretend auf den *LAN Manager* eingegangen werden. Abbildung 5.4 zeigt die verschiedenen LAN-Systeme in einer Übersicht.

Server-Betriebssystem	NetWare	OS/2 2.x	Windows NT	Unix System V
LAN-Betriebssystem		LAN Server 3.0	Advanced Server	Vines

Abbildung 5.4: LAN-Netzwerksysteme und ihre Server-Betriebssysteme

Die Grundfunktionen

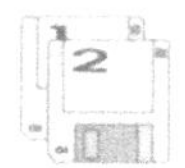

In den Grundfunktionen weist der LAN Manager viele Gemeinsamkeiten mit NetWare auf (vergleiche Seite 237). Unter den Multitasking-Umgebungen von *OS/2* oder *Windows NT* läuft der Server jedoch im *Hintergrund*. Das Netzwerkbetriebssystem bringt also nicht – wie NetWare – sein eigenes Basisbetriebssystem mit, sondern greift auf OS/2 bzw. Windows NT zurück. Ein *dedizierter* Server, der zu keinen anderen Aufgaben mehr genutzt werden kann, ist also in der LAN Manager-Umgebung nicht notwendig. In der Praxis setzt man den Server aus Performance- und Sicherheitsgründen meist jedoch trotzdem ab.

Domänen-Konzept

Ähnlich zu den jüngeren NetWare-Versionen ist auch in den LAN Manager das *Domänen-Konzept* integriert. Innerhalb einer Domäne können mehrere Server von einer zentralen Benutzer- und Gruppenadministration verwaltet werden. Die Anmeldung in einer Domäne erlaubt dann den Zugriff auf alle Server in dieser Domäne.

Die Aufgabe der einheitlichen Administration innerhalb einer Domäne übernimmt einer der Datei-Server (*Domain Controller*). Zusätzlich kann ein *Backup-Server* bestimmt werden, der bei Ausfall des Domain Controller dessen Aufgaben übernimmt.

Die Protokollstruktur

Als Transportsystem wird unter dem LAN Manager die **Network Driver Interface Specification** (**NDIS**) eingesetzt, die von *Microsoft* und dem Netzwerkhersteller *3Com* 1988 für den LAN Manager geschrieben wurde. Obwohl *NDIS* somit vor dem NetWare-Standard *ODI*▾ erschienen ist, konnte sich ODI wegen der großen Verbreitung von NetWare etablieren.

▾ Siehe voriges Kapitel.

NDIS ist ebenfalls ein LAN-Standard zur Kopplung unterschiedlicher MAC-Treiber und Übertragungsprotokolle. Es enthält genauso wie ODI Protokoll-Spezifikationen, so daß mehrere Transportprotokolle über den gleichen Netzadapter betrieben werden können[54]. NDIS unterstützt *NetBIOS, OSI, TCP/IP* und *XNS* (der Vorläufer von *IPX*). Sowohl unter NetWare als auch unter dem LAN Manager sorgen Konvertierungsfunktionen dafür, daß der jeweils andere Standard ebenfalls verarbeitet werden kann.

Abbildung 5.5 zeigt die Funktionsbausteine des *OS/2-LAN Server* und des Betriebssystems OS/2. Ähnlich wie NetWare verfügt auch OS/2 über eine Sammlung von Programmodulen (Laufzeitbibliotheken, *Dynamic Link Libraries, DLL*), die bei Bedarf nachgeladen werden können.

Neben den Schichten, die für den Netzwerkbetrieb wichtig sind wurde auf der linken Seite der Abbildung zum Vergleich auch der Aufruf lokaler Ressourcen mit aufgenommen.

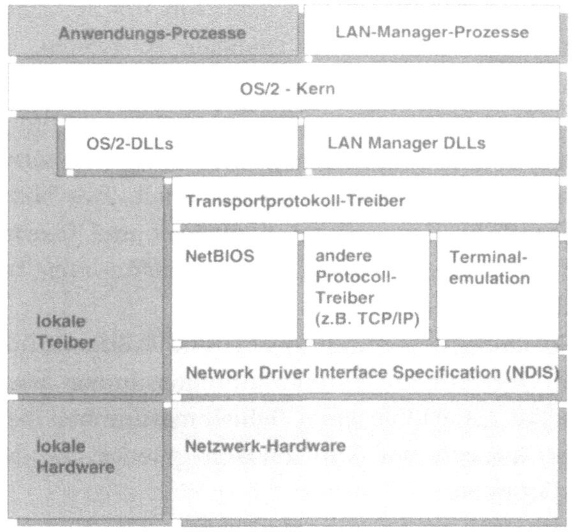

Abbildung 5.5: Die Schichtenstruktur des OS/2-LAN Server

5.2 Dienst- und Netzangebot der Telekom

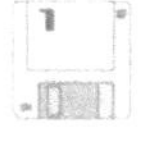

Sollen bei der elektronischen Sprach- oder Datenübertragung die Grenzen des privaten oder firmeneigenen Grundstücks überschritten und Daten über fremde Grundstücke hinweg zu anderen Systemen übertragen werden, so müs-

54 Für Insider: Protokoll- und Adapterinformationen werden in der Konfigurationsdatei PROTOCOL.INI gespeichert.

sen vom jeweiligen Anbieter Leitungen angemietet werden. Während dies in den USA private Netzanbieter (wie z. B. AT&T oder Pacific Bell) sind, herrscht in den meisten europäischen Ländern ein mehr oder (zunehmend) weniger starkes Monopol öffentlicher Anbieter vor.

5.2.1 Telekommunikaionsdienste

In der Bundesrepublik (noch) die Posthoheit

In der Bundesrepublik bietet die *DBP-Telekom* für die Weitverkehrsvernetzung über das normale Telefonnetz verschiedene Dienste an, die in diesem Kapitel beschrieben werden. Da die Modernisierung des Netzes in Richtung *ISDN* (siehe Kapitel 5.2.6.) noch bis in das Jahr 2000 andauern wird, sind die Anwender nach wie vor auf diese Basisdienste angewiesen. Allen Diensten ist gemein, daß die Datenübertragung über „alte" 2- oder 4-Draht-Kupferleitungen bzw. neue Glasfaserverbindungen erfolgt. Dafür, daß Sender und Empfänger gleiche Endgeräte verwenden, sind die Anwender selbst verantwortlich. Das Netz ist für die eigentliche Anwendung *transparent* und überträgt alle Daten – egal ob nun beispielsweise Telefon oder Fax – auf dieselbe Weise.

Die Wählverbindungen der Telekom

Die häufigste Verbindungsart sind **Wählverbindungen**, die im Gegensatz zu Festverbindungen immer wieder neu durch das Anwählen einer Teilnehmernummer hergestellt werden müssen. Die DBP-Telekom gliedert sie derzeit in sechs Gruppen:

1. Das **analoge Telefonnetz** (mit Übertragungsgeschwindigkeiten bis 9.600 bit/s); siehe weiter unten in diesem Kapitel.
2. Das digitale Telefonnetz (**ISDN**: 64 Kbit/s); siehe Kapitel 5.2.6.
3. Das **Telex-Netz** war das erste weltweit einheitliche digitale Datennetz. Es arbeitet mit nur 50 Bit/s und dient der Kommunikation von Fernschreibgeräten. In der modernen Datenkommunikation von Computern kommt ihm kaum Bedeutung zu.
4. Das **Datex-L-Netz**; siehe weiter unten in diesem Kapitel.

5. **Satellitenverbindungen** haben vor allem im interkontinentalen Datenverkehr ihren festen Platz eingenommen. Wegen ihrer großen Bandbreite und ihrer Übertragungsgeschwindigkeit sind sie den Kupferleitungen des Telefonsystems überlegen. Es ist allerdings abzusehen, daß ihre Bedeutung mit dem zunehmenden Einsatz von Glasfaserkabeln im Telefonnetz schwinden wird.
5. Das **Datex-P-Netz** (siehe Kapitel 5.2.3.).

Wie im Verlauf späterer Kapitel noch gezeigt werden wird, läßt sich diese Aufzählung in Zukunft durch weitere moderne Verbindungen ergänzen (*Datex-M* und *Breitband-ISDN*).

Das analoge Telefonnetz

Unser heutiges Telefonnetz ist aus der Sicht des Endteilnehmers nach wie vor ein *Analog-Netz*. Es ist das weltweit größte Kommunikationsnetz, das ursprünglich als Ergänzung zum Telegraphiedienst zur reinen Sprachkommunikation gedacht war. Heute wird es zunehmend auch zur Datenübertragung genutzt.

Das hochredundante Netz ist hierarchisch aufgebaut und in mehrere Ebenen unterteilt. Die unterste Ebene bilden die Ortsnetze, die aus einer **Ortsvermittlung** und den Endteilnehmeranschlüssen bestehen. Es ist also nicht jeder Endapparat mit jedem anderen verbunden. Vielmehr werden Anrufe von Vermittlung zu Vermittlung über ein festes Leitungskontingent weitergeschaltet. Das Postnetz ist hierbei so ausgelegt, daß maximal 8% aller Endteilnehmer einer Ortsvermittlung gleichzeitig telefonieren können. Versuchen darüber hinaus weitere Teilnehmer eine Verbindung aufzubauen, so erhalten sie das Besetztzeichen.

Um das Telefonsystem durch die Übertragung von Sprache nicht zu überlasten, hat man sich dazu entschlossen, nur einen Ausschnitt aus dem *Frequenzspektrum*[55] menschlichen Sprechens zu übertragen. Zum Verständnis reicht der Bereich von 300 bis 3.400 Hz (siehe Ab-

[55] Der Anteil von hohen, mittleren und tiefen Frequenzen eines Signals.

bildung 5.6) aus. Durch das Abschneiden von tiefen und hohen Frequenzen ändert sich nur die Klangfarbe einer Stimme, während die Verständigungsmöglichkeiten erhalten bleiben.

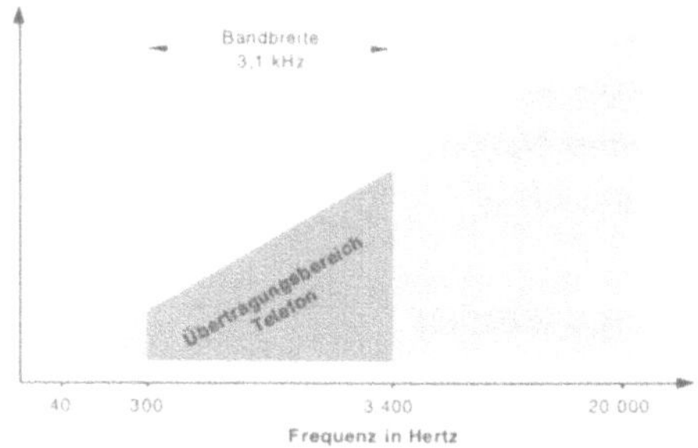

Abbildung 5.6: Der Frequenzbereich einer Telefonübertragung

Digitale Signale, wie sie bei der Kommunikation von Computern entstehen, werden über das Analognetz mit *Modems* übertragen. Das Wort **Modem** setzt sich zusammen aus *Modulator* (Wandler) und *Demodulator* (Rückumwandler). Diese Bauteile sind in der Lage, digitale Signale in analoge (*Modulator*) und umgekehrt (*Demodulator*) umzuwandeln (siehe Abbildung 5.7). In der Bandbreite von 3.1 kHz, die der Telefondienst bietet, lassen sich Übertragungsgeschwindigkeiten von 1.200 bis 9.600 Bit/s erreichen. Moderne Modems ermöglichen durch zusätzliches Komprimieren und Verschlüsseln der Nachrichten noch weit höhere Effektivgeschwindigkeiten.

Abbildung 5.7: Datenübertragung mit Modems über ein Analognetz

Die Vorteile der Nutzung des normalen Fernsprechnetzes zur Datenübertragung liegen auf der Hand: Die Übertragung ist sehr flexibel, weit verbreitet, und von überall kann man fast alles erreichen. Selbst tragbare Kleincomputer (*Notebooks*) sind heute oft schon mit einem eingebauten Modem ausgerüstet, so daß auch unterwegs (z. B. von einem Hotelzimmer aus) kommuniziert werden kann.

Nachteile des Analognetzes für die Datenübertragung

Das Analognetz bringt für die PC-Kommunikation jedoch auch Nachteile mit sich:

- Das relativ hohe Maß an *Leitungsstörungen* (Übersprecheffekte und Rauschen) führt schnell zur Verfälschung der übertragenen Daten und eventuell auch zum Verbindungsabbruch. Aus diesem Grund haben sich umfangreiche Sicherungsmaßnahmen etabliert, die von modernen Modems in der Regel serienmäßig angeboten werden (Beispiele sind die beiden Fehlerkorrektur-Protokolle MNP und V.42).

- Der langsame und aufwendige *Verbindungsaufbau* mit zumeist manueller Wahl.
- Je nach Tageszeit kommt es zur Vollauslastung des Leitungsnetzes und damit zu *Netzüberlastungen*. Der Aufbau neuer Verbindungen ist zu diesen Zeitpunkten schwierig.

Vom Analognetz zu ISDN

Seit seiner Einführung Ende des 19ten Jahrhunderts hat das Telefonnetz einige Veränderungen erfahren. Inzwischen ist es kein reines Analognetz mehr: Die zentralen Vermittlungsstellen werden seit Mitte der 70er von der Post durch **digitale Vermittlungen** ersetzt. Wegen der hohen Komplexität des Netzes werden die analoge und die digitale Technologie noch eine Zeitlang parallel bestehen. Bis zum Jahr 2020 wird voraussichtlich die Umstellung auf Digitaltechnik dauern. Hiervon merkt der Anwender zunächst nichts. Anpassungseinheiten in den Vermittlungen lassen ihn seine alten Analogendgeräte auch auf dem teilweise digitalisierten Netz weiterbetreiben. Erst wenn die eigene Teilnehmerleitung digitalisiert ist, hat er einen echten Digitalanschluß (*ISDN*).

Datex-J

Datex-J hat die alte Bezeichnung **Bildschirmtext** (Btx) abgelöst und steht für einen „Jedermann-Dienst". Der Kommunikationsdienst war von Anfang an auf den kommerziellen und privaten Anwenderbereich ausgerichtet. Daher wurden die Anforderungen an die benötigten Endgeräte möglichst niedrig gehalten und Telefon und Fernsehgerät für den Datenkommunikationsdienst vorgesehen. Über ein Modem und das normale Telefonnetz erfolgt die Nachrichtenübermittlung, die – da in anderen Ländern kompatible

Informationsdienste eingerichtet wurden – auch international erfolgen kann.

Dienst zum Abrufen von Informationen

Im Vordergrund steht nicht der Nachrichtenaustausch oder die Rechnerkopplung, sondern das *Abrufen von Informationen* von Informationszentralen. Aus diesem Grund erfolgen Anfragen an eine Zentrale in einer Geschwindigkeit von 300 Bit/s, während Antworten mit 1.200 Bit/s übertragen werden. Nach dem Telefonanruf beim örtlichen Btx-Anschluß und der Eingabe der persönlichen Kennummer stehen dem Btx-Nutzer eine Fülle von Informationen in Form von Bildschirmtextseiten zur Verfügung.

In dieser Hinsicht ist die visuelle Form des Bildschirmtextes eine ideale Ergänzung zu den akustischen Möglichkeiten des Telefons. Anders jedoch als in Frankreich oder England konnte sich Btx bzw. Datex-J seit seiner Einführung im Jahr 1984 beim deutschen Publikum noch nicht durchsetzen. Neuerdings verzeichnet der Dienst jedoch stärkere Zuwachsraten.

Fax

Fax ist die Abkürzung für **Faksimile** („mache gleich“). Ein Fax-Gerät dient zur Übermittlung *graphischer Informationen* mit geringer bis mittlerer Genauigkeit. Als Übertragungsmedium wird das bereits bestehende Telefonnetz verwendet, an das Fernkopierer (die Fax-Geräte) angeschlossen werden. Sie bestehen aus vier Hauptteilen: dem *Scanner*, den *Kodier-* und *Dekodiereinheiten*, dem *Modem* und dem *Drucker*.

Eine Seite, die übertragen werden soll, kann beliebige Zeichen enthalten: Handschriftliches, Skizzen, Graphiken, Text u.ä. Sie wird zunächst mit Hilfe des *Scanners* eingelesen (siehe Abbildung 5.8). Die so entstandenen digitalen Bilddaten werden mit der *Kodiereinheit* verschlüsselt, komprimiert und dann mit Hilfe des *Modems* über die Telefonleitung übertragen. Das empfangende Fax-Gerät nimmt die Daten mit seinem *Modem* entgegen, dekodiert die Bilddaten und druckt sie auf Papier.

Im Zuge der Verbreitung von Computern und der zunehmenden Nachfrage nach Kommunikationsmöglichkeiten hat man Computermodems mit Fax-Zusatz (**Fax-Modems**) entwickelt. Diese Geräte, die entweder als *interne* Steckkarte oder als *externes* Gerät mit eigener Stromversorgung und serieller Schnittstelle (*RS-232*, siehe Abbildungen 5.7, Seite 252 und 5.9, Seite 259) erhältlich sind, können zusammen mit der entsprechenden Software direkt vom Computer aus zum Senden und Empfangen von Faxen benutzt werden.

Fax-Modem: Faxen direkt vom Computer aus

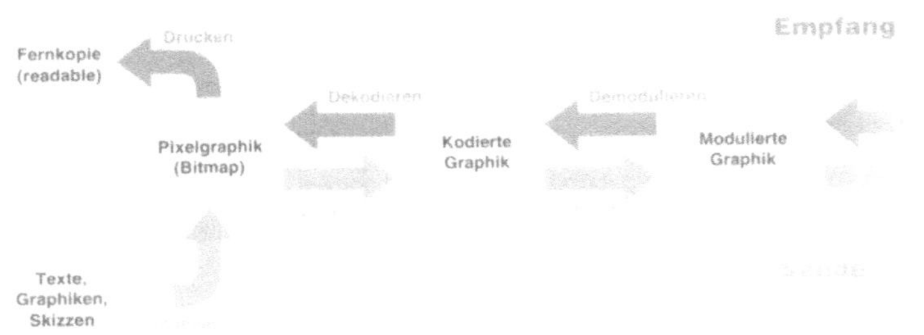

Abbildung 5.8: Funktionsweise eines Fax-Gerätes

Zu sendende Daten können mit Text- und Graphikprogrammen des Computers erzeugt und sofort vom *Fax-Modem* übertragen werden. Empfangene Faxe werden vom Computer als Bild-Dateien gespeichert und sind auf dem Bildschirm darstellbar. Sie lassen sich natürlich auch auf einem Drucker ausgeben.

Um Fax-Modems betreiben zu können, benötigt man zusätzlich zum Gerät ein entsprechendes Software-Programm. Es ist für die Umwandlung der mit dem Computer erstellten, zu sendenden Text- oder Graphikdatei in ein faxfähiges Bildformat verantwortlich und steuert im Anschluß die Übertragung. Dies umfaßt das Anwählen, den Verbindungsaufbau (*Hand-Shaking*), die eigentliche Übertragung und den Verbindungsabbau.

Faxen aus *Windows*

Bei Markengeräten liegt die Software in der Regel bei; meist sogar in einer Windows-Version. Nach der Installation des Programms kann direkt aus der Textverarbeitung, dem Kalkulations- oder Graphikprogramm ein Fax versendet werden, indem in der Druckerauswahl das Fax-Gerät anstelle eines lokalen Druckers angewählt wird. Nachdem dann der Befehl zum Drucken gegeben wurde, wird das Fax-Programm gestartet und fordert zur Eingabe der Telefonnummer auf. Im Anschluß beginnt das Programm mit der Übertragung.

▼ Zusammenpacken der Daten

▲ Durch die Entfernung von wiederholt vorkommenden Daten sinkt das Gesamtvolumen.

Fax-Geräte werden in vier Gruppen eingeteilt, wobei heute nur noch die Gruppen 3 und 4 relevant sind. Zu Gruppe 3 gehören alle Geräte, die mit *Bandbreitenkompression*▼ und *Redundanzreduktion*▲ arbeiten. Ohne diese beiden Fähigkeiten könnten auf der herkömmlichen Telefonleitung keine Geschwindigkeiten über 9.600 Bit/s erreicht werden. Erst das platz- und zeitsparende Komprimieren der zu übertragenden Daten ermöglicht Hochgeschwindigkeitsraten von 14.400 Bit/s und mehr. Mit Fax-Geräten der Gruppe 3 wird eine DIN-A4-Seite in etwa einer Minute übertragen.

◆ Dots per inch: Punkte pro Längeneinheit „inch"

Die Gruppe 4 umfaßt die digitalen Fax-Geräte für das *ISDN* (siehe auch Abbildung 5.13 auf Seite 268). Mit diesen Geräten, die nur über das digitalisierte Telefonnetz kommunizieren können, dauert die Übertragung einer DIN-A4-Seite mit einer Auflösung von 400 dpi◆ etwa zehn Sekunden. Zu beachten ist, daß digitale Fax-Geräte nur mit gleichartigen kommunizieren können. Um trotzdem auch mit „alten" Gruppe-3-Geräten Kontakt aufnehmen zu können, bieten viele Hersteller Gruppe-4-Geräte mit einem Analogaufsatz an.

Datenqualität: *readable* und *formattable*

Die Gruppe der digitalen Fax-Geräte sieht noch eine weitere Unterteilung in drei Klassen vor: Geräte der Klasse 1 können nur Graphiken kopieren. Dies entspricht dem Standard, mit dem sich auch alle analogen Geräte der Gruppe 3 zufrieden geben müssen. Texte, die zum Beispiel mit einem Textverarbeitungsprogramm erstellt wurden, werden zu Bilddateien uminterpretiert. Klasse-2- und Klasse-3-Geräte sind zusätzlich in der Lage, zeichenkodierte Informationen zu übertragen, wobei die der Klasse 3 solche Informationen auch selbst erzeugen können.

An dieser Klasseneinteilung läßt sich wieder der grundlegende Qualitätsunterschied der übertragenen Daten verdeutlichen (vergleiche die Seiten 29 f. und 216):

Bilddateien, wie sie von analogen und von ISDN-Fax-Geräten der Klasse 1 übermittelt werden, lassen sich nicht weiter verarbeiten. Sie können nur archiviert und gelesen werden (*readable*).

Die übrigen ISDN-Geräte dagegen sind zusätzlich in der Lage, kodierte Informationen (z.B. nach ASCII) weiterzugeben. Dies hat den Vorteil, daß die empfangende Station die Daten mit entsprechenden Programmen weiterverarbeiten kann (*formattable*).

Eine binäre (bit-weise) Übertragung, bei der sämtliche Informationen▼ einer Datei erhalten bleiben (*executable*), ist mit heutigen Fax-Geräten nicht möglich.

▼ Dies können auch die Formatierungsinformationen (Schriftart, Seitenlayout, u.a.) einer Textverarbeitung sein.

5.2.2 Datex-L

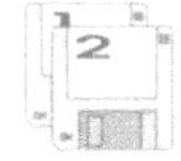

Datex ist ein Kunstwort für *Data Exchange* und bezeichnet eine Gruppe von Netzen, die von der Telekom für den Austausch großer Datenmengen vorgesehen sind.

Im Gegensatz zum Datex-P-Netz (siehe nächstes Kapitel) ist Datex-L ein **leitungsvermitteltes Netz**. Die Verbindung erfolgt genauso wie beim normalen Telefonnetz: Jeder Teilnehmeranschluß besitzt eine eigene Nummer, über die eine Wählverbindung hergestellt wird.

Zwei Partner nutzen dann auf Zeit eine physikalische Leitung. Sie erlaubt im synchronen Betrieb Übertragungsraten zwischen 2.400 und 64.000 Bit/s.

Als Netzzugangsschnittstelle wird die *X.21-* oder übergangsweise die *X.21bis-Schnittstelle* verwendet (siehe auch Abbildung 5.9 auf Seite 259).

Die X.21-Schnittstelle

Datex-L hebt sich vom normalen Telefondienst durch seine hohen Übertragungsraten und den schnellen, programmgesteuerten Verbindungsaufbau (ca. 1 Sekunde) ab. Die Tarifierung erfolgt genauso wie beim Telefondienst über eine Grundgebühr und zusätzliche Einheitengebühren für die einzelnen Verbindungen.

5.2.3 Datex-P

Im Jahre 1980 entschloß sich die Post, ein eigenständiges Netz für die Übertragung von digitalen Informationen einzurichten. Das auf dem **X.25-Protokoll** basierende Netzwerk ist international vereinheitlicht und hat seit seiner Einführung eine weltweite Verbreitung gefunden. Es wurde als besonders universelles und allgemein verwendbares Übertragungsnetz konzipiert und – trotz der ursprünglichen Idee, es schnell in das ISDN zu integrieren – wegen seiner hohen Akzeptanz eigenständig weiterentwickelt.

Virtuelle, logische Kanäle

Der grundsätzliche Unterschied zu den bisher vorgestellten Netzwerkdiensten besteht darin, daß Datex-P kein leitungsvermitteltes, sondern ein paketvermitteltes Netz ist. Verbindungen zu anderen Teilnehmern bestehen nicht wirklich, sondern existieren für die Endteilnehmer nur *virtuell*. Zu übertragende Daten werden in kleine Pakete gepackt und einzeln über das Netz übertragen. Vermittlungsrechner des Netzbetreibers (in Deutschland die Telekom) ermitteln für jedes Paket den jeweils optimalen Weg (*Routing*), so daß es vorkommen kann, daß Pakete derselben Sendung auf unterschiedlichen Wegen zum Ziel gelangen. Die X.25-Pakete setzen sich aus 64 Byte großen Segmenten zusammen und können unterschiedlich groß sein.

Als universelles Netz bietet Datex-P eine Vielzahl von Zugangsmöglichkeiten. Endgeräte mit X.25-Fähigkeit▾ können direkt an einen Datex-P-Hauptanschluß angeschlossen werden. Dieser bietet bis zu 16 virtuelle Kanäle und ermöglicht Geschwindigkeiten zwischen 110 und 64.000 Bit/s. Für einzelne Endgeräte ist diese Möglichkeit jedoch aufwendig und nur unflexibel nachzurüsten. Daher existieren vielfältige Anpassungsdienste, die den Anschluß asynchroner Endgeräte über Fest-, Datex-L- oder Telefonverbindung ermöglichen (siehe Abbildung 5.9).

▾ Das Protokoll wird durch Schnittstellengeräte oder interne Steckkarten bereitgestellt.

Die PAD-Funktion

Hierzu ist eine **PAD-Einrichtung** (*Packet Assembly Disassembly*: Paketierer/Depaketierer) erforderlich, die von der Teilnehmerstation asynchron ankommende Daten in Pakete packt bzw. auf dem Empfangsweg wieder entpackt.

Die Norm *X.28* beschreibt hierfür das zeichenorientierte Endgerät (diese Forderungen erfüllt beispielsweise jeder PC). Der auf der anderen Seite an einen Hauptanschluß angeschlossene Host muß zusätzlich zu *X.25* das *X.29-Protokoll* unterstützen. Hiermit steuert er die PAD-Einrichtung (vergleiche Abbildung 5.9). Der Teilnehmeranschluß an das PAD kann wahlweise fest sein oder über das analoge Fernsprechnetz immer wieder angewählt werden (vom PC aus wird dann ein *Modem* benötigt).

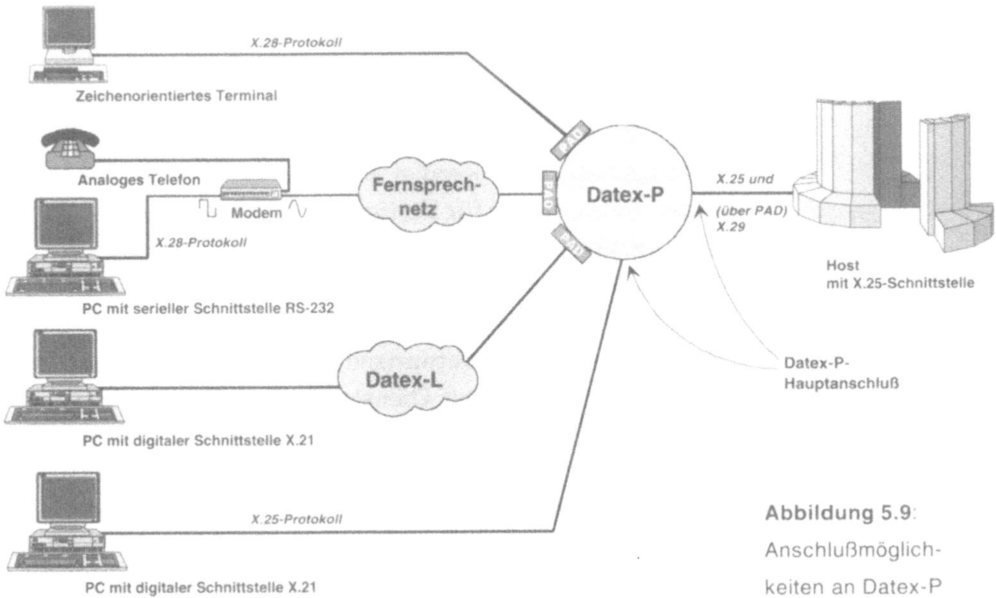

Abbildung 5.9: Anschlußmöglichkeiten an Datex-P

Volumenorientierte Gebühren

Neben der virtuellen Verbindung zeichnet sich Datex-P durch weitere Besonderheiten aus: Die Kostenberechnung erfolgt nicht entfernungsabhängig, sondern basiert auf dem Volumen der übertragenen Daten und der benötigten Zeit. Dies läßt den Dienst vor allem für den Auslandsverkehr interessant werden. Die Technik des Paketeübertragens erlaubt zudem eine netzinterne Teilstreckenüberwachung, was zu einer bemerkenswert geringen Fehlerrate führt. Außerdem ist das Netzwerk in der Lage, eine Geschwindigkeitsanpassung vorzunehmen, so daß Stationen mit unterschiedlicher Übertragungsrate miteinander kommunizieren können.

Datex-P hat sich durch seine herausragenden Fähigkeiten als Übertragungsnetz für den digitalen Datenaustausch etabliert. Dabei ist es weniger für den direkten PC-Anschluß gedacht, sondern als Verbindungssystem zwischen Großrechnern (mit Informationssystemen, Mailboxen oder Datenbanken) und den Einsatz von Gateways vorgesehen.

5.2.4 Anforderungen an Breitbandnetze

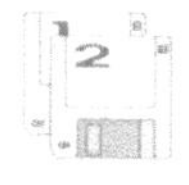

In der Vergangenheit konnten Breitbanddienste nur in eingeschränkter Form angeboten werden. Punktuelle Erweiterungen der alten Netzwerktechnologien haben zu verschiedenen Zwischenlösungen geführt (X.25, Hochgeschwindigkeits-LANs). Diese werden auch mittelfristig weiterhin Bestand haben, da sie für bestimmte Anforderungen (z. B. die Netzwerkkopplung im lokalen Bereich) wirtschaftlich und leistungsfähig genug sind.

Wide Area Networks

Zur firmenübergreifenden Kommunikation und Überbrückung weiter Entfernungen zum einen, sowie zur Integration verschiedenster Dienste (Text, Daten und Bild) zum anderen ist jedoch die Entwicklung neuer Technologien erforderlich. Diese müssen vor allem sehr leistungsfähig, aber auch flexibel sein. Traditionell unterscheidet man beim Datenverkehr zwei Übertragungsformen: den regelmäßigen (*synchronen*) und den unregelmäßigen (*asynchronen*) Datenverkehr.

▾ Vergleiche auch die Begriffsübersicht in Abbildung 2.7 auf Seite 85.

Der **synchrone**▾ Modus ist durch einen gleichmäßigen, länger andauernden, kontinuierlichen Datenfluß gekennzeichnet. Das entsprechende Netzwerk muß die hierzu notwendige Datenrate über einen längeren Zeitraum bereitstellen können. Eine schnelle, allgemeine Datenübertragung wird in der Regel als synchroner Datenverkehr abgewickelt.

Ein Telefongespräch mit digitaler Übermittlung stellt ebenfalls synchrone Anforderungen: Das Gespräch läuft kontinuierlich ohne größere Unterbrechungen und erlaubt keinen Zeitversatz. Auch ein Videosignal generiert einen synchronen Datenstrom, der – wegen seines Umfangs – zudem noch mit einer äußerst hohen Datenrate übertragen werden muß. Bei beiden Beispielen spricht man jedoch nicht mehr von synchroner, sondern von **isochroner**▼ Übertragung. Die Zellen, die für die digitale Übertragung zur Verfügung stehen, müssen nicht nur in gleichen Zeitabständen bereitgestellt werden, sondern auch die gleiche Größe haben. Die eingesetzten Übermittlungsverfahren benötigen daher spezielle Funktionen zur Vorreservierung und virtuellen Verbindung.

Im **asynchronen**▼ Datenverkehr treten in unregelmäßigen Abständen immer wieder Datenflüsse mit teilweise sehr hoher Dichte auf (*Burstmodus*). Es läßt sich nicht vorhersagen, wann und wie oft solche Anforderungen auftreten. Das Netzwerk muß zu jedem Zeitpunkt in der Lage sein, extreme Datenmengen sicher zu übertragen. Electronic Mail und Dateitransfer sind Beispiele für diese Übertragungsart.

▼ Vergleiche auch die Begriffsübersicht in Abbildung 2.7 auf Seite 85.

Alle drei Anforderungen versucht man im modernen Weitverkehr unter einem Dach zu vereinigen. Es haben sich zwei Ausprägungen entwickelt: das *Metropolitan Area Network* (**MAN** mit DQDB-Technik), das in Deutschland von der DBP-Telekom unter dem Namen **Datex-M** angeboten wird, und das *Breitband-ISDN* (mit ATM-Technik, siehe Kapitel 5.2.6.).

Die verschiedene Technologien werden in den Kapiteln 2.1.9. und 2.1.10. behandelt.

5.2.5. Datex-M

Metropolitan Area Networks (**MAN**) sind ursprünglich aus der LAN-Technik entstanden und für Größenordnungen von einigen Hundert Kilometern vorgesehen. Sie basieren auf der Doppelbus-Technologie *DQDB* (*IEEE 802.6*▼) und setzen als Übertragungsmedium *Lichtwellenleiter* ein.

▼ Siehe Kapitel 2.1.9.

Sinn eines Weitverkehrsnetzes ist die überregionale Kopplung von Rechnern und Netzwerken. Daher ist **Datex-M** nicht für eine direkte Enduser-Anbindung vorgesehen. Vielmehr werden lokale Netzwerke über Gateways auf das MAN aufgeschaltet.

Der Unternehmenszugang zum MAN geschieht dabei über einen besonderen Netzzugangsknoten: das *Edge Gate-*

way (*EGW*). Dieses Gateway bietet nicht nur die Netzzugangsstelle, sondern ist auch der Tarifierungspunkt, ab dem der Netzwerkbetreiber (in Deutschland die *Telekom*) mit seiner Gebührenerfassung beginnt.

Über ein dem EGW vorgeschaltetes *Customer Gateway* (*CGW*) können mehrere LAN an das Weitverkehrsnetz angeschlossen und verschiedenartige Dienste bereitgestellt werden (vergleiche Kapitel 2.1.9.).

Abbildung 5.10: Datex-M und B-ISDN-Pilotprojekt in der Bundesrepublik

Abbildung 5.10 zeigt das derzeit (Mai '94) vorhandene MAN-Netz der *DBP-Telekom*. Jeder der zwölf Knotenpunkte verfügt über einen eigenen, zusätzlichen lokalen Ring, an den die Netzwerke von Endteilnehmern angeschlossen werden. In Stuttgart ist der Netzcontroller angesiedelt. Die Telekom bietet die Dienste dieses MAN als *Datex-M* an.

In die Abbildung wurde auch noch der erste Pilotversuch der Telekom zum *Breitband-ISDN-Netz*▼ mitaufgenommen. Kapitel 5.2.7. beschreibt, wie man sich eine zukünftige Verknüpfung beider Technologien zu einem integrierten Hochgeschwindigkeits-Breitbandnetz für den Weitverkehr der Zukunft vorstellen kann.

▼ Siehe Kapitel 5.2.7.

SMDS / CBDS

Obwohl wir das Kapitel über Protokolle bereits weiter vorne abgeschlossen haben und uns hier im Bereich der *Realisierung* befinden, soll an dieser Stelle dennoch ein weiteres Protokoll vorgestellt werden, das bislang noch nicht zur Sprache kam. Das Protokoll ist im Zusammenhang mit modernen Breitbandtechnologien entwickelt worden und ermöglicht die Realisierung unterschiedlicher Übertragungsmerkmale

Der Breitbandträger **SMDS (Switched Multi Megabit Data Service)**[56] ist eine Definition von Diensten und Funktionen für öffentliche Hochgeschwindigkeitsnetze und wird durch deren Betreiber angeboten. Die *DBP-Telekom* setzt das europäische Pendant **CBDS** auf *Datex-M* ein. Eine zukünftige Integration in das *Breitband-ISDN*▲ ist ebenfalls vorgesehen.

▲ Siehe Kapitel 5.2.7.

SMDS ist ein Dienst, der auf OSI-Ebene 2 arbeitet und sowohl verbindungslose als auch verbindungsorientierte Übertragungen unterstützt. Diese Möglichkeit macht ihn für die Kopplung von lokalen Netzwerken sehr interessant. LAN basieren nämlich, wie wir bereits im einführenden Kapitel zu Weitverkehrsstrukturen (siehe Seite 86) gesehen haben, im Gegensatz zu anderen öffentlichen Netzen auf verbindungsloser Datenübertragung. Dies macht den Dienst für die LAN-Kopplung sehr interessant.

Weil SMDS auf der Sicherungsschicht eingesetzt wird, ist er unabhängig von den darüber verwendeten Proto-

[56] In Europa wird SMDS unter dem Namen **CBDS** (*Connectionless Broadband Data Service*) angeboten.

kollen und kann universell verwendet werden. Zusätzlich ist SMDS unabhängig vom Träger: Es kann auf *DQDB* oder, unterstützt durch einen besonderen Dienst[57], auf *ATM* eingesetzt werden.

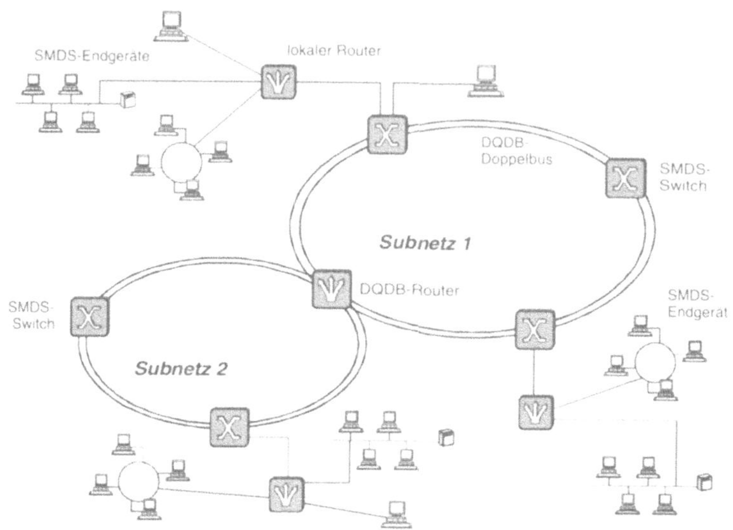

Abbildung 5.11: DQDB-Struktur im Verbund mit lokalen Netzen

Außerdem gewährt SMDS entsprechend der Hauptforderung an moderne Weitverkehrsstrukturen die Vergabe von *Bandbreite nach Bedarf*. Damit hängt es stets von den aktuellen Anforderungen einer Anwendung ab, wieviel Übertragungskapazität durch das Weitverkehrsnetz bereitgestellt werden soll und welche Kosten entstehen.

Weitverkehrsnetze werden damit datenübertragungsfreundlich. Eine typische Realisierung von SMDS auf DQDB-Technologie zeigt Abbildung 5.11.

[57] In ein verbindungsorientiertes ATM-Netz muß eine **Connectionless Server Functionality** (**CLSF**) integriert werden, um verbindungslose Dienste realisieren zu können. Dies geschieht in Form eines dedizierten Rechners durch den Netzbetreiber.

5.2.6 ISDN

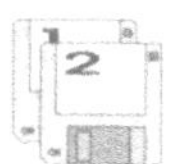

Das „alte", analoge Telefonnetz ist für die Datenübertragung und moderne Kommunikation wenig geeignet. Die Nachteile des Analognetzes haben wir bereits auf Seite 252 zusammengefaßt. Hinzu kommt, daß bislang – nicht nur im internationalen, sondern auch im nationalen Bereich – mehrere verschiedenartige Netze mit unterschiedlichen Protokollen, Endgeräten und unterschiedlicher Tarifierung konkurrieren.

Dies hat zur Folge, daß unterschiedliche Rufnummern verwendet werden, Inkompatibilitäten zwischen den Systemen entstehen und Bedienungsprobleme auftreten. Die Voraussetzungen für eine grenzüberschreitende, globale Kommunikation sind denkbar schlecht.

Aus dieser Problematik heraus entstand ein internationales Projekt zur Entwicklung eines einheitlichen und offenen Netzes. Ziel des Netzwerkes sollte die Integration von Sprachkommunikation und anderer Dienste (wie Text- und Datenübertragung) in ein einziges Netz werden.

Unter der internationalen Koordination der *CCITT*▾ entstanden bereits 1984 die ersten Empfehlungen zum **Integrated Services Digital Network (ISDN)**, das in naher Zukunft das analoge Telefonnetz ablösen soll. Wegen der hohen Investitionskosten sowohl bei den Betreibern als auch bei den Anwendern entsteht jedoch ein langsamer Übergang, während dem beide Netze eine Zeitlang parallel bestehen werden. Mit einer vollständigen Umstellung auf das digitale Telefonnetz ist nicht vor dem Jahre 2020 zu rechnen.

▾ Siehe Kapitel 2.2.2.

Der ISDN-Anschluß

ISDN läßt sich von der Ortsvermittlung zum Teilnehmer über die beiden Paare der verdrillten Kupferdoppeladern des alten, analogen Telefonanschlusses betreiben. Lediglich die TAE▾-Anschlußdose muß durch die ISDN-Anschlußeinheit **NT1** (*Network Terminator*) ersetzt werden. Die Um-

▾ Telefon-Anschluß-Einheit

stellung auf eine Glasfaserverkabelung kann innerhalb des Ortsnetzbereichs bis hin zum Endteilnehmer zu einem späteren Zeitpunkt erfolgen.

Auf der Seite des Betreibers sind umfangreichere Modernisierungen notwendig, denn er muß alle Übertragungseinheiten und Vermittlungen für den digitalen Betrieb umrüsten. Viele der überregionalen Vermittlungen sind in Deutschland bereits heute schon digitalisiert und übertragen in der Übergangsphase ISDN und das Analogtelefon parallel. Ein Glasfasernetz ist weit verbreitet.

Unter ISDN kann ein Teilnehmeranschluß auf zwei verschiedene Arten erfolgen:

- als **Basisanschluß** mit S_0-Schnittstelle oder
- als **Primärmultiplexanschluß** mit S_{2M}-Schnittstelle.

ISDN-Basisanschluß

Der **Basisanschluß** ist die Standardmöglichkeit für den „normalen" Anwender (siehe Abbildung 5.12). Der Anschluß verfügt über zwei *B-Kanäle,* über die die gleichzeitige Übertragung von Sprache, Daten, Text und Bild erfolgen kann, sowie über einen *Steuerungskanal D,* über den besondere Signalisierungen z. B. für den Verbindungsauf- und -abbau und die Synchronisation übertragen werden.

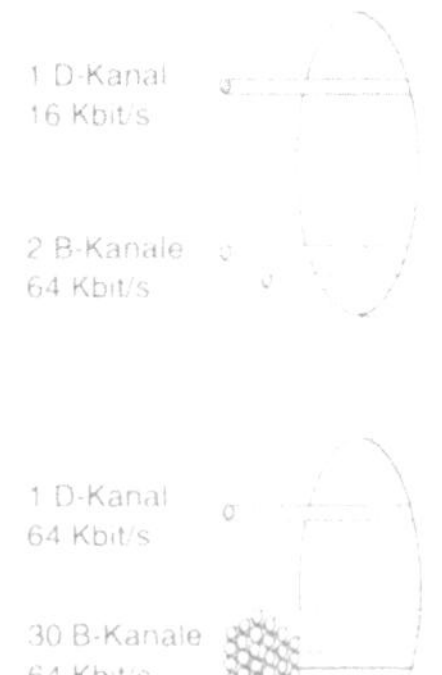

Abbildung 5.12: Basis- und Primärmultiplexanschluß

Die Trennung von Steuer- und Nutzdaten ist eine der Leistungsstärken von ISDN. Die Übertragungskapazität der Datenkanäle kann auf diese Weise ohne Einschränkungen voll für die Nutzdaten ausgeschöpft werden, und die Sicherheit der Datenübertragung wird erhöht. Außerdem bleibt ISDN damit für zukünftige Erweiterungen offen (beispielsweise für die Erhöhung der Übertragungsgeschwindigkeit).

Bei einem Basisanschluß bildet die **S_0-Schnittstelle** den Netzabschluß zum Teilnehmer. Mit ihren zwei *B-Kanälen* mit je 64 Kbit/s und dem *Steuerkanal D* mit 16 Kbit/s stellt sie dem Teilnehmer insgesamt eine Übertragungskapazität von 144 Kbit/s zur Verfügung.

Warum 64 Kbit/s?

Um analoge Sprachsignale, die auch bei ISDN den Hauptanteil des Datenaufkommens im Netz bilden werden, über digitale Kanäle übertragen zu können, müssen diese von Modulatoren umgewandelt werden. Für eine verständliche Übertragung eines 3,1 kHz breiten Signals (vergleiche Abbildung 5.6 auf Seite 252) ist eine digitale Datenrate von 64 Kbit/s notwendig. Daher hat man sich bei ISDN auf diese Übertragungsrate für den *Datenkanal B* geeinigt.

ISDN-Primärmultiplexanschluß

Für anspruchsvollere Anforderungen wie z. B. den Anschluß von Rechnernetzen oder einer lokalen Vermittlungsstelle (*ISDN-Nebenstellenanlage,* siehe weiter unten in diesem Kapitel) sind zwei B-Kanäle nicht ausreichend. ISDN sieht für diese Anforderungen den **Primärmultiplexanschluß** vor (siehe Abbildung 5.12), der 30 B- und einen D-Kanal mit jeweils 64 Kbit/s bereit hält. Den Netzanschlußpunkt bildet die **Schnittstelle S_{2M}** mit einer Gesamtübertragungsrate von 2Mbit/s [58].

Der S_0-Bus

An den ISDN-Basisanschluß kann über die S_0-Schnittstelle ein passiver Bus angeschlossen werden, der bis zu acht Endgeräte aufnehmen kann (siehe Abbildung 5.13 auf der nächsten Seite). Jeweils zwei dieser Endgeräte können gleichzeitig über die beiden B-Kanäle aktiv sein. So kann beispielsweise telefoniert werden und gleichzeitig eine Datenübertragung über denselben Basisanschluß erfolgen.

Die Anschlußmöglichkeiten an den Bus sind vielfältig: Nicht nur ISDN-Geräte (wie z. B. das digitale Telefon, ein Gruppe 4-Fax oder ein PC mit S_0-Karte), sondern auch *Nicht-ISDN-Geräte* lassen sich über **Terminaladapter (TA)** anschließen.

[58] Zum Vergleich: Der schnelle Token Ring überträgt mit 16 Mbit/s und FDDI mit 100 Mbit/s.

Den Terminaladapter, der für die Protokollumsetzung, die Signalwandlung und die Geschwindigkeitsanpassung zuständig ist, gibt es in verschiedenen Ausführungen:

Terminaladapter für Nicht-ISDN-Geräte

- *TA a/b* für Geräte des analogen Telefonnetzes,
- *TA V.24* für Geräte mit der seriellen Schnittstelle RS 232,
- *TA X.21* für Geräte mit digitaler Schnittstelle X.21,
- *TA X.25* für Geräte mit logischer Schnittstelle X.25,
- *TA Ttx* für Teletex-Geräte und
- *Multischnittstellen-TA*, die den Anschluß unterschiedlicher Endgeräte ermöglichen.

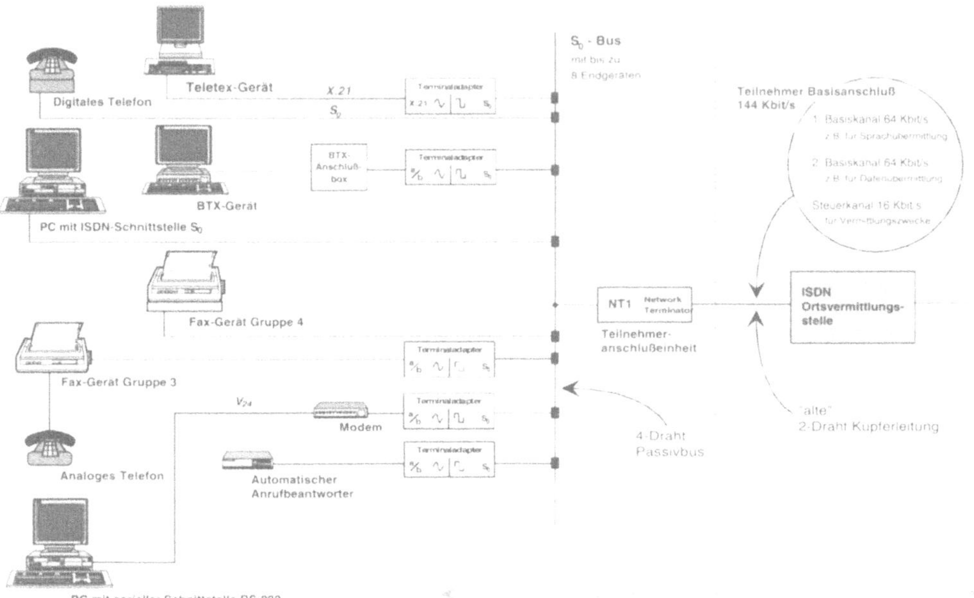

Abbildung 5.13: Anschlußmöglichkeiten an einen ISDN-S_0-Bus

Alle Endgeräte identifizieren sich selbständig am S_0-Bus, so daß jedes Gerät individuell über eine Endgerätekennung angesprochen werden kann. Telefax-Dokumente gehen damit automatisch an das Fax-Gerät, Telefonanrufe an das Telefon und Datenübertragungen an den PC. Dies funktioniert jedoch nur für echte ISDN-Geräte, die nicht über einen Terminaladapter an den Bus angeschlossen sind.

Endgeräteauswahlziffer

Bei Nicht-ISDN-Geräten muß die Zuweisung manuell erfolgen. Dies geschieht über die **Endgeräteauswahlziffer** (**EAZ**), die zuvor am Terminaladapter eingestellt und dann direkt (durch Anhängen an die Telefonnummer) angewählt werden kann.

Geräte, die über einen Terminaladapter an das digitale Telefonnetz angeschlossen sind, haben alle auf der ISDN-

Seite nur die Kennung *„Fernsprech analog"*. Mit Hilfe der EAZ können sie trotzdem direkt angesprochen werden, und es kommen Verbindungen zwischen kompatiblen Geräten zustande.

ISDN Nebenstellenanlagen

Für den Anschluß mehrerer Arbeitsplätze bietet sich der Einsatz einer hausinternen Nebenstellenanlage an, wie sie auch schon im analogen Netz verbreitet war. Die **ISDN Telekommunikationsanlage** (**TK**) oder **Integrated Services Private Branch Exchange** (**ISPBX** oder einfach **PBX**) ist der Nachfolger der alten analogen Nebenstellenanlagen und Telefonvermittlungen.

Über eine TK-Anlage können alle Dienste des ISDN von jedem Arbeitsplatz aus direkt genutzt werden. Sie stellt einerseits Verbindungen zu den öffentlichen Netzen (zum analogen Telefonnetz und zu ISDN) und andererseits lokale Gespräche innerhalb der eigenen TK-Struktur her. So läßt sich über die alte Gebäudeverkabelung ein unternehmensinternes Telefonsystem mit 64 Kbit/s herstellen. Seine Teilnehmer können über einheitliche Rufnummern erreicht und von außen direkt angewählt werden. Die PBX kann sowohl über einen oder mehrere Basis- als auch über einen oder mehrere Primärmultiplexanschlüsse an das öffentliche ISDN-Netz angeschlossen werden.

Ihre gesamten Möglichkeiten spielt die ISDN-PBX jedoch erst bei der Integration in die DV-Welt eines Unternehmens aus. Hier läßt sie sich als Bindeglied zwischen der lokalen TK- und DV-Infrastruktur und den öffentlichen TK-Netzen einsetzen. Für die lokale Bürokommunikation können mit Hilfe einer PBX mehrere LAN gekoppelt werden.

Nicht:
PBX *statt* LAN,
sondern:
PBX *und* LAN

Wegen ihrer – im Vergleich zu lokalen Netzwerken – geringen Übertragungskapazität stellt eine PBX jedoch keinen Ersatz für ein unternehmensinternes DV-Netzwerk dar. Die ISDN-Anlage liegt etwa um den Faktor 40 unter der effektiven Kapazität eines LAN. Daher eignet sie sich nur für gelegentliche Zugriffe und den Transport kleiner Datenmengen in zeitunkritischen Anwendungen.

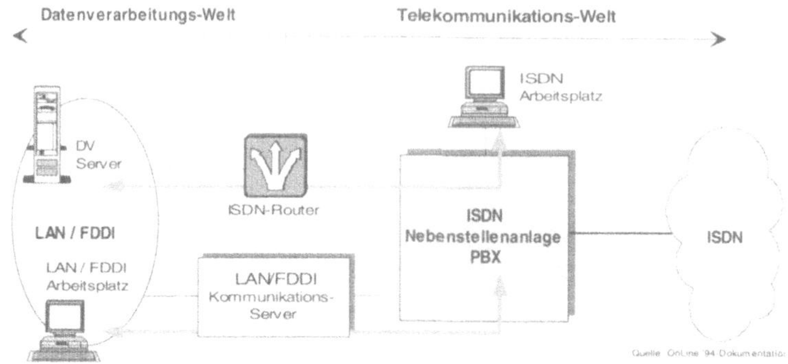

Abbildung 5.14: Der LAN- und ISDN-Systemverbund über eine ISDN-PBX

Vielmehr ist der Einsatz einer ISDN-PBX als LAN-Erweiterung und -Zubringer interessant, denn ihre Reichweite ist im Gegensatz zu der von LAN-Technologien entfernungsunabhängig. Zudem kann die bestehende Telefonverkabelung weiter verwendet werden. Ein ISDN-Arbeitsplatz verfügt damit sowohl über TK- als auch über DV-Dienste (siehe Abbildung 5.14).

Möglichkeiten mit ISDN

Im folgenden sollen die wichtigsten der vielen Möglichkeiten und Funktionen aufgezeigt werden, die das neue digitale Telefon- und Datennetz bietet:

- Störungsfreies Telefonieren mit einer Bandbreite von 3,1 kHz und – wenn beide Endgeräte dies unterstützen – 7 kHz durch Bündelung zweier B-Kanäle, so daß sich eine verbesserte Klangqualität ergibt. Durch Umwandler, die von der Telekom eingesetzt werden, ist natürlich auch die Verbindungsaufnahme mit Teilnehmern aus dem Analognetz möglich.
- Erweiterte Telefonfunktionen wie Anklopfen, Anrufweiterleitung und Rufnummernanzeige sowie Konferenzschaltungen.
- Verbessertes und integriertes Nutzen von Teletex, Datex-J und Telefax

- Erweiterung des PC zu einem universellen Endgerät (siehe Abbildung 5.15)
- Bilddatenübertragung und Videokonferenzen
- Direkte Kopplung lokaler Netzwerke. Die Novell-Schnittstelle *ODI*▾ und die Microsoft Schnittstelle *NDIS*▾ können direkt auf ISDN aufsetzen, so daß protokollunabhängig über ISDN kommuniziert werden kann.

▾ Siehe die Seiten 239 und 248

Der Einsatz von ISDN bringt folgende Vorteile:

- Mögliche Kosteneinsparungen
- Verbesserte Funktionalität und Leistung
- Gleichbleibend hohe Übertragungsqualität
- Schneller Verbindungsaufbau (in ein bis zwei Sekunden)
- Erhöhte Datensicherheit und verbesserter Datenschutz durch fehlerkorrigierende Codes und neue Sicherheitsmechanismen
- Abwicklung vieler Dienste über ein einheitliches Netz
- Zusätzlicher Komfort durch einheitliche Nummerierung für verschiedene Geräte. Verschiedene Rufnummernverzeichnisse für Fax, Telefon, Btx u. a. können durch ein einziges Verzeichnis ersetzt werden.
- Unterstützung neuer Dienste
- Möglichkeit eines universellen Endgerätes am Netz (siehe Abbildung 5.15)

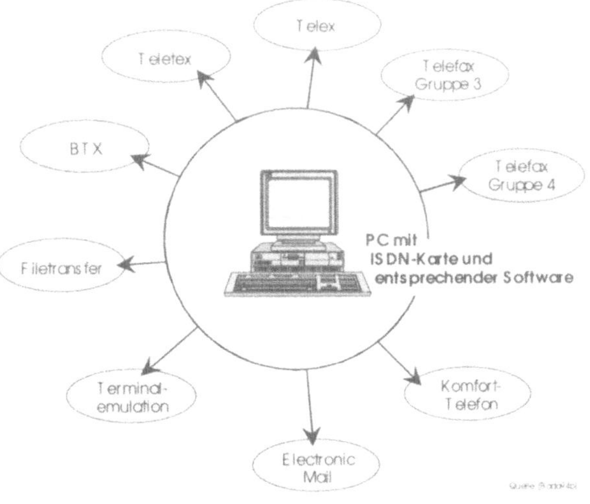

Abbildung 5.15: Nutzungsmöglichkeiten eines PC als universelles Endgerät

Chancen von ISDN

Trotz dieser Möglichkeiten und Vorteile wird ISDN noch zögernd aufgenommen. Telefonieren ist immer noch das am weitesten verbreitete Kommunikationsmittel, das durch den

Umstieg auf ISDN nicht wesentlich verbessert wird. Viele der oben genannten Möglichkeiten ließen sich auch im heutigen analogen Telefonnetz verwirklichen.

Nicht anders geht es dem professionellen PC-Anwender. Er ist auf leistungsfähige (Stand-) Leitungen angewiesen, die ihm auch ISDN nicht bieten kann. Dieses ist in erster Linie für Wählverbindungen ausgelegt, die nicht die erforderlichen Datenübertragungsraten bringen (vergleiche Fußnote 56 auf Seite 267).

So ist der tatsächliche Nutzen von ISDN in beiden Fällen fraglich. In der Zukunft wird sich daher wahrscheinlich eine Mischung aus verschiedenen Kommunikationstechnologien etablieren, die für unterschiedliche Anforderungen genutzt werden. Abbildung 5.16 zeigt, wie die drei Kommunikationstechniken *Datex-P*▼, *ISDN* und *Breitband-ISDN*▲ kooperativ in einem globalen Unternehmensnetz (*Corporate Network*) eingesetzt werden könnten.

▼ Siehe Kapitel 5.2.3.

▲ Siehe das folgende Kapitel.

ISDN ist ein leitungsvermitteltes Netz mit einer *zeitorientierten* Gebührenerfassung. Dies macht es für eine Datenkommunikation mit überwiegendem Filetransfer interessant. *Datex-P* dagegen ist ein paketvermitteltes Netz mit *volumenorientierten* Gebühren. Damit ist es vor allem für verteilte Dialoganwendungen geeignet. *B-ISDN* schließlich ist ein leistungsfähiges und flexibles Netzwerk für unterschiedlichste Anforderungen. Wir werden hierauf im folgenden Kapitel genauer eingehen.

Abbildung 5.16: Datex-P, S- und B-ISDN im globalen Unternehmenseinsatz

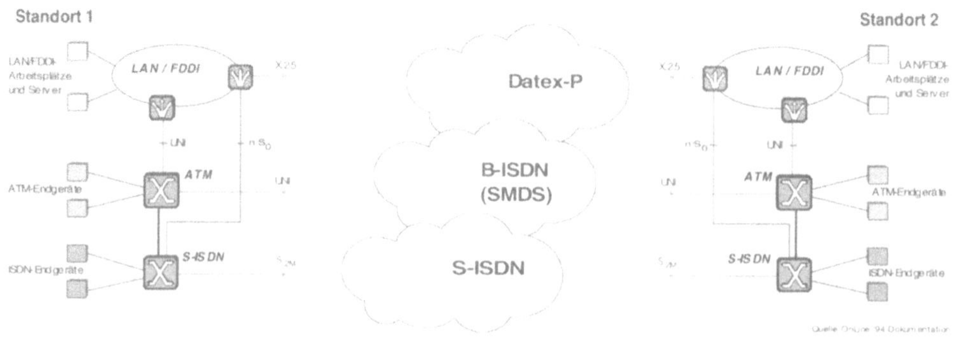

Alle drei Technologien lassen sich in einem unternehmensweiten Verbund integrieren: In einem *Low Cost Corpo-*

rate Network wählen Router automatisch die passende Technologie für eine Datenübertragung aus. Dies kann z. B. in Abhängigkeit der jeweiligen Zieladresse erfolgen.

Euro-ISDN

Obwohl ISDN ein internationales Projekt ist, haben sich durch das Fehlen verbindlicher Standards nationale Insellösungen entwickelt, die untereinander nicht kompatibel sind. Abhilfe soll das **Euro-ISDN** schaffen, das wenige Mindestanforderungen stellt und über nationale Grenzen hinweg eine Standardisierung des digitalen Telefondienstes anstrebt.

Protokolländerung: Von 1TR6 nach E-DSS1

26 Betreiber aus 20 Ländern bieten seit Ende 1993 den europaweiten Standard an, der vor allem beim D-Kanal-Protokoll verbindliche Richtlinien vorschreibt. So sieht Euro-ISDN als Protokoll *E-DSS1* (*European Digital Subscriber System*) vor, das inkompatibel zum von der Telekom bislang eingesetzten *1TR6* ist.

Da auch die Telekom seit Januar 1994 Euro-ISDN anbietet, läßt sie dem Anwender momentan die Wahl zwischen beiden Protokollen, um auch das weitere Betreiben von alten ISDN-Geräten zu ermöglichen. Über Umsetzer wird innerhalb des Netzes das eine in das andere Protokoll umgewandelt, so daß ohne Rücksicht auf das verwendete Protokoll netzwerkweit kommuniziert werden kann. Durch den Einsatz von Anpasseinheiten kann der Anwender auch alte ISDN-Geräte an einem Euro-Anschluß betreiben.

Langfristig jedoch will die Telekom das nationale 1TR6-Protokoll auslaufen lassen. Es soll noch bis ins Jahr 2000 unterstützt werden.

Euro-ISDN wurde nicht nur in der Protokollstruktur, sondern auch beim Angebot an Diensten vereinheitlicht. Das Mindestangebot umfaßt die folgenden Dienste:

Dienste des E-ISDN

- Transparente Übermittlung von 64 Kbit/s
- 3,1 kHz Audio-Übermittlung
- Rufnummernübermittlung des Anrufers und Unterdrücken derselben

▼ Nebenstellenanlage; siehe Seite 269

▲ Endgeräteauswahlziffer; siehe Seite 268

- Direkte Durchwahl in lokalen Vermittlungsanlagen (PBX▼)
- Mehrfachrufnummern für den gleichen Anschluß
  Die EAZ▲, über die Endgeräte bislang direkt angewählt werden konnten, wird durch beliebige, freie Rufnummern abgelöst, die von der Vermittlungsstelle zusätzlich zur Verfügung gestellt werden.
- Umstecken des Endgerätes am S_0-Bus während der laufenden Verbindung

Die Telekom hat angekündigt, über diese Mindestforderungen hinaus noch weitere Dienste anzubieten.

S-ISDN

Das bislang besprochene ISDN ist auch unter dem Namen **S-ISDN (Schmalband-ISDN)** bekannt. Man hat diesen Namen später eingeführt, um das *ISDN* mit der Übertragungsrate von 64 Kbit/s auf einem Kanal von der neuen Entwicklung, dem **B-ISDN (Breitband-ISDN)**, abzugrenzen. Um letzteres soll es im nun folgenden Kapitel über das Dienstangebot der Telekom gehen. Ein umfangreiches, weiterführendes Buch zu allen Aspekten rund um ISDN ist [Bada94b].

5.2.7 Breitband-ISDN

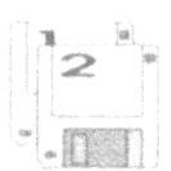

Die Zukunft der Kommunikationstechnik gehört sicherlich der Breitbandtechnologie. Mit dem **B-ISDN** geht man einen weiteren Schritt in diese Richtung. Es sieht eine erste Geschwindigkeitssteigerung auf 155 Mbit/s vor, die sich jedoch noch weiter ausbauen läßt.

B-ISDN basiert auf der *ATM-Technik*, die bereits in Kapitel 2.1.10. ausführlich behandelt wurde. Das Kernnetz bildet eine vernetzte Struktur von ATM-Knoten und Verbindungsleitungen, an die über sternförmige Einzelleitungen externe Knoten sowie LAN- und MAN-Zugangsnetze angeschlossen werden können.

Mit der Einführung des Breitbandnetzes werden vor allem die folgenden Ziele verfolgt:

- Integration verschiedener Telekommunikationsdienste

- Realisierung verschiedener Übertragungsprotokolle für unterschiedliche Bitströme (synchrone, asynchrone und isochrone▼)
- Bereitstellen verschiedener Übertragungsraten
- Garantieren einer Bandbreite auf Verlangen

▼ Siehe Abbildung 2.7 auf Seite 85

Der eindeutige Schwerpunkt von B-ISDN liegt auf der LAN-MAN-Kopplung und der Übertragung von Ton- und Bildsequenzen sowie Videokonferenzen in hoher Qualität. Um den verschiedensten Anforderungen gerecht zu werden, wird sowohl eine verbindungsorientierte als auch – über SMDS▼ – eine verbindungslose Funktionalität unterstützt. Der Einsatz von SMDS läßt zusätzlich eine zukunftssichere Planung zu, weil der Breitbandstandard unabhängig von der Trägertechnologie ist und z. B. auch auf DQDB-MAN eingesetzt werden kann.

▼ Siehe Seite 263

Erste Vorläufer des B-ISDN befinden sich bei der Telekom und anderen Netzbetreibern derzeit in der Pilotphase. Bereits 1995 sollen die nationalen Feldversuche international verbunden werden. Abbildung 5.10 auf Seite 262 zeigt die Ausprägung der ersten Phase des entsprechenden Versuchs in Deutschland. Bei positiven Versuchsergebnissen wird mit einem langsamen Umstieg auf die neue Breitbandtechnologie gerechnet.

Die Möglichkeiten des neuen Netzwerks sind weitgefächert: So lassen sich alle Breitband- und Schmalband-Dienste in einem einzigen, zukünftigen Netz integrieren. Bilddatenbanken, Videobibliotheken, Bildtelefon, Videokonferenzen und hochauflösendes Fernsehen könnten in ferner Zukunft über *einen* Glasfaserhausanschluß per B-ISDN bis zum Anwender gelangen.

Zunächst sollen jedoch überschaubarere Lösungen realisiert werden. So ist eine Verbindung zu *Metropolitan Area Networks* (*Datex-M*▲) möglich. Während das MAN als Hochgeschwindigkeits-Backbone für die LAN-Vernetzung eingesetzt werden könnte, ließen sich verschiedene MAN über B-ISDN koppeln.

▲ Siehe Kapitel 5.2.5.

Eine zukünftige Netzinfrastruktur könnte wie in Abbildung 5.17 (siehe nächste Seite) aussehen. Auf Unternehmensbasis werden sicherlich zunächst die drei führenden Übertragungstechnologien *Datex-P, S-ISDN* und zukünftig auch *B-ISDN* parallel bestehen bleiben (siehe Abbildung 5.16 auf Seite 272), ehe die Vision eines *Integrierten Breitband-Kommunikationsnetzwerks* (*Integrated Broadband Communication Network, IBCN*) aus Kapitel 2.1.3. Wirklichkeit wird.

Bei aller Euphorie für die neuen Möglichkeiten sollte man aber nicht vergessen, daß die ATM-Integration augenblicklich (Juli '94) noch nicht ausgereift ist und noch auf Behelfen beruht. Die Techniken sind zwar verfügbar; entsprechende Protokolle und allgemeingültige Standards müssen jedoch erst noch nachziehen. Die ATM-Anwenderschnittstelle beispielsweise ist derzeit noch nicht endgültig definiert, weshalb man von einem *UNI* (*User Network Interface*, vergleiche Abbildung 5.16 auf Seite 272) spricht, das später einmal die Schnittstelle S_B bilden wird.

Wer also heute bereits in ATM-Einrichtungen investiert, kauft proprietäre Lösungen, die eventuell dem endgültigen Standard nicht entsprechen und zu späteren allgemeinen Lösungen inkompatibel sind. Mit dem ersten Regelbetrieb auf ATM-Basis wird nicht vor Ende 1995 gerechnet.

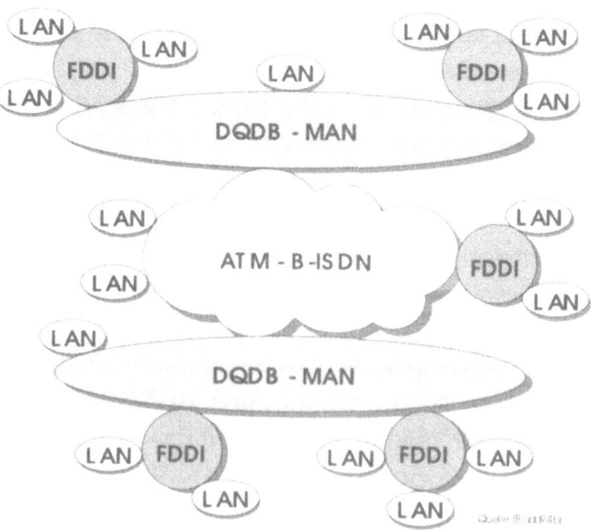

Abbildung 5.17: Integration von LAN, MAN und B-ISDN in ein WAN-Hochgeschwindigkeitsnetz

5.3. Nicht-kommerzielle Netzwerke

Netzwerke, die nicht zu kommerziellen Zwecken betrieben werden, sind vor allem in der Forschung und Wissenschaft verbreitet. Anfallende Gebühren werden im Interesse einer freien Forschung in der Regel von der jeweiligen Institution übernommen, so daß die Netzwerke von den einzelnen Anwendern kostenlos genutzt werden können. In zunehmendem Maße interessieren sich auch industrielle Unternehmen und Privatpersonen für diese Netze.

In den folgenden beiden Kapiteln sollen die beiden größten nicht-kommerziellen Netzwerke in Deutschland vorgestellt werden: Das deutsche Wissenschaftsnetz *WiN* und das internationale *Internet*.

5.3.1. WiN

Seit 1990 wird im Auftrag des *Deutschen Forschungsnetz-Vereins (DFN)*[59] das Wissenschaftnetz **WiN** betrieben. Es hat die Aufgabe, die Rechner aus Wissenschaft und Forschung bundesweit miteinander zu verbinden. Viele Universitäten, Fachhochschulen und Forschungseinrichtungen sind an das Netz angeschlossen. Voraussetzung für die Teilnahme am WiN ist die Mitgliedschaft im DFN-Verein.

Das WiN bietet derzeit drei verschiedene Anschlußarten an, die sich nach ihrer Übertragungsgeschwindigkeit staffeln lassen: 9,6 Kbit/s, 64 Kbit/s oder 2 Mbit/s. Auf physikalischer Ebene werden *X.25-Verbindungen*▼ eingesetzt, die von der *Telekom* zu diesem Zweck angemietet worden sind. Das WiN entspricht der Datex-P-Technik, ist jedoch ein physikalisch eigenständiges Netz, das zum *Datex-P-Netz*▲ der Telekom zusätzliche Verbindungen unterhält. Auf den oberen Ebenen werden sowohl ISO/OSI- als auch Internetprotokolle abgewickelt.

▼ Siehe Kapitel 2.1.8.

▲ Siehe Kapitel 5.2.3.

Der DFN stellt seinen Mitgliedern diese Leistungen zu Pauschalpreisen zur Verfügung, die unabhängig von den

[59] Der DFN ist ein eingetragener Verein mit Sitz in Berlin.

übertragenen Datenvolumina sind (siehe Abbildung 5.18). Damit sind die Kosten eines Anschlusses für den Haushalt der Einrichtung planbar und können im voraus budgetiert werden. Dies ist vor allem für öffentliche Einrichtungen wichtig.

Abbildung 5.18: Kostenübersicht eines WiN-Anschlusses über den DFN

Übertragungsrate	Kosten pro Jahr
9,6 Kbit/s	15.790,-- DM
64 Kbit/s	52.630,-- DM
2 Mbit/s	310.000,-- DM

Neben den Übergängen in das Datex-P werden weitere zu anderen kommerziellen und nicht-kommerziellen Netzwerken unterhalten, so daß über das WiN auch weltweit kommuniziert werden kann.

5.3.2 Das Internet

Mit dem Wort „Internet“ wird heute nicht nur ganz allgemein der Zusammenschluß von Netzwerken bezeichnet, sondern das Wort ist auch der Eigenname für das weltweit größte Datennetz, das mittlerweile aus über 12.000 Einzelnetzwerken besteht.

Historie

Seinen Ursprung hatte dieses Netzwerk in den 60er Jahren, als das amerikanische Verteidigungsministerium (*Department of Defense, DoD*) ein Interesse an der Vernetzung verschiedener, an unterschiedlichen Orten stehender Rechnersysteme hatte. Von der *Advanced Research Projects Agency* (*ARPA*), einer Forschungsgruppe des DoD, wurde ein erstes Experiment zu paketvermittelten Netzen mit zunächst vier Rechnern durchgeführt, das 1969 unter dem Namen **ARPAnet** einem breiteren Publikum vorgestellt wurde.

Schon bald wurde das gut funktionierende Netzwerk auch zu nicht-militärischen Zwecken genutzt. Anfang der 80er Jahre gliederte man es deshalb in zwei Teile: Das **MILnet** war für den militärischen, das ARPAnet für den zivilen Bereich vorgesehen. Nachdem das Interesse vor allem auch in wissenschaftlichen Kreisen geweckt worden war, gründete die *National Science Foundation* (*NSF*) 1986 das **NSFnet**, das Verbindungen zum ARPAnet unterhielt und Universitäten und Forschungseinrichtungen zur Verfügung stehen sollte.

Das „**Internet**" steht heute für eine große Menge unterschiedlicher Netzwerke mit einheitlicher Architektur und Protokollwelt, die weltweit verteilt sind und zentral verwaltet werden. Die gemeinsame Basis, die die verschiedenen Netzwerktechnologien verbindet, ist das darüberliegende Transport- und Vermittlungsprotokoll **TCP/IP**▼. Das Internet ist heute das weltweit größte Datennetz, das in nahezu jedem Land die Netzwerke fast aller Universitäten, Forschungseinrichtungen und vieler kommerzieller Unternehmen miteinander verbindet. Mittlerweile sind mehr als 1,8 Millionen Rechner weltweit über das Internet vernetzt. Das *MILnet* und das *NSFnet* bilden nach wie vor das Hauptrückgrat (*Backbone*) des Netzwerks.

▼ Siehe Kapitel 2.2.1.

Das Internet in Deutschland

In Deutschland wird der Internetverkehr größtenteils über das im vorhergenden Kapitel vorgestellte *WiN* abgewickelt. Die Verwaltung der deutschen Domäne obliegt dem *Netzwerk Informationszentrum* der *Universität Dortmund,* das innerhalb dieser Domäne die Internet-Adressen vergibt. Die großen Hochschulen in Baden-Württemberg sind meist über das Landesforschungsnetz *BelWü* an das Internet angeschlossen. Für Interessenten außerhalb des universitären Bereichs besteht die Möglichkeit, von kommerziellen Internet-Anbietern, wie *XLink* in Karlsruhe oder der *EUnet GmbH* in Dortmund, einen Anschluß an das Internet zu mieten.

Die Internet-Technik

Hauptbestandteil des Internet ist sein zentralisiertes Backbone-Netz, an das über *Router* (im Internet-Jargon *Core-Gateways* genannt) autonome Subsysteme angeschlossen werden, die über eine eigene Verwaltung verfügen und sich in mehrere lokale Netzwerke aufspalten. Abbildung 5.19 auf der nächsten Seite zeigt einen Ausschnitt aus einer solchen Struktur.

Die Internet-Architektur besteht aus drei aufeinander aufbauenden Blöcken, die bereits aus Kapitel 2.2.1. bekannt sind:

- Verbindungsloser Datagramm-Dienst auf Netzwerkebene
- Sicherer Transportdienst mit Fehlerkorrektur und Paketbestätigung
- Die Anwendungsschicht mit den drei Basisdiensten *Filetransfer*, *E-Mail* und *Remote Login* sowie vielen weiteren Möglichkeiten (vergleiche Kapitel 3).

Auf der Netzwerkebene wird das *Internet Protocol* (*IP*) eingesetzt, mit der Hauptaufgabe, die Adressierung und Wegewahl (*Routing*) vorzunehmen. So können mehrere Datennetze (LAN und WAN) über Router zu einem großen Netz verbunden werden, in dem jeder Rechner seine eigene Adresse besitzt. Ziel ist eine Transparenz über das Gesamtnetz, durch die der Benutzer nicht merken soll, daß er in einem entfernten Netz arbeitet. Dies läßt sich augenblicklich zwar nicht in der Geschwindigkeit, wohl aber in der Handhabung realisieren.

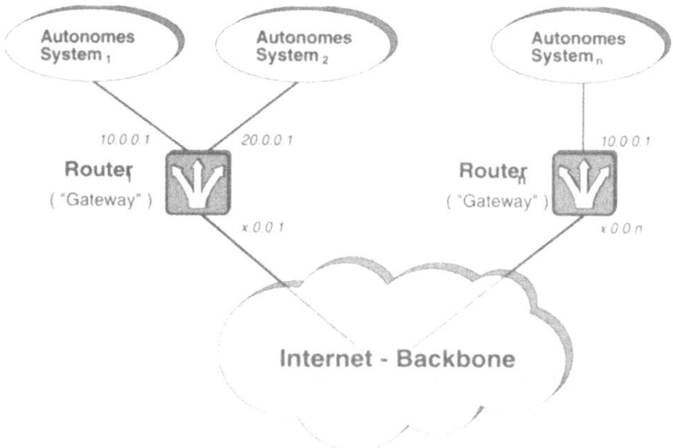

Abbildung 5.19: Prinzipieller Aufbau des Internet

Der deutsche Internet-Teil besteht größtenteils aus dem X.25-Netz des WiN. Zu anderen Netzwerken werden Gateways unterhalten, so daß z. B. auch Verbindungen zu den 1,7 Millionen Nutzern des weltweit größten kommerziellen Netzwerks **CompuServe** möglich sind (vergleiche Kapitel 1.6.).

Anhänge

Abkürzungen

A

AAL	ATM-Adaption Layer
ANSI	American National Standards Institute
API	Application Programming Interface
APPC	Advanced Program-to-Program Communication
APPN	Advanced Peer-to-Peer-Networking
ARP	Address Resolution Protocol
ARPA	Advanced Research Projects Agency
ASCII	American Standard Code for Information Interchange
ASE	Application Service Element
ASN	Abstract Syntax Notation
ATM	Asynchronous Transfer Mode

B

B-ISDN	Breitband-ISDN
BSD	Berkeley Software Distribution
BBS	Bulletin Board System („Mailbox")
Bps	Bit pro Sekunde, Bit/s
Btx	Bildschirmtext

C

CAPI	Common Application Programming Interface
CASE	Common Application Service Elements
CBDS	Connectionless Broadband Data Service
CC	Cluster Controller
CCITT	Comité Consultatif International Télégraphique et Téléphonique
CDDI	Copper Distributed Data Interface
CDS	DCE-Cell Directory Service
CEPT	Conférence Européenne des Postes et de Télécommunication
CGW	Customer Gateway
CISC	Complex Instruction Set Computer
CLSF	Connectionless Server Functionality
CMIP	Common Management Information Protocol
CSMA/CD	Carrier Sense Multiple Access / Collision Detection

D

DBP	Deutsche Bundespost
DBMS	Datenbank Management System
DCE	Distributed Computing Environment
DDN	Dotted Decimal Notation
DEC	Digital Equipment Corporation
DECnet	Digital Equipment Corporations Proprietary Network

	DEE	Datenendeinrichtung
	DFS	Distributed File Service
	DFV	Datenfernverarbeitung
	DIB	Directory Information Base
	DIN	Deutsches Institut für Normung
	DIT	Directory Information Tree
	DLC	Data Link Control
	DLL	Dynamic Link Library
	DMA	Direct Memory Access
	DME	Distributed Management Environment
	DNA	Digital Networks Architecture
	DNS	Domain Name System
	DoD	Department of Defense
	DPMA	Demand Priority Medium Access
	DQDB	Distributed Queue Dual Bus
	DS	Directory Service
	DSU	Data Service Unit
	DTD	Document Type Definition (SGML)
	DTE	Data Terminal Equipment
	DTS	Distributed Time Service
	DÜ	Datenübertragung
	DÜE	Datenübertragungseinrichung
	DXI	Data Exchange Interface (SMDS)
E	EAZ	Endgeräteauswahlziffer
	EBCDIC	Extended Binary Coded Decimal Interchange Code
	EDIFACT	Electronic Data Interchange for Finance, Administration, Transport and Commerce
	EGW	Edge Gateway
	EPS	Encapsulated PostScript
	ETRM	Early Token Release Method (FDDI)
	ETSI	European Telecommunications Standards Institute
F	FDDI	Fiber Distributed Data Interface
	FDM	Frequency Domain Multiplex
	FEP	Front End Processor
	FIFO	First In First Out
	FR	Frame Relay
	FTAM	File Transfer Access and Manipulation
	FTP	File transfer Protocol
G	Gbit/s	Gigabit pro Sekunde (1 Gbit/s = 1024 Mbit/s)
	GDS	DCE-Global Directory Service
	GUI	Graphical User Interface
H	HDLC	High Level Data Link Control
	HP	Hewlett Packard
	HS-LAN	Highspeed LAN
	HTML	Hypertext Markup Language
	HTTP	Hypertext Transfer Protocol
I	IAB	Internet Architecture Board
	IBM	International Business Machines

ICMP	Internet Control Message Protocol
IDN	Integrated Text and Data Network
IDP	Internet Datagram Protocol
IEEE	Institute of Electrical and Electronic Engineers
IP	Internet Protocol
IPX	Internet Packet Exchange
IS	Intermediate System
ISDN	Integrated Services Digital Network
ISO	International Organization for Standardization
ISPBX	Integrated Services Private Branch Exchange (ISDN)

K

Kbit/s	Kilobit pro Sekunde (1 Kbit/s = 1024 Bit/s)

L

LAN	Local Area Network
LLC	Logical Link Control
LU	Logical Unit
LWL	Lichtwellenleiter

M

MAC	Media Access Control
MAN	Metropolitan Area Network
MAP	Manufacturing Automation Protocol
Mbit/s	Megabit pro Sekunde (1 Mbit/s = 1024 Kbit/s)
MHS	Message Handling System
MIB	Management Information Base
MIT	Management Information Tree
MOTIS	Message Oriented Text Interchange System
MPR	Multiprotocol Router
MTA	Message Transfer Agent

N

NAU	Network Addressable Unit
NCP	NetWare Core Protocol
NCP	Network Control Program (IBM)
NCS	Network Computing System
NCSA	
NDIS	Network Driver Interface Specification
NDS	NetWare Directory Services
NetBIOS	Network Basic Input/Output System
NFS	Network File System
NIC	Network Interface Card (Novell)
NIDL	Network Interface Definition Language
NIS	Network Information System
NLM	NetWare Loadable Module
NMA	SNA Network Management Architecture
NMS	Network Management System / Station
NNS	NetWare Name Service
NT1	Network Terminator (ISDN)

O

ODA	Open Document Architecture
ODI	Open Data-Link Interface
ODIF	Open Document Interchange Format
ODL	Office Document Language
OPT	Open Protocol Technology
OSF	Open Software Foundation

	OSI	Open Systems Interconnection
P	PAD	Packet Assembly/Disassembly
	PBX	Private Branch Exchange (ISDN)
	PC	Personal Computer
	PCI	DCE-PC Integration Service
	PCM	Pulse Code Modulation
	PHY	Physical Layer Protocol (FDDI)
	PMD	Physical Medium Dependent (FDDI)
	PMxA	Primärmultiplexanschluß
	PPP	Point-to-Point Protocol
	PS	PostScript
	PU	Physical Unit
	PVC	Permanent Virtual Circuit
Q	QOS	Quality of Service
R	RFC	Request for Comments
	RIP	Routing Information Protocol
	RISC	Reduced Instruction Set Computer
	RMT	Ring Management (FDDI)
	ROSE	Remote Operations Service Element
	RPC	Remote Procedure Call
	RWC	Ring Wiring Concentrator (Token Ring)
S	SAA	Systems Application Architecture
	SAP	Service Advertising Protocol (NetWare)
	SDLC	Synchronous Data Link Control
	SFT	System Fault Tolerance
	SDDI	Shielded-Twisted-Pair Distributed Data Interface
	SDLC	Synchronous Data Link Control
	SGML	Standard Generalized Markup Language
	SLIP	Serial Line Interface Protocol
	SMAP	Station Management Application Program (FDDI)
	SMD	Switched Multimegabit Data Service
	SMT	Station Management (FDDI)
	SMTP	Simple Mail Transfer Protocol
	SNA	Systems Network Architecture
	SNAP	Subnetwork Access Protocol
	SNMP	Simple Network Management Protocol
	SONET	Synchronous Optical Network
	SPX	Sequenced Packet Exchange-Protocol
	SQL	Structured Query Language
	SR	Source Routing
	SSCP	System Service Control Point
	STM	Synchronous Transfer Mode
	STP	Shielded Twisted Pair
	SVC	Switched Virtual Circuit
T	TA	Terminal Adapter
	TCP	Transmission Control Protocol
	TCP/IP	Transmission Control Protocol / Internet Protocol
	TDM	Time Domain Multiplex

TFTP	Trivial File Transfer Protocol
TOP	Technical Office Protocol
UA	User Agent
UDP	User Datagram Protocol
UPS	Uninterruptible Power Supply
USV	Unterbrechungsfreie Stromversorgung
UTP	Unshielded Twisted Pair
USC	University of Southern California
UUCP	Unix-to-Unix Copy
VBN	Vorläufer Breitbandnetz
VC	Virtual Circuit
VCI	Virtual Channel Identifier (ATM)
VERONICA	Very Easy Rodent-Oriented Net-wide Index to Computerized Archives
VG	Voice Grade
VPI	Virtual Path Identifier (ATM)
VT	Virtual Terminal
VTAM	Virtual Terminal Access Method (SNA)
VTP	Virtual Terminal Protocol
WAIS	Wide Area Information Servers
WAN	Wide Area Network
WWW	World Wide Web
WYSIWYG	What you see is what you get
XDR	External Data Representation
XNS	Xerox Network Systems

Glossar

ADMD

Administration Management Domain; Verwaltungseinheit im ⇨ Electronic-Mail-Verbund nach ⇨ X.400, dessen Angabe als Adressattribut ("A=" oder "ADMD=") Bestandteil jeder Adresse nach X.400 ist.

Akustikkoppler

Ein spezielles ⇨ Modem, das elektrische in akustische Signale umwandelt (und umgekehrt). Mit einem A. können über einen Telefonhörer Daten über das Telefonnetz übertragen werden.

Anonymous FTP

⇨ Internet Dienst, der einen allgemeinen Zugang zu Dateien auf speziellen File-Servern ermöglicht

Archie

Datenbanksystem für die Inhaltsverzeichnisse von Datei-Servern. Der Informationsdienst wird im Internet für die Suche auf ⇨ Anonymous-FTP-Servern eingesetzt.

ARPAnet

Advanced Research Projects Agency Network in den USA. Entstand Ende der 60er Jahre als Vorstufe des heutigen ⇨ Internet

ASN.1

Abstract Syntax Notation One; Norm für die rechnerunabhängige Darstellung von Daten sowie deren Umwandlung

Asynchron

Kommunikation, in der keine Gleichschaltung zwischen Sender und Empfänger stattfindet. Jedes Zeichen wird individuell übertragen. A. Kommunikation wird von den meisten Terminals und vielen PCs verwendet.

Authentisierung

Die A. eines Benutzers gegenüber einem Rechner oder Netzwerk besteht im einfachen Fall aus der Eingabe einer Benutzerkennung (Identifikation) und eines Passwortes (Kennwortes).

Autorisierung

Die Vergabe von Rechten (zum Beispiel Zugangs-, Zugriffs-, Nutzungs-, Übermittlungsrechte) an Benutzer

B

Backbone

Kernstück (Rückgrat) eines Netzwerkes; Netzwerk mit meist höherer Geschwindigkeit, mit dem lokale Netze verbunden werden

Bandbreite / Bandwidth

- Technisch: die Differenz zwischen der niedrigsten und höchsten Frequenz der Übertragung eines Kanals.
- Mit B. wird jedoch in der Regel die Datenmenge bezeichnet, die über eine Kommunikationsverbindung übertragen werden kann.

Batch-Verarbeitung

Betriebsart eines Rechnersystems, bei der meist mehrere Aufträge in Reihe aufgegeben werden, die dann ohne den interaktiven Zugriff des Benutzers ablaufen.

BelWü

Baden-Württemberg Extended LAN; B. verbindet die Rechnernetze der Forschungseinrichtungen des Landes Baden-Württemberg untereinander. Das Netzwerk wird vom Landesministerium für Wissenschaft und Forschung finanziert.

Bit

Binary Digit; Kleinste Informationseinheit in digitalen Informationssystemen, die nur die beiden Werte „1" oder „0" annehmen kann.

BITnet

Because It's Time Network; amerikanischer Rechnerverbund für den Forschungsbereich. B. basiert hauptsächlich auf IBM Hard- und Software. Das europäische Pendant heißt ⇨ EARN.

Bridge

Netzübergang auf OSI-Ebene 2. Eine B. kann Netze mit unterschiedlichen Übertragungsmedien und unterschiedlichen Übertragungsgeschwindigkeiten koppeln.

Btx

Bildschirmtext; öffentliches Informations- und Kommunikationssystem der DBP-Telekom. Btx basierte bislang ausschließlich auf dem CEPT-Protokoll, wird jedoch zur Zeit zum sog. *Datex-J* erweitert, das auch Terminalzugang nach VT100 ermöglicht.

Bulletin Board System (BBS)

Umgansspracblich: *Mailbox;* über das Telefonnetz erreichbarer Rechner für den Informations- und Datenaustausch. Meist sind mehrere zu einem Netzwerk miteinander verbunden.

Bussystem

Sammelleitungssystem, über welches Daten zwischen Rechnern oder Rechnerkomponenten ausgetauscht werden

Byte

Informationseinheit, bestehend aus 8 ⇨ Bit

C

Cache

Schnell arbeitender Zwischenspeicher. C. werden u.a. auf Schnittstellen- und Netzwerkkarten eingesetzt.

Client/Server-Prinzip

Prinzip der Arbeitsteilung zwischen Rechnern: Der Server stellt seine Rechenleistungen dem Client zur Verfügung. Das C. führt zu einer Steigerung der Effizienz, da jeder Rechner für die Leistung vorgesehen werden kann, für die er besonders geeignet ist.

CSMA/CD

Carrier Sense Multiple Access with Collision Detection; Netzwerkzugriffsverfahren für LAN. Protokoll der OSI-Schicht 2 (ISO 802.3) für ⇨ Ethernet.

D

DARPA

U.S. Department of Defense Advanced Research Projects Agency; Staatliche Einrichtung des amerikanischen Verteidigungsministeriums, die das ⇨ ARPAnet und später das ⇨ Internet gegründet hat

Datagramm

Kleine, in sich geschlossene Informationseinheit, die zwischen zwei Teilnehmern über eine Datenverbindung ausgetauscht wird

Datex-J

⇨ Btx

Datex-L

Leitungsvermittelndes Netz der Telekom mit Geschwindigkeiten von 300 bis 64.000 Bit/s. Zwei Datex-L-Anschlüsse sind während der Verbindung quasi direkt verbunden. Es können nur Anschlüsse gleicher Geschwindigkeit miteinander kommunizieren.

Datex-M

Modernes Hochgeschwindigkeits-MAN der Telekom zur überregionalen Kopplung lokaler Netzwerke. In D. wird die ⇨ DQDB-Technologie eingesetzt und ermöglicht Übertragungsgeschwindigkeiten bis zu 140 Mbit/s.

Datex-P

Paketvermittelndes Datennetz der Telekom; D. basiert auf dem ⇨ X.25-Protokoll und überträgt mit Geschwindigkeiten zwischen 2.400 und 64.000 Bit/s. Es können auch Anschlüsse unterschiedlicher Geschwindigkeiten miteinander kommunizieren.

Dediziert

Für eine bestimmte Aufgabe abgesetzt. Ein d. Server kann nicht gleichzeitig als Arbeitsstation verwendet werden.

DNS

Domain Name System; Adressierungsschema des ⇨ Internet, mit dessen Hilfe logische Namen vergeben werden können.

DQDB

Distributed Queue Dual Bus; Technologie für Netzwerke mit hoher Geschwindigkeit (⇨ MAN)

Domain

Auch *Domäne,* Zone: Bereich einer Namens-Hierarchie (z. B. im ⇨ DNS oder in SNA)

EARN

European Academic and Research Network; europäische Variante des ⇨ BITnet

EBCDIC

Extended Binary Coded Decimal Interchange Code; Binärcode für Zeichen, vor allem im ⇨ Mainframe-Bereich verbreitet. Im PC-Bereich wird in der Regel der ASCII-Code verwendet.

Ebone

Europäischer TCP/IP- ⇨ Backbone-Ring, mit Knoten derzeit in Stockholm, London, Paris, Genf und Amsterdam

Electronic Mail, E-Mail

Elektronische Post; computerunterstützte, asynchrone Kommunikation mit anderen Benutzern, d. h. der Kommunikationspartner muß nicht zum gleichen Zeitpunkt anwesend sein. Die elektronische Post wird vom Sender in das elektronische Postfach (*Mailbox*) des Empfängers abgelegt.

Ethernet

Weit verbreitetes Produkt für LAN mit dem Zugriffsverfahren ⇨ CSMA/CD. E. ermöglicht Übertragungsgeschwindigkeiten bis zu 10 Mbit/s.

EUnet

European UNIX Network; europäischer Teil des globalen ⇨ UUCP-Netzwerks

F

FDDI

Fiber Distributed Data Interface; Auf Glasfaserkabel basierende Hochgeschwindigkeitstechnologie (bis zu 100 Mbit/s) für den ⇨ Backbone-Bereich. Mittlerweile auch auf Kupfer- (CDDI) und Twisted-Pair-Verkabelung (SDDI) möglich.

Filetransfer

Basisdienst für die Dateiübertragung von und auf entfernte Rechenanlagen

Frame Relay

Übertragungsprotokoll auf OSI-Ebene 2. Im Gegensatz zu ⇨ X.25 ist F. hinsichtlich der Paketgröße nicht limitiert. Es erlaubt die transparente Weitervermittlung von LAN-spezifischen Datenpaketen.

Gateway

Netzübergang auf den OSI-Schichten 4 bis 7. Mit einem G. können verschiedenartige Netzwerke miteinander verbunden werden, weil eine Umsetzung von Protokoll, Namen und Adressen vorgenommen werden kann.

Gopher

Menüorientiertes Informationssystem des Internet, das den Zugang zu verschiedenen, hierarchisch gegliederten Daten und Diensten bietet.

Header

H

Teil eines Nachrichtenpaketes, der die Absender- und Empfängeradresse und weitere Zusatzinformationen enthält

Host

Computer (meist ein ⇨ Mainframe) in einem Netzwerk, der seine Dienste anderen Rechnern zur Verfügung stellt

Hypertext

Spezielle Art elektronischer Texte, in denen die Auswahl besonders gekennzeichnete Worte bestimmte Aktionen auslösen (z. B. das Verfolgen eines Querverweises)

Internet

I

Das weltweit größte Verbundnetz heterogener Netzwerke. Das I. basiert auf TCP/IP.

Interoperabilität

Möglichkeit von Hard- und Software verschiedener Computer unterschiedlicher Hersteller, miteinander zu kommunizieren

ISDN

Integrated Services Digital Network; digitales Telefon- und Datennetz mit Kanalgeschwindigkeiten von 64 Kbit/s. Über die Basiskanäle ist neben Fernsprechen auch Text-, Daten- oder Telefax-Übertragung möglich.

Iosochron

Gleichlaufende Datenübertragung, die zusätzlich zu synchronen Zeitabständen jeweils die gleiche ⇨ Bandbreite benötigt

Konzentrator

K

Verteiler in einem sternförmig aufgebauten Netzwerk

Mainframe

Universalrechner der mittleren bis oberen Leistungsklasse, meist mit ⇨ proprietärem Betriebssystem

Modem

Modulator/Demodulator für die Übertragung digitaler Signale über eine analoge Verbindung.

N

Name Server

Programme bzw. Rechner, die Informationen über die Struktur eines ⇨ DNS verwalten. Mit ihrer Hilfe lassen sich z. B. Domain-Adressen auslösen.

NetNews

Erweiterter Informationsdienst des Internet zur Verbreitung elektronischer Nachrichten.

NFS

Network File System; Softwaresystem zur Unterstützung des gemeinsamen Zugriffs mehrerer Benutzer auf Dateien und Kataloge innerhalb eines heterogenen Netzwerkes

Null-Modem

Verbindungskabel zur direkten Kopplung von zwei Endeinrichtungs-Schnittstellen (Rechner oder Terminal)

O

Offenes System

System mit weitestgehendem Einsatz von Standardprodukten, -schnittstellen und -protokollen mit folgenden Eigenschaften:

- Die Systemschnittstellen sind auf vorhandene oder zu erwartende Normen ausgerichtet.
- Neue und daher zunächst herstellerspezifische Schnittstellen werden für andere Hersteller offengelegt.
- Das System kann mit offenen Systemen anderer Hersteller kooperieren.
- Hard- und Software-Komponenten von verschiedenen Herstellern können gemischt eingesetzt werden.
- Anwendungsprogramme sind leicht zwischen offenen Systemen verschiedener Hersteller übertragbar.

Zur Zeit repräsentiert das Betriebssystem *Unix* die Idee der offenen Systeme am vollständigsten.

OSI-Modell

Referenzmodell der *Open Systems Interconnection*, das in sieben Schichten wesentliche Details zur Rechnerkommunikation zusammenfaßt.

PAD

P

Packet Assembler Disassembler; die Hard- und Software-Schnittstelle zwischen einem Terminal und einem Paketnetz

Peer-to-Peer

- Verbindung zwischen gleichgestellten Partnern
- Zwei Stationen sind direkt miteinander verbunden

Proprietär

hersteller-homogen; enthält nur Bestandteile eines Herstellers und ist nur von diesem erhältlich

Protokoll

Sammlung von Regeln über den Aufbau, die Überwachung und den Abbau von Verbindungen, sowie für die Übertragung von Daten

Public Domain-Software

Software, die kostenlos der Allgemeinheit zur Verfügung steht. Im ⇨ Internet wird sie auf den ⇨ Anonymous-FTP-Servern bereitgestellt.

Relay

R

Netzübergang, meist ein Host, der Daten zwischen Netzwerken überträgt und dabei alle notwendigen Protokollumsetzungen vornimmt

Repeater

Netzübergang auf OSI-Ebene 1 zum Verstärken und Regenerieren von Signalen in Netzen

ROSE

Remote Operations Service Element; Dienstelement aus der Anwendungsschicht des OSI-Modells. ROSE ist in den CCITT-

Empfehlungen X.219 sowie in ISO-Norm 9072 spezifiziert.

Router

Netzübergang auf OSI-Ebene 3. Ein R. dient zur Strukturierung von Netzwerken. Er schafft Verbindungen zwischen Netzwerken mit verschiedenen Übertragungsprotokollen. Die Hauptfunktion eines R. ist die Wegewahl (Routing).

RPC

Remote Procedure Call; auf dem Client/Server-Prinzip basierender Aufruf von Programmodulen, die im Rahmen verteilter Anwendungen auf entfernten Rechnern laufen.

RS 232

serielle Schnittstelle; ⇨ V.24

S Standleitung

Datendirektverbindung, die (im Gegensatz zu einer Wählverbindung) permanent zwischen zwei Endpunkten geschaltet wird.

Subnetz

Netzabschnitt, der physikalisch vom restlichen Netzwerk getrennt ist (z. B. durch einen Netzübergang)

Synchron

gleichlaufende Datenübertragung, bei der die übertragenen ⇨ Bits direkt aufeinander folgen. Sender und Empfänger sind durch eine gemeinsame Uhr gleichgeschaltet.

T Terminal

Datenendeinrichtung, bestehend aus einem Bildschirm und einer Tastatur. „Intelligente" T. verfügen – im Gegensatz zu „dummen" T. – zusätzlich über einen eigenen Prozessor.

Token Ring

LAN-Technologie für ringförmig angeordnete Netzwerke, die hauptsächlich im IBM-Umfeld eingesetzt wird

Topologie

geometrische (räumliche) Struktur, die die Anordnung von Arbeitsstationen und Kabel in einem Netz zeigt. Man unterscheidet Baum-, Bus, Stern- und Ring-T.

Transceiver

Einfacher ⇨ Repeater zum Anschluß von Arbeitsstationen an das ⇨ Ethernet.

Triple-X

CCITT-Empfehlungen ⇨ X.3, ⇨ X.28 und ⇨ X.29 für den zeilenorientierten Dialog

UUCP

U

Unix-to-Unix Copy;

- Programmpaket für die Kommunikation zwischen Rechnern mit Unix-Betriebssystemen über Wählverbindungen
- Name eines weltweiten Datennetzes mit ⇨ Host-Rechnern, die das UUCP-Protokoll einsetzen.

Verbindungslos

V

Kommunikation, bei der nicht zuvor eine explizite Verbindung zwischen den Teilnehmern aufgebaut wurde, z. B. bei LANs oder der Briefpost

Verbindungsorientiert

Kommunikationsform, die sich in drei Schritte einteilen läßt: Verbindungsaufbau, Datenübertragung und Verbindungsabbau, z. B. X.25 oder Telefon

V.24 / RS 232

Sammlung von Definitionen für die serielle Schnittstelle zwischen Datenendeinrichtungen und Datenübertragungseinrichtungen

WAIS

W

Wide Area Information Server; erweiterter Informationsdienst für die Volltextsuche in weltweiten Datenbanken des ⇨ Internet

Whois

Dienst des ⇨ Internet, der innerhalb einer ⇨ Domain die Recherche nach Benutzer- und Rechnernamen erlaubt

WiN

Deutsches Wissenschaftsnetz; paketvermittelndes Netz auf Basis von X.25 mit Geschwindigkeiten von 9,6 Kbit/s bis 2 Mbit/s. Das W. wird von der Telekom im Auftrag des DFN-Vereins betrieben.

Workstation

Leistungsfähiger Arbeitsplatzrechner

WWW

World Wide Web; sehr flexibles, erweitertes Informationssystem auf der Basis von ⇨ Hypertext-Verbindungen

X

X.3

CCITT-Empfehlung für den zeilenorientierten Dialog; legt die Parameter fest, mit denen verschiedene Terminals an eine über ein ⇨ PAD angeschlossene Applikation angepaßt werden können; ⇨ Triple-X

X.21

CCITT-Empfehlung für die Schnittstelle zwischen Datenend- und Datenübertragungseinrichtung in öffentlichen Netzen

X.25

CCITT-Empfehlung für einen ⇨ verbindungsorientierten, paketvermittelnden Netzwerkdienst. Der Definitionsbereich umfaßt die OSI-Ebenen 1-3.

X.28

CCITT-Empfehlung für die Benutzerschnittstelle zwischen Terminal und einem ⇨ PAD; ⇨ Triple-X

X.29

CCITT-Empfehlung regelt das Verfahren für den Datenaustausch zwischen einer ⇨ PAD und einem entfernten Host

X.200 ff.

Serie von CCITT-Empfehlungen für das OSI Referenzmodell

X.400 ff.

Serie von CCITT-Empfehlungen für Message Handling Services MHS (⇨ Electronic Mail)

X.500 ff.

Serie von CCITT-Empfehlungen für einen verteilten, hierarchischen Verzeichnisdienst

X-Window-System

Standardisierte Benutzeroberfläche für Multitasking-Betriebssysteme für die gleichzeitige Ausführung mehrerer Programme in separaten Fenstern einer Workstation oder eines X-Terminals

Z39.50 Z

Standard für ein ⇨ Protokoll der Anwendungsschicht zur Informationsbeschaffung aus Datenbanken

:-)

Angehöriger der Familie *Smiley*; wird in elektronischen Nachrichten verwendet, um Stimmungen auszudrücken. Weitere Verwandte: ;-) :-| :-(

Literatur

Nachfolgend finden Sie die von uns beim Schreiben dieses Buches verwendete *Primärliteratur*. Einige Bücher, die wir zum vertiefenden Lesen für sehr geeignet halten, haben wir aus der Liste herausgenommen und kurz beschrieben.

High Speed Internetworking [Bada94a]
A. Badach, E. Hoffmann, O. Knauer
Addison-Wesley, Bonn, 1994

Das umfangreiche Buch beschreibt auf 550 Seiten die Verbundmöglichkeiten unterschiedlicher Netzwerke. Es werden Einblicke in die technischen Grundlagen von LANs, FDDI, MANs und ATM-Netzen gegeben und die verschiedenen Wege zu ihrem unternehmensweiten Einsatz aufgezeigt.

Das Buch geht auf alle Aspekte rund um Hochgeschwindigkeitsnetze ein und erläutert sowohl die technischen als auch die konzeptionellen Seiten anschaulich und detailliert. Es eignet sich – vor allem in Hinblick auf seine Aktualität – für die Vertiefung der Themengebiete FDDI, MAN, ATM und Corporate Networks.

ISDN [Bada94b]
Anatol Badach
Datacom, Bergheim, 1994

Eines der aktuellsten Bücher zu ISDN. Auf rund 420 Seiten erläutert Badach alle Grundlagen und sämtliche Anwendungsmöglichkeiten und Systemlösungen, die mit dem Einsatz von ISDN möglich werden. Auch neuste Entwicklungen wie das DQDB-MAN und B-ISDN auf ATM-Technik kommen zur Sprache.

Einen Schwerpunkt bildet hierbei die integrierte Bürokommunikation. Das Buch ist verständlich, mitunter auch sehr detailliert geschrieben, und reich illustriert.

[Boro92] **Brücken und Router**
Petra Borowka
Datacom, Bergheim, 1992

In der ewigen Debatte um das Thema „Brücke oder Router" hilft diese Buch ein gutes Stück weiter. In präziser und umfassender Weise beschreibt Borowka auf rund 400 Seiten das gesamte Umfeld dieser beiden am meisten eingesetzten Netzübergänge.

Das Buch richtet sich weniger an den Anwender, sondern an Spezialisten, die Bridges und Router einsetzen sollen.

[Come88] **Internetworking with TCP/IP:**
Principles, Protocols and Architecture; Volumes I and II
Douglas Comer
Prentice-Hall, Englewoood Cliffs, 1988

Das Standardwerk zum Protokollstapel TCP/IP. In seinen zwei Bänden stellt Comer TCP/IP in all seinen Einzelheiten dar. Ein geeignetes Werk für all diejenigen, die alles über TCP/IP wissen wollen.

[Kauf89a] **Lokale Netze**
Franz-Joachim Kauffels
Datacom, Pulheim, 1989

Eines der zahlreichen Bücher des Autors. Es beschreibt auf rund 400 Seiten alle Aspekte, die im Zusammenhang mit dem Verständnis lokaler Netze von Bedeutung sind. Wiewohl das Buch in einigen Bereichen an Aktualität verloren hat, bietet es dennoch viele Möglichkeiten zur Vertiefung des im vorliegenden Buch erworbenen Wissens, da Techniken, Strukturen und Standards lokaler Netze detaillierter beschrieben werden.

[Krol93] **The whole Internet**
Ed Krol
O'Reilly, Sebastopol, 1993

[Sche94] **Internet**
Martin Scheller et al.
Springer, Heidelberg, 1994

Zwei der besten Bücher über das Internet. Sowohl Krol als auch Scheller beschreiben sämtliche Anwendungsmöglichkeiten, die dieses weltweite Datennetz heute bietet. Während das eine Buch den Vorteil einer deutschen Fassung mitbringt, überzeugt das andere durch seinen lockeren, amerikanischen Stil. Beide Bücher können für denjenigen, der die Funktionen des Internet nicht nur anwenden, sondern auch verstehen will, ein wichtiges Hilfsmittel sein.

In 8 Sekunden um die Welt [Maie93]
Gunther Maier, Andreas Wildberger
Addison Wesley, Bonn, 1993

Das ideale Buch für den reinen Anwender, der wenig tiefgehende Technik, aber viel Funktion erwartet. Maier und Wildberger beschreiben alle Werkzeuge des Internet aus distanzierter Sicht. Das 145 Seiten starke Buch überzeugt vor allem durch seine Kürze, seinen anwendungsorientierten Stil und direkten Praxisbezug.

Computer-Netzwerke [Tane92]
Andrew S. Tanenbaum
Wolfram's, Attenkirchen, 1992

Seit dem Erscheinen der ersten englischen Auflage ist dieses Buch zur „Bibel aller Netzwerker" geworden. Tanenbaum beschreibt auf insgesamt 780 Seiten mit viel Humor alles, was in den Bereich „Netzwerke" gehört. Stark am OSI-Modell orientiert arbeitet er sich von den Übertragungsmedien durch alle Schichten hindurch nach oben bis zu den Netzwerkanwendungen. Das Buch ist sehr umfangreich und eignet sich eher für den (zukünftigen) Spezialisten von Netzwerken.

Weitere Literatur

TEX für Fortgeschrittene [Appe88]
Wolfgang Appelt
Addison-Wesley, Bonn, 1988

Dokumentaustausch in Offenen Systemen [Appe90]
Wolfgang Appelt
Springer Verlag, Berlin, 1990

Informationssicherheit im PC-LAN [Botz92]
Ulrich Botzenhardt
Diplomarbeit, Universität Heidelberg, 1992

Anhang III Literatur

[Deit92] **The design of OS/2**
Harvey M. Deitel, Michael S. Kogan
Addison Wesley, New York, 1992

[Ertl89] **Der OS/2-LAN-Manager**
Armin W. Ertl
IWT, Vaterstetten, 1989

[Gaff93] **Big Dummy's Guide to the Internet**
Adam Gaffin, Jörg Heitkötter
Electronic Frontier Foundation (ftp.eff.org), Washington, 1993

[Göhr91] **Der PC im Netz**
Hans-Georg Göhring, Erich Jasper
Datacom, Bergheim, 1991

[Henn93] **Betriebssystem OS/2 Version 2**
Johannes Hennekeuser
Springer, Heidelberg, 1993

[IBM93] **High-Speed Networking Technology**
International Technical Support Center; GG24-3816-01
IBM, Raleigh NC, 1993

[Kauf87] **Alternativen der PC-Mainframe-Kopplung**
Franz-Joachim Kauffels
Addison-Wesley, Bonn, 1987

[Kauf89b] **Rechnernetzwerk-Systemarchitekturen und Datenkommunikation**
Franz-Joachim Kauffels
BI-Wissenschaftsverlag, Zürich, 1989

[Kauf90] **Netzwerk-Management**
Franz-Joachim Kauffels
Datacom, Bergheim, 1990

[Kröd90] **Der LAN-Manager in der Praxis**
Michael Krödel
Markt und Technik, Haar, 1990

[Mart81] **Computer networks and distributed processing**
James Martin
Prentice Hall, Englewood Cliffs, 1981

[Mart87] **SNA: IBM's networking solution**
James Martin
Prentice-Hall, Englewood Cliffs, 1987

[Mina92] **Inside OS/2 2.0**
Mark Minasi et. al.
New Riders Publishing, Carmel, 1992

[OnLi94] **OnLine '94 Dokumentation**
Congresse II, III und VII; Kolloquium C
OnLine, Velbert, 1994

[Pujo91] **High Capacity Local and Metropolitan Area Networks**
Editor Guy Pujolle
Springer, Heidelberg, 1991

[Sche93] **Internet Ressource Guide**
Martin Scheller
Diplomarbeit, Universität Karlsruhe, 1993

Datenübertragung und Rechnernetze [Schi88]
Pietro Schicker
Teubner, Stuttgart, 1988

DCE [Schi93]
Alexander Schill
Springer Verlag, Berlin, 1993

Unix System V.4 [Stap93]
Stefan Stapelberg
Addison-Wesley, Bonn, 1993

Das OSI-Referenzmodell [Stöt89]
Klaus Stöttinger
Datacom, Pulheim, 1989

Linux [Stro94]
Stefan Strobel, Thomas Uhl
Springer, Heidelberg, 1994

Heterogene Netze [Welt93]
Heinrich Welter
Addison-Wesley, Bonn, 1993

Abbildungen

Anhang IV
Abbildungen

Kapitel 2

Strukturen

Kapitel 3

Konzepte

Kapitel 4

Anwendungen

Kapitel 5

Realisierung

Index

S

Z